教师专业发展的
4项基本技能

备课、说课、观课、评课

方贤忠◎编著

华东师范大学出版社
·上海·

图书在版编目(CIP)数据

　　教师专业发展的 4 项基本技能：备课、说课、观课、评课/
方贤忠编著.—上海：华东师范大学出版社，2013.6
　　(创智学习)
　　ISBN 978－7－5675－0872－9

　　Ⅰ.①教… Ⅱ.①方… Ⅲ.①中小学－师资培养－研究
②幼教人员－师资培养－研究　Ⅳ.①G635.12②G615

　　中国版本图书馆 CIP 数据核字(2013)第 131068 号

教师专业发展的 4 项基本技能

备课、说课、观课、评课

编　　著　方贤忠
策划编辑　彭呈军
审读编辑　王秀秀
监制编辑　陈锦文
责任校对　赖芳斌
装帧设计　崔　楚

出版发行　华东师范大学出版社
社　　址　上海市中山北路 3663 号　邮编 200062
网　　址　www.ecnupress.com.cn
电　　话　021－60821666　行政传真 021－62572105
客服电话　021－62865537　门市(邮购)电话 021－62869887
地　　址　上海市中山北路 3663 号华东师范大学校内先锋路口
网　　店　http://hdsdcbs.tmall.com

印 刷 者　常熟高专印刷有限公司
开　　本　787毫米×1092毫米　1/16
印　　张　15.75
字　　数　275千字
版　　次　2013 年 8 月第 1 版
印　　次　2024 年 1 月第 20 次
书　　号　ISBN 978－7－5675－0872－9/G·6609
定　　价　32.00 元

出版人　王　焰

目　录

序言 _ 1

第一章　导论 _ 1

　　第一节　新课程与新课堂 _ 1
　　第二节　从传统教研到校本研修 _ 12

第二章　备课 _ 21

　　第一节　认识备课 _ 21
　　第二节　编写教案的意义与原则 _ 25
　　第三节　备课的程序与策略 _ 36
　　第四节　教案的编写 _ 50
　　第五节　名师备课 _ 60
　　第六节　从教案到教学设计 _ 65
　　第七节　备课管理 _ 70

第三章　说课 _ 75

　　第一节　认识说课 _ 75
　　第二节　说课的意义、内容和程序 _ 78
　　第三节　说课的模式与方法 _ 86

第四节　说课的艺术 _ 91

第五节　说课的类型 _ 97

第六节　说课的评价 _ 99

第四章　观课 _ 106

第一节　观课的意义与价值 _ 106

第二节　观课的准备与观课内容 _ 108

第三节　观课的过程方法与类型 _ 111

第四节　观课笔记 _ 118

第五节　校长怎样观课 _ 125

第五章　评课 _ 128

第一节　评课的意义 _ 128

第二节　评课的原则 _ 130

第三节　评课的形式 _ 134

第四节　评课的方法 _ 137

第五节　评课的标准 _ 145

第六节　课堂教学评价表设计与使用 _ 147

第七节　与评课标准相关的问题 _ 154

第八节　教后记与教历研究 _ 164

第九节　公开课的组织与评估 _ 174

第十节　校长怎样评课 _ 177

第六章　基于"四课研究"的教师专业发展 _ 180

第一节　备课、说课、观课、评课的内在机理 _ 180

第二节　教师专业发展中的"四课研究" _ 184

第三节　有效教学与"四课研究" _ 189

附录 _ 196

    1. 教案选 _ 196

    2. 说课案例 _ 232

主要参考书目 _ 241

后记 _ 242

序　言

　　教学工作是一种专业工作,教学工作专业化水平的提高有赖于教师的专业发展。现代教学,尤其是我国新课改、新课程的全面实施,需要具有新的课程理念,能有效承担新课程教学任务的师资队伍。以新课程、新课堂为标志的新课改,给教师专业发展注入了更为丰富的内涵与外延。从教师专业发展的内涵看,它主要指教师从不成熟到相对成熟的专业发展历程。

　　教师职业是一个持续发展的专业职业。教师获得合格的资格证书,仅仅是获得一种"准入证",还需要通过不断学习与探究,以提高其专业水平;通过经验的积累、知识的更新及不断反思,才能逐步走向成熟。现今的新课改给教师专业发展的历程,又灌注了包括理念、思维、过程、途径和方式方法等方面的新内容。无论是新教师还是老教师,无论具有怎样教学经历的教师,都要面对自己不太熟悉的新课程,去构建适应新课程的新课堂;都要调整专业发展的"步伐",修正自己的专业成长途径与策略。

　　从这个意义上讲,如今的教师专业发展之路,既存在传统的教师专业成长的阶段性特征,又蕴含现代教育的文化意识和教师文化自觉的特性。如果对教师专业发展的途径作粗略分解,我们可以分为新教师的见习或叫入职培训和在职教师的岗位培训。前者主要是适应性的、角色转换的指导性培训,而后者主要是在更新观念的前提下,基于教学实践的、既有自主又有合作,既有专业引领又有自觉反思的在职培训。立足于教育教学现实,建立一系列教师发展的实践模板,以课程开发与课堂教学的现实运用为手段,让每个不同层次的教师都能在原有的基础上,使自己的专业技能得到提高,应视为最实在、最有用的专业发展策略。

　　备课、说课、上课、观课、评课是教师日常课堂教学实施流程中极为重要的行为,也可称为教师的"家常饭"与"基本功"。这些教师职业生存方式的不同表现,都将在实施新课程、构建新课堂的过程中,发生质的变革。从教师专业发展的思维高度,对"五课之功"的实践技能,展开全方位的解读与剖析,显然能实实在在地促进教师专业成长。

我曾在 2001 年后,陆续编写了除"上课"之外的"备课、说课、听课、评课研究"的教师培训教材,该教材被列入上海市杨浦区中小学教师继续教育的区本教材。该教材历经四次修改、四次印行,以 8200 册的销量被市内与若干省市学校采用。我先后在杨浦、宝山、长宁、黄浦、浦东和崇明等区县,为校长、骨干教师和后备干部做过累计数百场培训。2006 年起我担任华东师大网络学院兼职教师,主讲"四课研究",培训对象为中、小、幼教师,人数累计达 2000 多人。2008 年 3 月我又编著了题为"如何说课"的教师培训丛书,由华东师范大学出版社出版。

如今,这本题为"教师专业发展的四项基本技能:备课、说课、观课、评课"的教师用书,就是在原有"四课研究"和"如何说课"丛书的基础上,以上述教师专业发展的思路,对原稿作全新的修改和增删而成的。

本书编写的特点:一是以现代教师专业发展的理性思考为主线,以"四课"的基本内容为切入点,在用系统思维剖析"四课"相关性的同时,全面指导教师基于"四课"的专业发展;二是采用陈述性知识与程序知识相结合,说理与说事相互印证的办法,将"备课、说课、观课、评课"作自成体系的论述,力求教师读者读懂、会用而且用之有效;三是对县级以上教学研究部门和学校管理者来说,本书所提供的关于"四课管理"的理念和知识,具有观念新、理论实在和操作性强的特点。

本书在撰写与编辑中,始终得到华东师大出版社编辑的指导与帮助,在此谨表真诚的谢意。书中所采用的教案与案例的作者,均在书中注明,在此表示感谢。

方贤忠

2013 年 5 月

第一章　导　论

　　教师专业化是动态的、个体与群体互动的过程,不同层面的教师都处在一种"不断成长"的状态之中。现代教学要求在职教师不断学习新鲜的教育教学理论,融入教改的洪流,既当教育教学的研究者,又当教育教学的实践者,以此有效促进自己的专业发展。鉴于上述的基本认识,本书在具体论述备课、说课、观课、评课之前,将对正在进行的新课程和新课堂,正在倡导的教师群体合作的校本研修作必要的介绍,对教师专业发展与"四课研究"的关系作深入论述,将有效教学的热点研究引入到教师日常进行的"备课、说课、观课、评课"之中。所有这些述评与论述,将有助于教师在成就自己的职业生涯的进程中,更有效地"与时俱进,更新自我","保持业内交往",从而不断增长自己从事课改实践中的"教师知识",提高课堂教学有效性。

第一节　新课程与新课堂

　　新世纪之初,我国已进入第八次基础教育课程改革。这次改革步伐、速度与难度是前所未有的,它将实现中小学课程从学科本位、知识本位向关注每一个学生发展的历史性转变。新课程目标的调整与课程结构的调整是密切相关的,在新教改中,我们得以重新认识和确立各种课程类型以及具体科目在学校课程体系中的价值、地位、作用和相互关系。

　　课程在学校教育中处于核心地位,教育的目标、价值主要通过课程来体现和实施,因此,课程是教改的核心,也是在职中小学教师专业成长与发展必须具备的知识。新教改理念认为教师是新课程的实施者、执行者,更是课程的开发者,因此教师在开展备课、说课、观课、评课的研究中,必须充分认识和解读新课程,只有带着新课程的正确理念,才能走进新课堂。

一、关于新课程

中央教育科学研究所所长袁振国在他主编的《当代教育学》中指出:"课程是一个发展概念,它是为实现各级各类学校的教育目标而规定的教学科目及其目的、内容、范围、分量和进程的总和。包括为学生个性的全面发展而营造的学校环境的全部内容。"

现在的新课程是"构建符合素质教育要求的基础教育课程体系",强调"调整和改革课程体系、结构、内容,建立新的基础教育课程体系"。

(一) 新课程改革目标构成

《基础教育课程改革纲要(试行)》提出了本次课程改革的六项具体目标。这些目标构成了新一轮基础教育课程改革的总体框架。这些目标主要从如下六个方面展开:一是实现课程功能的转变;二是体现课程结构的均衡性、综合性和选择性;三是密切课程内容与生活和时代的联系;四是改善学生的学习方式;五是建立基于素质教育的评价与考试制度;六是实行三级课程管理制度。

教育部原副部长王湛在《建立具有中国特色的基础教育课程体系》一文中,对基础教育课程改革目标作了如下六个方面概括:

1. 改变课程过于注重知识传授的影响,强调形成积极主动的学习态度,使获得基础知识与基本技能的过程同时成为学会学习和形成正确价值观的过程。

2. 改变课程结构过于强调学科本位、门类过多和缺乏整合的现状,使课程结构具有均衡性、综合性和选择性。

3. 改变课程内容繁、难、偏、旧和偏重书本知识的现状,加强课程内容与学生生活以及现代社会科技发展的联系,关注学生的学习兴趣和经验,精选终身学习必备的基础知识和技能。

4. 改变课程实施过于强调接受学习、死记硬背、机械训练的现状,倡导学生主动参与、乐于探究、勤于动手,培养学生搜集和处理信息的能力、获取新知识的能力、分析和解决问题的能力,以及交流与合作的能力。

5. 改变课程评价过分强调评价的甄别与选拔的功能,发挥评价促进学生发展、教师提高和改进教学实践的功能。

6. 改变课程管理过于集中的状态，实行国家、地方、学校三级课程管理，增强课程对地方、学校及学生的适应性。

课程不仅是指一门学科或一类活动，它还指目标或计划，即把课程视为教学过程要达到的目标，教学的预期结果或教学预先计划。新课程又赋予"课程"更丰富的含义，把"课程作为学习者的经验或体验"，消除了传统课程中"见物不见人"的倾向，消除了内容与过程、目标与手段的二元对立。当今新教改关注学习者在学校环境中的全部经验。

（二）新课程结构的调整

根据新课改理念来审视传统课程结构，可以发现它存在以下严重不足：一是学科课程几乎占绝对主导地位，综合课程微乎其微；二是分科课程占据绝对主导地位，综合课程微乎其微；三是必修课占据绝对主导地位，而选修课则微乎其微；四是国家课程备受关注，地方课程和校本课程得不到实质性的开发。课程的单一化和课程的学科化比重失衡，如语文、数学比重过高，其他学科比重偏低，从而直接影响到学生的全面发展和身心健康。

新课程理念下，普通教育与职业技术教育、基础与综合、必修与选修、学科课程与活动课程的界线正在淡化。

新课程结构的具体内容提要，在教育部《基础教育课程改革纲要（试行）》中已作陈述。以下就该结构的基本特点作些说明：

1. 课程结构的均衡性

这种均衡性是指学校课程体系中的各种课程类型、具体科目和课程内容能够保持一种恰当、合理的比重。具体表现在：（1）按照全面发展的要求均衡设置课程。（2）合理设置各门课程或学习领域的比例。（3）给地方与学校以一定的弹性空间和调整权限。（4）依据学生年龄和心理特征设置不同的课程。（5）按九年一贯制整体考虑设置课程。

2. 课程结构的选择性

所谓"选择性"是指地方和学校根据学生差异，在完成国家课程的基础上，在课程结构上的创新与发展，如学校为求得自身内涵发展而设置的特色课程。新课程的选择性主要表现在：（1）地方和学校对分科和综合的选择。（2）增加选修课程的比重。（3）各学科和综合实践活动领域内的弹性内容。所有课程结构的选择性最终都必须落在每个学生的差异教育和个性发展上。

3. 课程结构的综合性

"综合性"是针对现代社会对人的素质需求以及儿童身心发展特点而提出的,是针对过分强调学科本位、科目过多和缺乏整合的现状而提出的。它体现在以下三方面:(1)重视学科知识、社会生活和学生经验的整合,加强了学科之间的相互渗透,努力消除学科本位的现象。(2)开辟了综合课程。小学以综合课程为主,初中设置分科与综合相结合的课程,高中以分科课程为主。学科重建中,对整合采用比较宽泛的定义,将综合、联系、沟通、衔接、交叉、渗透、关联等,纳入整合的范畴之中。(3)增设了综合实践活动。综合实践活动以活动为主要形式,强调学生的亲身经历,要求学生积极参与到各项活动中去发现和解决问题,体验与感受生活。其内容主要包括:信息技术教育、研究性学习、社区服务与社会实践,以及劳动与技术教育等。

（三）新课程标准

课程标准是教材编写、教与学、课程管理与评价的依据。课程标准是国家管理和评价课程的基础。

课程标准关心的是课程目标、课改的基本理念和课程设计思路,关注的是学生学习过程和方法,以及伴随这一过程而产生的积极情感体验和正确的价值观。目前,我国课程标准包括五个方面内容。

1. 前言部分。主要指出课程性质、价值与功能,阐述各学科课改的基本理念,课程目标设计的基本思路。

2. 课程目标部分。主要指各学科三个维度即知识与技能、过程与方法、情感态度与价值观共同而又各具特点的课程总目标和学段目标。

3. 内容标准部分。指学习领域、不同主题、学生不同学习阶段的具体学习目标。尤其强调要以可操作的相关动词来表述三维目标。

4. 实施建议部分。它主要包括指导性教学建议、教材编写建议、评价建议、课程资源开发与利用建议等。这些建议都体现了课改的基本理念,努力改善教学行为、变革学习方式,提高教材编写质量、体现评价的发展功能。

5. 附录。包括术语解释和典型案例。

（四）新课程与教学改革

教学改革是课程改革的有机组成部分,是课程改革的必然延伸。新课程的贯彻实施,需要相互配合的教师教育观念的更新,学生学习方式的转变和学校管理制度的重建。

观念是行动的灵魂,也是行动的指南。教学改革的困难往往是受旧观念的束缚而产生的;新教改的成就又是新旧教育观念斗争的结果。在应试阴影笼罩下的学校教师,一方面不得不面对应试,去完成应试模式下的教学任务,另一方面由于在长期的传统教学模式下,形成了难以自我跨越的教学定势。因此,学习、培训、反思、研讨都应在校本研修中不断进行,教师一旦尝试到新教学改革的某种成功,就会向现代教学追求的目标跨进一步。

学生学习方式是新课程编制中的最重要"元素",新课程的构成只是一块物化的模板,需要教师教学方法的转变与学生学习方式的转向。对教师而言,要用新思维,才能构建新课堂;对学生而言,要自主、独立、能动地参与学习与实践活动,才能实现思维方式、生活方式甚至生存方式的转变。

另外,新课程与新教学改革的呼应与制约关系,还有赖于教学管理制度的重建。落后的教学管理制度,尤其是传统管理中任务式的制度束缚,将会很大程度上限制着新课程、新教学改革的实施。当务之急主要体现在评价制度的改革上,教师教改的行动与学生学习方式的渐变,都要有相应的过程性评价给予肯定与支持。

二、关于新课堂

教师的课堂是新课程、新课改的综合体现和重要的归宿。从新课程到新教学改革再到教师的新课堂,在这种互生互存的关系中,最能生动反映其成效的仍然是课堂。课堂教学仅仅是课程的传递与执行吗?仅仅是教师教与学生学的过程吗?课堂教学就是重在结果、再现、模仿吗?课堂教学中,教师仅仅关注自己的学科,以学科为本位吗?显然,新课程所追求的课堂早已跨越了这些"仅仅",它有更科学、更精彩、更人性化的答案。

当下,新课程已经全面实施,与之相呼应的是需要教师重构课堂,在崭新的课堂里,让新课程目标得到全面落实。但是,教师在重构课堂时,需要以一种正确的观念为导向,对认识对象的"实然状态"作出规定和制约。在此有必要梳理一下现代教学观的基本要点。

(一)认识现代教学观

1. 什么是教学

教学是以传授和引导学生掌握知识、技能、技巧体系为主的社会实践活动。教学一般可分为广义的教学和狭义的教学。广义的教学泛指不拘形式、场合而进行的那种以经验的传授和经验获得的活动,如父传子、师带徒等活动;狭义的教学是指现在各级各类学校中进行的教学活动,它是有目的、有计划、有组织的师生之间的教和学的活动。

一般情况下,论述学校教育活动中的"教"与"教学",指的就是课堂教学。

教学,既是教育学的研究对象,又是心理学研究的课题。教育学对教学的研究,主要是揭示教学活动的客观过程的规律;心理学研究的课堂教学,主要是探索教学中的心理现象及其规律。

学校教学具有如下几个特点:

(1)教学是教师与学生之间双边的、共同的活动。教学包括教师的教(育)和学生的学(习)。这种活动是一种系统,具有复杂的结构。在教学中教师与学生各有自己的独立活动。教与学在理性思维中是可分的,于是就有了关于教的理论和学的理论;教与学又是相互依存、相互制约的,没有教,就没有学,没有学,也就无所谓教。"教学相长",相得益彰。

(2)教学是教师的教和学生的学所构成的一种教育活动。教学是以传授知识为载体的育人活动,教学的目的是促进学生发展。这种发展,主要有三层意思:一是掌握知识、形成技能;二是发展智力,培养能力;三是实现教育培养目标,达到全面发展。

(3)从心理学角度来分析,学生学习过程是一种特殊的认识或认知活动,对学生的学习策略研究,要充分体现学生的主体地位,强调学生学习的习得是学会学习的根本和前提。

(4)教学活动中的"教"是教学研究的中心问题,"教"的行为是教学理论的中心问题。围绕这一中心问题开展两个大课题的讨论:一是"教怎样影响学",二是"怎样的教才是最有效的"。可见教学的本质是一种探究。这种探究既要以教育学原理为依据,又要有心理学的理论介入。

(5)袁振国主编的《当代教育学》关于"教学的一般规定"一节中指出:教学(教)就是教师引起、维持与促进学生学习的所有行为。教学活动及行为方式,包括教学前的准备、教学中的实施与教学后的评价等三个阶段。教师行为包括主要行为(如呈示、对话、辅导等)和辅助行为(如激发动机、教师期望、课堂交流和课堂管理等)两大类别。

2. 教学要完成什么任务

教学任务是教学总目的的具体化,是教学活动要达到的预期结果。它对于确定教学活动的具体要求,正确选择教学内容与教学方法以达到预期的教学效果,有直接的指导意义。教学任务规定和把握着教学的全过程,是教师调整和控制教学活动的依据和评价教学效果的标准。

根据我国基础教育的培养目标,中小学教学的基本任务有如下几方面。

(1) 使学生掌握系统的文化科学基础知识,形成基本技能

所谓基础知识是指从人类知识体系的宝库中经过挑选的,既符合现代科学技术发展的要求,又符合儿童身心发展水平的基本事实和概括构成的知识体系。所谓技能是指运用一定的知识,通过练习而获得的、能够在实践中完成、比较稳定的动作活动方式。技能又可分为两类,一是动作技能,如运动技能、劳动技能和操作技能等;二是智力技能,它是以思维为核心的认识加工的具体方式,如阅读、计算、写作等技能。学生智力技能主要是在教学活动中形成,教师应采取多种措施有意识进行培养。

在形成技能的基础上,还要使学生掌握技巧。教师要提供技能应用的情境,促进迁移,形成熟练化的技能。

教学中让学生掌握知识、技能和技巧这三者是密切相关、相辅相成的。掌握知识是形成技能的基础,而技能、技巧一旦形成,又为迅速地掌握新知识、解决新问题创造条件。

(2) 发展学生的智力、能力和体力

现代教育倡导的素质观,对智力、能力赋予深刻和丰富的内容。就"基础知识"而言,它不应当也不可能仅仅满足于事实性知识,方法论知识、价值性知识和伦理性知识相对来说变得更加突出。所谓的"基本技能"也不能仅仅满足于解题的能力和技巧,而应当包括当今的信息处理技能、操作技能、表达与传递技能、交际技能等等。

智力属于认识活动范畴,是一种比较稳定的心理素质。智力由观察力、记忆力、想象力、思维力和注意力等五种基本因素组成,并以思维力为核心组成完整的结构。

能力,则是在智力发展的基础上掌握知识、应用知识的本领,是综合应用知识、技能、技巧和智力活动的结果。能力由定向能力、组织能力、适应能力、动手能力与创造能力等五种基本因素组成,创造能力是其完整结构的核心。智力与知识相联系,智力通过能力表现出来,能力又以智力为基础。智力是先天因素多,能力则是后天因素多。

在当前,教学中应当着重培养和发展如下几种智力与能力:(1)培养学生的观察力;(2)培养学生的记忆力;(3)培养学生的想象力;(4)培养学生的思维力;(5)培养学生的实际操作能力;(6)培养学生分析问题和解决问题的能力;(7)培养学生的自学能力;(8)培养学生的创造能力。

上世纪 90 年代以来的课堂教学改革中,人们还十分关注如下几个问题:一是重视开发学生的智力潜能;二是在发展智力与培养能力的同时,特别重视让学生掌握学习

方法。学习方法中又十分强调发展学生的思维,尤其重视思维方法的培育。三是在发展智力因素的前提下,重视非智力因素的培养。人们认识到学生的心理问题主要反映在非智力因素上,因此要从非智力因素着手去加强心理教育。四是在教学中要着重培养学生的创造性想象和创造性思维以及创造性制作能力,使学生具有不断探求创新的精神。

(3) 形成学生的辩证唯物主义世界观基础,培养学生良好的道德品质和优良的个性品质

教学是德育的主渠道。学生学习和掌握文化科学知识是形成科学世界观和良好思想品德的重要基础。在教学中还可以结合各科教学内容培养科学精神,培养学生的求知欲、好奇心、事业心和责任感等。

总之教学中不仅要完成智育任务,还要承担德育、美育、体育等方面全面发展的任务。

3. 现代教学观的主要观点

现代教学观的主要观点可作如下阐述。

(1) 目的观:掌握必要的基础知识,以发展学生智力、培养能力为主,使学生不受过多压力,学会自己学习。

(2) 内容观:注重知识的内在联系,注重采纳现代新的知识和理论,主张知识结构横向联系交叉,求广求新。

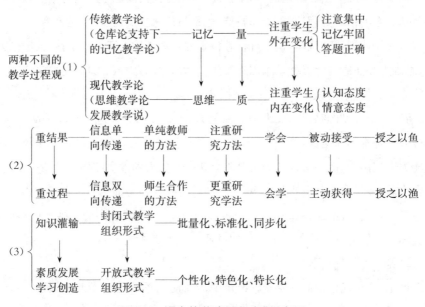

图 1.1　课堂教学过程观对照示意图

（3）教学过程观：以思维教学论发展教学学说为理论指导，注重知识的发生过程，通过以学生为主体、教师为主导的研究模式来达到理解概念、灵活应用的目的，课堂气氛是活跃的；把教师的权威建立在尊重学生的探究发现上，建立在学生思维开拓和发展上。

教师把落实"双基"作为每堂课的手段，而把培养能力、发展思维作为每节课的教学核心。

（4）方法观：①科学的教育方法，其实质在于认识和运用教育规律。②以学生为本、学生发展为本来设计教法；教法为学法服务；不教之教才是最高之教；教有法，教无定法。③为发展学生知识结构和思维的发展而教；为创造力而教；教法既有科学性，又有艺术性。④现代教育技术要为教法服务；"情"与"爱"是设计与应用先进教法的动力源泉。

（二）用新的教学意识统领课堂

课程教改和课堂教学改革均受到教师因素的制约，这是不争的事实。教师是课堂实施过程的直接参与者，是课堂教学的组织者和实施者，教师的素质、态度与对新教材的适应性是关键因素。联合国国际教育发展委员会原负责人库姆斯认为，改革决策者和执行者的信念、态度和热情将在教改中发挥关键作用。教师要确立正确的教学指导思想，把素质教育的目标落实到每一门课程、每一节课。素质教育的教学意识主要有以下几种。

1. 教学目标的整合、融汇与个性化意识

教学目标的整合是指既要完成"双基"教学，又要注重学生智力的发展和能力的增强；既要强调面向全体学生，使所有学生的素质都在原有基础上得到提高，又要兼顾学生个性品质的塑造。要将"近效目标"与"长远目标"结合起来，构建各学科目标体系。教学目标的融汇是指建构教学目标时，既要有知识目标，又要有心智和动作技能的目标，还要有情意发展的目标，并且要把这些目标融汇贯彻到整个教学过程和活动之中。教学方法和教学手段要为教学目标的实现服务。教学目标的个性化是指要紧扣学科的主要任务，凸显学科的个性，在目标分解上体现学科特点。

2. 教学质量的多元性、综合性意识

教学质量与教师、教学管理者的人才观、质量观以及价值观有很大关系。现代教学质量评价体系，应本着实现素质教育的宗旨，重新认识包括教师教学工作质量、学生的学习质量和教学管理质量在内的评价理念。当然,学生的质量是教学质量的核心。传统的教学质量观的主要弊端就是重"智"而轻"德",而"智"的内容又被严重扭曲为"考分"。升学率高并不一定就是教学质量高,因为升学率仅仅是建立在考试分数基础上的表示教学质量的一个方面,远非教学质量的全部。

3. 教学效益的有效性、发展性意识

素质教育所追求的是目标与效率统一的高效益。要求教师在正确的教学目标引导下,保证课堂教学能在规定的教学时间内完成规定的教学任务。现在我们教学中一个突出的问题是,教师教得辛苦,学生学得痛苦,而我们的学生却没有得到应有的发展。有效教学理念和意识要求教师特别关注以下几个内容。

(1)有效教学关注学生的进步与发展。教师的教学设计与实施,要以"引学"为起点,在学生"想学"的心理基础上展开教学,还要指明学生所要达到的目标和所学的内容,并采用易于学生理解的教学策略与方式进行教学。也就是说,教学的全过程要树立"一切为了学生的发展"的思想。

(2)有效教学关注时间与效益的观念。教学效益不能简单理解为"花最少的时间教最多的内容",也不取决于教师教得如何生动活泼,而取决于单位时间内学生的学习结果与学习过程综合考虑的结果。

(3)有效教学关注可测性。教学目标不能用教学目的来替代,也不能泛化,要尽量明确与具体,以便于作自我检测和他人评定。有效教学既反对拒绝量化,又要反对过于量化。应科学地对待定量与定性、过程与结果的结合,全面地反映学生学业成就与教师的工作表现。

(4)有效教学需要教师的反思意识。会不会与善于不善于反思是现代优秀教师的重要标志,要打破自己的教学思维的定势,从学生的反馈、同行们的评价中,经常思考"我的教学效果好吗?""有没有比我更有效的教学?"

4. 教学主体的过程与宗旨意识

学生在课堂上充分而适宜地体现主体性,是成功地实施素质教育的重要标志。要实现学生的主体性,要从确立学生的主体地位、培养学生主体意识、发展学生主体能力和塑造学生的主体人格等方面入手。在有效行为上,要创造一切条件,让学生主体地位得到充分显示。第一,既包括学生共同参与、人人参与,又包括学生个体的身心全面参与。第二,教学中要生动体现师生平等的、互动共进的教学过程。师生之间、生生之间在课堂社会化情景中,不断促进知识的生长、智慧的发展以及人际交往的和谐。

如何正确认识现代教学的主体意识,袁振国在《人民教育》杂志上的一段案例值得一读:

没有问题的学生不是好学生

1998年年底,一个美国科学教育代表团到上海市访问,被安排到一所很有名的重点中学为他们开了一堂高中一年级的物理课。任课教师是一位优秀的特级教师。在教学过程中,教学目的明确,教学内容清晰,教学方法灵活,有理论、有实验;教学过程活跃,教师问问题,学生回答问题,师生互动,气氛热烈;教师语言准确简练,教学时间安排精当,当老师说"这堂课就上到这里"的时候,下课的铃声正好响起,掌声热烈。可是五位美国客人却没有表情。当接待者请他们谈谈他们的感想时,他们反问,这堂课老师问问题,学生回答问题,既然老师的问题学生都能回答,这堂课还上它干什么?

他们认为:学生总是充满好奇和疑问的,他们走进教室的时候,带着满脑子的问题。老师在回答他们的过程中,有意通过情景、故事、疑问、破绽等激发学生更多的问题。老师的回答使学生产生更多的问题,最后老师不得不"投降":"你们的问题我已经回答不了了,我的知识就是那么多,我回去再学习,再准备,下次再来回答你们;你们回去思考,去寻找答案。"学生带着问题走进教室,带着更多的问题走出教室。这就是以问题为纽带的教育。教师并不以知识的传授为目的,而是以激发学生的问题意识、加深问题的深度,探求解决问题的方法,特别是形成自己对解决问题的独立见解为目的。

(摘自《人民教育》2001年(4)期 袁振国)

确立现代教学主体意识,其核心是要树立一种现代科学的"学生观",树立一种新型的以建构学生主体为核心的主体教育思想。

5. 个性教学意识

个性教学要着眼于对学生的研究,要带着承认差异、承认个性的存在,鼓励个性的发展的视角来研究学生。面向全体学生的教育,最后都要落实在带有各自身心特点的每一位学生身上。从学生的个性出发来考虑学生的发展,鼓励并培养学生独立的人格

（如承认自我、相信自我、发展自我），发展学生的个性才能，从而使每个学生都能在原有基础上，提高自身的整体素质。在具体教学行为上，就是要创造条件，因材施教，发展每个学生的特点、强项和闪光点。

另一方面，教师也要有个性。即要求每个教师具备自身的个性素质和个性品质。教师的个性表现在教学上，是教学风格与教学方法的个性化，要承认教学中教与学双边个性存在的价值，承认个性存在，鼓励个性发展。

思考题

1. 新课程理念是教师构建新课堂时重要的理念，教师仅仅记住一些基本点就能构建自己的学科新课堂吗？为什么？

2. 现代教学观确立后，教师还应具备怎么样的学科教学理念，才能适应本学科的新课堂教学？

3. 有效教学的关注点有哪些？每个教师都可以立足于自己的教学基础，开展有效教学研究，你将怎样找到自己的有效教学切入点？

第二节　从传统教研到校本研修

中小学教研是与"教研组"和"教研活动"相联系的，教研组是贯彻落实学校教学工作计划，开展教学研究，进行科学的教学管理，提高教师业务水平的重要基地。教研活动是我国基础教育教师业务进修的传统项目，在上世纪80年代课程教材改革浪潮的推动下，曾经达到如火如荼的程度。从教材分析、教学设计、公开课交流到各类教学竞赛、大奖赛，几乎是全面开花。以上海市为例，自上世纪90年代以来，随着一期课改的推进和新教学观的引入，市区级教研活动总量略为减少，重心转向课改试点研究，常规的教研活动逐步转向以"学校为本"的教研活动。

目前，学校教研活动中以下两种状况仍然存在：

1. 领导重视，有规范化基本要求，具有一定的新教育观念，但难以作出实质性变革。学校领导认为教学是学校的中心工作，必须紧抓不放。为此学校制订了不少规范化要求，如不备课无教案不得进入教室上课，备课组每周一碰头，教研组每两周活动一次；备课组和教研组活动及其组长的职责都有条文规定；有的校长还要求备课组和教研组确立相关的课题研究,定期拿出研究成果。

但是怎样用全新的教育理念指导和管理教研活动;传统教学观和现代教学观的主要区别是什么;怎样实现教研促教改;怎样做到教研工作重心从研究"教"到研究"学"等等,仍然需要花大力气进行研究和实践。

2. 领导不够重视,虽有一定的规范化要求,但管理不力,教研活动不太正常。学校教导处虽有相应的有关教研活动的规定,但因种种原因活动不正常,如教研活动从定期变成不定期,从有计划性到随意性,从定时性到短暂性。不少教师认为教研活动流于形式,不解决实际问题,有的教师认为还是各自独立备课为好。甚至有的学校在文明单位检查或教育督导检查时,拿不出系统的各学科教研活动状况的原始记录。

除上述两种类型外,还有其他种类。有的学校,在抓教研组、备课组建设上有很大的创新,如从抓"教法"研究逐步转为"学法"研究,从"教学研究"活动逐步转为课题研究活动,从少数骨干支撑型转为群体参与型,使学校教学研究活动出现了生机和活力。但从总体上说,众多学校教研活动仍然以安排听课、统一教学进度、传递所在市、区、县教研信息为主要内容,缺乏校本教研的主题。

"校本教研"源于2003年,是教育部启动了"以校为本教研制度建设"项目,在全国建立了84个"创建以校为本教研制度建设基地"之后形成的研究成果。校本研修是基层教师以研究为途径,以修炼进步为目标的解决实际问题的活动,是对学校教育业务工作整体进行反思与改进后的行动。

一、教研组职能与教研活动的发展

(一) 教研组职能

教研组是教师学科管理的最早组织形式,是学校中教师集体的基本单位。

在课堂教学管理中的教研组具体职能是:

1. 组织教师学习教育方针,学习本学科课程理念和课程标准,端正教育思想,形成良好的教风。

2. 组织教师根据课程标准理念研究教材,优选教法,编制拓展型、探究型教材。组织组内教师开展教学研究活动,不断提高教师教学能力。

3. 安排好定期的备课活动,检查、督促教师完成教学计划,分析教学质量,变个人行为为集体行为。

4. 组织听课、评课活动，总结交流经验，变组织行为为个人与组织的共同行为。

5. 除了组织指导基础性课程的实施外，还要研究拓展性课程和研究性课程的实施，指导开展与本学科相关的课外活动。

6. 教研组还部分承担业务考勤、提出奖励建议等工作。

(二) 教师教学研究活动的发展

目前新课程、新课堂已经在各级各类学校全面推进，现代教育观念的更新，要求教师加强教学研究活动，加快课堂教学变革；新课程教材的改革，要求教师提高研究意识，切实改变传统的课堂教学模式。

制约教师教学研究活动的原因是多方面的。大多数教师对教学工作的现状并不满意，他们在认识上也懂得搞好素质教育的必要性，但在实际教学中还是自觉或不自觉地把高平均分、高升学率作为自己的教学目标和追求。究其原因，有社会背景、有学校管理取向，也有教师自身原因。如传统观念的制约使教师运用"应试教育"的方法与模式驾轻就熟，于是教研活动也仅仅停留在这一层面进行；又如传统师范教育使教师专业单一化、知识本位化，课堂教学中教师缺乏拓展性知识、发展思维活动的潜能；再如不合理的考试制度、教学管理制度以及评价制度，使教师的教研活动仍然热衷于研究习题与考题的编制，以及以"课本为中心"的教材教法研究。

教育改革是世界性的潮流，学校素质教育的全面推进也已成为现实，课堂教学传统的堡垒必将攻破，教师个人与群体的变革势在必行。本世纪以来，教师教研活动发展将逐步体现出如下特征：

1. 教师的教研活动将逐步走向"以校为本"、"以人为本"。各省、市、县都增加了培训任务，学校师资培训将和学校自身发展息息相关，校长成了师资培训的第一责任人。

2. 教研活动不仅仅是教法研究，更有学法的研究。要以促进学生群体与个性发展为教研的出发点与归宿。

3. 教研活动不仅仅表现为教研与科研的有机融合，更是教师自我更新、自我发展、自我完善的必然手段。教研向教师研修文化发展方向迈进。

4. 教研活动不仅仅是教育行政行为，也是教师必不可少的个人的自觉行为。中小学领导在充分认识这种发展趋势之后，势必会有一定的前瞻性思考，作出规划，逐步实施与学校自身发展相适应的校本培训；在此背景下，中小学教师在转变观念，确立新教育理念的过程中,将教学研究活动从被动的任务型转为主动的自觉型,变"为教而研"为"为学而研",为教师与学生的共同发展而"研"。

二、教研活动中的"四课研究"

学校教研活动的基本特点是活动内容贴近教师课堂教学的现实需要,贴近教师立足于课堂的"最近发展区"的发展需求;符合教师个体与群体之间的经常性"话语区"。因此许多教师乐于参与,主动而自由地开展教学研究活动。

这样,教师们每天要面对的备课、上课和经常要进行的观课与评课,都成了教研活动中的经常性研讨的项目与内容。

当前,中小学教研活动中"四课研究"的主要状况与弊端可归纳为如下几方面。

(一) 关于备课

教研活动中的备课活动似乎是永恒的主题,个人备课集体讨论,集体备课确认一份"好教案",已成了许多学校教研活动的"家常便饭"。在这过程中,"任务式驱动"与"低水平的循环",经常困扰着教师的发展。有的学校规定人人备详案;有的学校自制教案格式,要求教师按"模板"作填充;有的学校经常进行教案检查、评比。这些规定与活动,只能起一定的起始性效果,而缺乏引领,缺乏对教师主动发展的认同。为检查、评比而写教案,为完成一种工作程序而开展低水平的教案交流的现象,便会在许多教师中形成一种习惯。备课活动疏于指导、缺乏阶梯式目标引领,备课能力和效率止步不前,是许多学校教学管理中普遍存在的问题。

(二) 关于说课

说课活动始于上世纪 90 年代前后。许多初级中学与小学尤其重视说课,并将其纳入校本培训与教研活动的项目之中。但由于缺乏专业培训与技术引领,许多学校流于形式或陷入说课误区。

说课重在说理、说"为什么"。说课不能简单地对教案作出说明,也不能把"怎么教"转化为"体会与感悟"。一些学校的教研活动中的说课是这样进行的:在学校任务驱动下,按每学期说课次数的规定,指定 1—2 名教师说课,众人参与评议;在组内没有相应的说课规范和评价标准的情况下,说课活动经常性进行着;有的教师把说课定位在"一厢情愿的预设",把真实的课堂说成虚拟的课堂,说理空泛,方法抽象,说者以为"这就是说课",评议者也难以提出切中利弊的意见;有的说课活动淡化了理性分析与思悟,滑向备课中的方法性探究。

(三) 关于观课

观课已成为学科教研活动的常规项目,许多学校对教师每学期的听课(观课)节数作出规定,大多每学期有8—12节的听课任务。不少教师除了因要进行教研组内的研究项目而相互听课外,其他节数的听课,都是为完成任务而去应付的。而这样的学期与年度的循环听课,每年都在进行,成了简单的程序性操作。如何观课,观课后如何去评议他人的课,怎样围绕研究专题进行观课、议课等,这样极为重要的,维系教师专业水准提高的充满内涵的活动,往往被忽视、被淡化。

(四) 关于评课

许多学校教研组内的教师互评、互议课堂教学活动已形成常态化。尽管如此,由于留给大家互评的时间太短,事先的目的要求不够明确等原因,造成评课、议课的质量不高,效果有限的结果。

教研组内评课、议课的误区主要表现在:

1. 评教师的"教"多,评学生课堂学习状态和学习效果的少。

2. 评议执教者的常规教学、传统教学的设计和做法多,用新课程构建新课堂方面的设计、思维与方法的评议很少。

3. 碍于同事的面子,"颂赞歌、说好话"的多,指出问题与缺点的少。组内教师往往理不出执教者教学设计背后的理性思维,对一些教学问题的讨论,又往往陷入纯技能的争辩之中。

学校教研组的教学研究活动,在面对新课程、新课改的形势下如何作出适应性变革,走向研修所追求的文化诉求,走向合作式团队共同发展之路,是当今学校教研组建设最紧迫的课题。将备课、说课、观课、评课看成一个系统,一个能促进教师团队专业成长与发展的阶梯与载体,变任务的驱动为有分级目标的、有专题研究的"四课研究",就能大大促进基于校本的教师专业发展进程。

三、体现教师文化品位的校本研修

2002年教育部基础教育司启动了"以校为本研修制度建设"的项目,该项目主要负责人、上海教科院顾泠沅教授把它归纳为"基于学校,缘于实际,专家引领,同伴互助,研修一体"。从此,校本研修就成了新课程背景下促进教师专业发展的一个有效抓手。顾泠沅认为:把"校本教研"称为"校本研修"更为合适,因为它既是教师教学方式、研究方式的一场深刻变革,同时也是教师学习方式、历练方式的一场深刻变革。校本研修让教师成为教学、研究和进修的真正主人。

(一)让"校本教研"注入新内涵的"校本研修"

在国家课程全面推进的背景下,学校教研工作如何面对,如何建设自适性的、具有新内涵的研究活动是摆在现代学校面前的紧迫的课题。当今的校本教研应直面课程改革的挑战,让传统的教研转向具有深刻文化意识和教师自主发展相结合的方向发展。其主要特点是:

1. 从技术熟练取向到文化生态取向;

2. 从研究教材教法到全面研究教师、学生行为;

3. 从重在组织活动到重在培育研究状态;

4. 从关注狭隘经验到关注理念更新和文化再造。

以上四点归纳是顾泠沅教授在 2005 年 1 月在湖南长沙召开的第二届"创建以校为本教研制度建设基地"项目经验交流与工作研讨会上传达的专家组共识。

上述的四个方面,告诉了我们学校教研活动的深层意义,指导教研活动与教师素质的自我锤炼之间的关系。为上好课而研究,很可能会陷入仅仅是"技术熟练"的工匠型教师的追求,把它提升到"文化生态取向"来看教研,那么教研就是一种文化活动,它体现于精神上的"用生命点燃生命"的互动,文化层面上的文化传承,尤其是文化素养的提升;体现在教研活动向"学——研——修"一体化的教师文化再造。第思多惠说:"谁要是自己还没有发展、培养和教育好,他就不能发展、培养和教育别人。"从这个意义上说,校本研修就是现代教师的自我再发展。

现在全国推进的新课程改革,已经驱使学校教研走向既研究教师自己,也研究学生的新路。这是还原课堂教学本色的教研。一切教法都要服从于学生的学法,真正好的教法来源于学法。把"研究学生学习"作为日常教研的主旋律,是从"教研"走向"研修"的必不可少的研究内容。有人说,当学生的"学"被提高到空前重视的位置时,新课改将实现再次突破。

教研活动不能仅仅理解成一种"组织行为",以变成一种多样化活动而知足。"研修"是倡导一种综合而系统的教师文化的提升:走出封闭式的、狭隘的固化经验的总结,走出只关注形式变更式教研,向有专家与骨干教师等高一层次人员的协助与带领下的学习型团队教研方向推进。这也是"研修"所追求的文化诉求。

(二)"四课研究"在研修活动的"升格"

1. 校本研修中的"备课"

备课在研修活动中是最基础性的活动,许多学校以研修文化为指导,以"资源共享和优势互补"为日常备课的基本宗旨,开展了形式多样的备课活动,其主要形式有如下几种。

(1)学校或教研组内有课堂教学研究的课题,在课题目标的引导下,开展以该课题为指导的示范课、研究课的备课活动。

(2)开展"同课异构"式备课,即同一教学内容,由多人用不同的教学方法去备同一堂课。由于老师的不同,所备所上的课的结构、风格、所采取的教学方法和策略各有不同,这就构成了同一内容用不同的风格、方法、策略进行教学的课。听课的老师就通过对这些课的对比,结合他们所取得的效果,找出他们的优点和不足,然后反思自己上过这节课所经历的过程,没上过这节课的为自己准备上这堂课进行第二次备课。其实"同课异构"也可以是一个教师用同一教材上两种不同层次的班级,只要教师带着研究的意识,面对不同班级开展适应性教育,也能取得研修效果。

(3)"一人备课,团队共研",即由一骨干教师先行备课,将事先众人形成共识的教学理念,贯彻于教学设计之中。随后组内成员发挥各自优势,共同设计一份具有集体协作成果的教案。

(4)个人备课实行"一课三备",即第一次备课摆进自我,不看任何参考资料,按个人见解准备教案;第二次备课广泛涉猎,分类处理各种文献资料中的不同见解后,再修改方案;第三次备课,边教边改,在设想与上课的不同细节中,区别顺利与困难之处,课后再"备课"再总结。把"同课异构"思维移植到这里,也可体现"一课两班级"不同的教学设计。如,本人在同济大学第一附属中学调研时,发现该校陈怡老师的《以苏轼的〈前赤壁赋〉为例浅谈"同课异构"》的经验文章,很有借鉴价值:

> 本人在教学《前赤壁赋》一文时,构思了两种方案。
>
> 根据普通班学生的投入慢、理解浅、迁移弱的特点,本人对教学过程整体构思如下。首先利用多媒体创设情境让学生沉浸其中,继而通过吟诵让学生充分把握此文的景物特征、情感线索和人生哲理。在此基础上进一步启发学生探讨"景"、"情"、"理"三者的联系,以便学生牢固地掌握散文中的这一技巧。并且适度拓展,促使学生在更多的作品中印证"景"、"情"、"理"互融的艺术特征。
>
> 根据创新班学生功底好、勤思考、触类旁通的特点,整堂课的构思也随之发生

变化。通过导学案,学生在课前把握此文"景"、"情"、"理"等内容。课堂上另辟蹊径,结合前人评述,启发学生从"理趣"的角度切入,自主探寻文中所运用到的技巧和方法。并且深度拓展,不仅探究《前赤壁赋》与部分散文的共通性,而且进一步证明《前赤壁赋》在艺术上不同于其他作品的独特性。

经过两个班级的实践,陈怡老师的教学效果差异是:

> 事实证明,根据学生群体的差异来"同课异构",显现出良好的效果。
> 对于基础较弱,不启不发的普通班,生动的情景让其投入,简洁而明确的目标让基础知识、技能得以巩固,环环相扣的提问方式让其专注,适当的拓展让其体会到语文学习的快乐。
> 对于功底扎实、勇于思考的创新班,独特的角度激发了他们探索的兴趣,简省的问题反而无限放大了他们的思索空间,而深度拓展更是激发了学生的潜能。
> "同课异构",让不同的班级各得其所,各展所能。

以上案例告诉我们:"异构"并非全是教师一味在教材开发上"求异",而是要更多地关注"学情",根据学生"学情"的不同,运用不同的理念、不同的构思、不同的设计、不同的教学方法进行教学。这才是"同课异构"更重要的意义、价值所在。

2. 校本研修中的"说课"

说课是上世纪 80 年代末以来,被引进学校教研活动系列的。随着新课程改进的推进,说课的理性架构与形式愈加丰富,如今已进入校本研修的序列之中。研修活动中的说课被安排在多样化备课之后,有时也安排在上课之后进行。其主要特点表现为:

(1)从空泛的教学理论引进,逐步转向更多地解读自己教学设计的"缘由"和直接依据。

(2)从单独个体说课,逐步转向由多人参与的团队式说课,使团队的教学理性思考得到共同提升。

(3)将说课的单项行为,逐步转向与备课、上课、议课等相联系的,系统研究与分析的组合活动,从而大大提高了教师知识建构的丰富性与系统性。

3. 校本研修中的"观课"、"评课"

观课和评课尽管也是传统教研的经常性活动,但是教研向研修方向发展后,观课和评课的理念、内容与功能被大大扩充了,注入了"学生的成长"、"教师的教"和"教师的学习文化"等诸多内容。其主要特点表现为:

(1) 从教学的技能性行为评价转向教学设计的理性架构的评价,使教师从熟练技能型成熟,逐步过渡到研究型成熟教师的发展方向。

(2) 从过分关注教师怎么教的评议,逐步转向怎么让学生"学会"与"会学"的评议,使对学生的主体地位和成长的关注,更多地回归到课堂教学应有的教育功能上来。

(3) 从观课逐步转向同伴之间的议课,同伴之间的经验分享,共性问题的探究。日常观课不以鉴定式评判为出发点,而是从发展长处,总结可行性经验为主要价值取向,从而促进团队共同进步。

思考题

1. 你所在学校的学科教研活动有何特点? 对照本节相关知识与论述,你认为有何经验值得总结或需要作进一步改进的?

2. 校本研修中,你认为应当如何提升文化品位? 传统教研经过"多样化"处理,就是校本研修吗?

3. "同课异构"中的观课与议课怎样进行,才能真正提高"同课异构"的教学研究效应?

第二章 备 课

备课是教师课前所做的准备工作。教学是一种有目的、有计划的活动，它既有明确的意向又有大致的规范，因此在上课之前，教师必须做好充分准备，通过头脑中的构思再形成书面上课计划，这就是教案。教师通过了解教学大纲、熟悉教材、收集和组织材料，可以减少教学时的不确定感，找到一个指向性、策略性的教学方略，使教学质量得到保障。

第一节　认识备课

古人云："凡事预则立，不预则废。"教师要完成教学任务，必须在课前精心准备、精心预设，这样才可能有精彩的课堂教学。所谓备课，即教师根据课程标准和本学科课程特点，结合学生的具体情况，对教学内容作教学上的加工和处理，选择适合的教学方法，筹划教学活动，作出教学程序安排。

一、备课的构成

教师备课是思维与行为的组合，备课中的思维活动是隐性的，它既有系统性又有综合性，当这些思维走向成熟时，便可将它转为授课计划，写出课时的授课方案，即教案。

备课，主要是指备教材、备学生、备教法。而备课中的行为，除了作技术、材料、设备的准备外，主要是"三写"，即写学期（或学年）教学进度计划、写课题（或单元）教学计划、写课时计划（教案）。这样，从备课内容的时间跨度上看，"写学期计划"可称为学期备课；"写单元计划"可称为单元备课；写"课时计划"可称为课时备课。

单元备课是指在一个单元或一个课题的教学之前进行的备课，单元备课要拟出单元的教学计划。课时备课是指教师根据单元明确的教学目的、任务、要求、重点、难点及其相应的教学方法,进一步从每节课的实际出发,认真研究落实单元备课的各项计划。

二、备课的特点

备课是一种中介性的思维活动,它连接着两个源头,一头是教学理论、学习理论,另一头是教学实践。因此,它具有隐性与显性的关联性、预设与生成的兼顾性、静态与动态的互衍性的特点。若作具体分析,可归纳出如下特点:

(一) 隐性与显性的关联性

这里的"隐性",主要指隐性思考与构思,是对"教什么"和"如何教"的思考,教师需要用系统思想和方法对参与教学过程的各要素及其相互关系作分析与判断。具体地说,就是从"教什么"的内容选择、处理、加工入手,对学习需要、学习序列和学生现状进行分析;然后从"如何教"进入设计,确定具体教学目标,制订行之有效的教学策略与方法,选用恰当的媒体手段,使教学更直观、生动等,这些都是备课思维的组成部分。而"显性",主要指备课思维的行为表达,是经过大量系统思考后,被优选和确认的思维的行动化,它表现为教案的撰写和其他教学前的各种准备。隐性与显性两者之间是密切相关的,具有前因与后果、精神与物化之间的内在关系。可见,备课是"系统工程",不能把撰写教案、设计问题视为备课的全部。教师思想上不高度重视,不缜密思考,不谨慎而为,写出的教案也是不成熟的"问题教案"。

(二) 预设与生成的兼顾性

预设,即预先设计和设定。从备课构思到写成教案都处在"预设"阶段,在这里,教案相当于工业、建筑业工程师手中的"设计蓝图",但教学前的预设又不完全等同于"蓝图"设计,因为教师既是设计者,又是施工者。从时间与内容的跨度上看,学期计划是宏观预设与安排;单元计划或单元备课是中观预设与安排;课时计划与备课则是微观的、应时的预设,它具有更具体的操作性特点。

如果教师过度依赖备课时的预设与安排,可能导致教学控制过度,限制了学生的学习活动和发展。因此,备课与教案设计中,务必给学生预留"空白",这个"空白"包括时间与空间的空白,即给学生以生情、激思、探究的"思维空白"。预设与生成两者是互衍、互渗的共同体。过多、过满的预设会使课堂教学缺少生气,只有生动而活泼的生成才会让课堂充满生命活力。

（三）静态与动态的互衍性

静态与动态是相对而言的，它们在备课过程中的体现是多方面、多维度的。静态一是指思维活动，包括阅读与思索；二是指其教学内容是被确定的、相对稳定的陈述性、讲述性知识的准备，如概念、定理、规律的科学表达。动态指教学方法与师生活动的预设，主要是文本与人际交流活动的预设，它带有较多的现场实施时的机动性与应变性。这种动静关系，很大程度上是由教师是"蓝图"的设计者与施工者的双重角色所决定的。

无论是个人备课还是集体备课，都处在动静结合、互为衍生的关系之中，没有静就没有动，有静才能衍生动，动是静的必然，动中的方法与操作的准备，要体现"人的生成性"，才能让课堂舞台有声有色、精彩纷呈。

（四）个人与团队的协作性

新课程与新课堂教学，要求教师从个人备课走向团队式集体备课。校本研修中的备课和教师专业发展中的合作交流，给"备课"一词注入了丰富的内涵与外延。学校办学特色要融入课堂，特色教改要引入课堂，课题研究要进入课堂，都驱动着个人备课与团队备课协同进行。

三、备课的辩证观

（一）多与少

荀子说："师术有四，而博习不与焉。尊严而惮，可以为师；耆艾而信，可以为师；诵说而不陵不犯，可以为师；知微而论，可以为师。故师术有四，而博习不与焉。"（《荀子·致士》）在他看来，要成为教师需要具备四个条件，即有尊严而使学生起敬；讲课有条理而不违师法；其见解精深而表达合理；尤其是要掌握广博的知识。

教师要"备多用寡"，就是说备课要有储备，要有"备份"，要像准备一场战役一样储备"后备队"和"机动部队"。"薄书教厚"，"厚书也可教薄"，这都是根据教材的需要和学生的需求来决定的。厚与薄之间的转换，一靠教师的智慧，二靠知识的储备。教师千万不要养成一种"用多少备多少"的习惯，倘若长期这样，就只能成为实用主义的教书匠或者没有多少内涵的功利性教师。"备多"的知识可以贮存于人脑或电脑中，也可以储存在自己的案头和本本里，这样用时才不会嫌少。

（二）人与物

我们常说"教材是死的，人是活的"，"教具是死的，但驾驭教具的人是活的"，这实际上说的是人与物的关系。

教材是科学知识经过教育学、心理学处理之后的产物，寄寓着编著者的育人理念。教材需要以通用的、常规的方式方法，通过文字与图象的组合来表达。

教师有权驾驭教材、开发教材，甚至可以改造教材，这是新课程所倡导的。教师要变"教教材"为"用教材教"，也就是说教师有处置、处理甚至局部增删教材的权利，当然教师首先要有这种本领才行。教材是"物"，学生与教师是"人"，师生共同使用与开发教材时，显然要因人而异，在人际互动中让教材为师生所用。

行内常说"备课要备学生"，好教师备教材更备人。备人就是备自适式教法，体现在不以教材定方法、不以教法定学法，而以学法选教法、定教法。可见，师生的"人与人"之间的关系更重于与教材"物"的关系。

（三）静与动

备课主要是静态的隐性思维，上课是动态的师生交互性思维；没有前者的宁静与深思，就很难有上课的激荡和升腾。备课的静思也不只是无声的激奋，它需要激思、生智，需要博览、笔耕，需要动手设计、制作。教师走"大备课"和智慧备课之路，便会迎来课堂上师生的精彩互动和角色的互换。如今，独自守护、固步自封的传统的个体化备课已经被打破，只有进行合作备课，推进研修才能实现资源共享，优势互补。

（四）虚与实

备课要虚实结合，不能只"实"无"虚"，也不能就"虚"避"实"。

所谓"虚"是指对备课新理念的构建、备课指导思想的确立、教学过程的理性解读等。备课不能只会"去做"，不知"缘何"去做；备课要能说出"为什么"，即说出理由。所谓"实"是就教学内容而言，务求实实在在抓住知识点和体系，重在完成教学任务。但是如果只务"实"，往往会缺乏高度，缺少前瞻性，无法从整体上把握与驾驭教材。过多地陷入技术性与方法性的教学设计，势必造成短视行为和追求及时效应，这显然不是新课堂所追求的。因此，备课应当有虚有实，虚实结合。

思考题

1. 本节所阐述的备课三大特点，对你的教学设计有何帮助？如果你曾经过度预设与安排，给现场教学带来怎样的弊端？

2. 阅读本节中所阐述的"静态与动态的互衍性"后，对你的教案设计与课堂教学现场有什么指导意义？

第二节 编写教案的意义与原则

一、编写教案的意义

教案是教师上课前设计的方案、蓝图,它直接影响课堂教学过程和效果。教师最优化教学过程能否有效实施,教案起着关键作用。特级教师斯霞曾说过:"要上好课,首先要备好课,我常常把备课比作指挥员在组织'战役',我总是反复思考、反复推敲,直到想出自己认为比较满意的设计方案为止。"还有一位特级教师认为,"一份优秀教案是设计者教育思想、智慧、动机、经验、个性和教学艺术的综合体现"。所以说写好教案十分重要。

(一)有利于教师整体上把握和驾驭课堂教学全过程

一位有着40年教龄的老教师说:"至今为止,不备课我还是不敢上课。"青年教师更要强调写出较详细的教案,才能上讲台。如果说整个教学过程是一项与人、物、事件、时间、空间等要素构成的系统工程的话,那么教案就是这项工作的蓝图,它影响课堂教学全过程以及课后作业、辅导等各环节。一份优秀的教案就是一份优秀的教学设计,它能很好地回答:上课将做什么? 怎样做? 为什么这样做? (一般教案还难以回答"为什么这样做?")有了好的教案,教师就能有理、有序、有力地把握教学全过程,驾轻就熟地进入教学状态。

(二)有利于促进和形成课堂教学活动的良好循环

教师的教学活动始于备课。当前要深化教育改革,减轻学生负担,教师的教学行为也必须从优化课堂教学设计开始。下图为教师的教学活动的良性循环图。

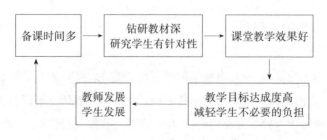

图2.1 教学活动的良性循环图

在应试教育的模式下，不少教师把精力花在"考什么教什么，怎么考就怎么教"上，于是备课也"以考试为中心"，备课的内容则是如何让学生记住，如何设计各种练习题，这样，课堂上学生有很大的压力，进而学得呆板，效率低。为了提高效率，教师又通过布置作业、频繁考试和课外辅导来弥补，其结果是师生都陷入了恶性循环的泥潭。当前课堂教学整体水平不高，这与备课质量差、不能优化课堂教学设计是有密切联系的。

(三) 有利于教师自身素质的提高

根据素质教育和时代发展的要求，教师的教学观念要更新，教师的角色地位要转换，构成教师素质的内涵和外延要扩充加深。如前所述，一份优秀的教案是设计者教育思想、智慧、动机、经验、个性和教学艺术的综合体现。也就是说，一份教案能折射出教师的水平。教师精心设计教学方案的过程，就是促使自身不断学习新理论、掌握新知识，不断探究新的教学方法的过程，有利于提高教师自身素质。

精心备课有利于教师教学，提高教学的预见性和计划性，发挥教师主导作用。新教师要备课，老教师也要备课，这是因为我们已处在信息时代，教师必须不断更新知识，扩充或修正教学思路。

(四) 有利于成就教师专业技能基本功

教师工作基于课堂，也成就于课堂，课堂是教师专业成长与发展的沃土。尽管教师专业技能的提高，可以通过职前与职后培训，可通过团队合作共研，还可以通过学校校本研修的文化再造等方式，但是这些促进教师成长的台阶，都搭建在课堂教学的平台上，最终都显现在教师课堂教学技能上。而这些技能的"本源"就是备课、设计教案。青年教师要完成教学的基本历练，要基于备课；教有特色、教有成效的教师拿出的第一份文本，就是教案。只要一个教师坚守讲台，那么备课、写教案将与他的教育生涯为伴。发现自我、发展自我、成就自我，都以备课、编写教案为起点。

二、编写教案的原则

教案要有一定的规范，这是由教案的性质所决定的；教案又不可能有十分固定的模式(可以有一定的格式)，这是因为学科不同、年级不同、教师不同以及评价的标准不同所致。但是教案作为教学过程的设计，应符合教育规律，应具有一定的共性，这种共性可用以下原则来阐述。

（一）科学性

科学性是指教案编写要以教育学和心理学原理为指导，正确理解课程标准和教材，深入剖析教材内容，灵活运用教学方法和手段，结合学生实际精心设计教学方案。科学性既表现在教育的规律性、教育方法的适切性、教育心理的适应性上，还表现在本学科的科学性上。

1. 教育的规律性。所谓规律就是客观事物或过程内在的本质的联系，是不以人的意志为转移的客观存在。备课时所遵循的教育规律主要是教学过程的规律，它客观存在于教学过程中。《学记》指出："既知教所由兴，又知教所由废，然后可以为人师也。"其意思是要知道教学怎样才会成功，怎样会失败，即认识并遵循教学的客观规律，才能当好一位老师。主要规律有：教与学的辩证统一规律（主要指教师主导作用、学生主体作用以及两者之间的辩证统一）、直接知识与间接知识的辩证统一规律（主要指课本知识与学生生活经验、理性知识与感性知识）、教学与发展辩证统一规律（主要指智力、能力和情感、意志、性格等心理品质发展的关系）以及教学中的教育性规律等。

2. 教学方法的适切性。所谓教学方法是指教学过程中，为实现教学目的、任务而采取的教与学相互作用的活动方法的总称。教学方法不仅指教授方法，它还要与学法结合，是"教"的方法与"学"的方法的统一。从教学方法的大类来看，中小学教师采取的方法主要有：

$$
\begin{array}{ll}
语言性教学方法 & \begin{cases} 讲授法 \\ 谈话法（又称问卷法） \\ 读书指导法 \end{cases} \\
直观性教学方法 & \begin{cases} 演示法 \\ 参观法 \end{cases} \\
实践性教学方法 & \begin{cases} 实验法 \\ 练习法 \\ 实习作业法 \end{cases} \\
研究性教学方法 & \begin{cases} 讨论法 \\ 发现法 \end{cases}
\end{array}
$$

图 2.2　中小学教师教学方法

一堂课的教学方法是多样的。由于任何一种方法不可能是绝对最佳的，因此，在实际教学中往往是以一种方法为主，多种方法为辅，或者是多种方法的综合。它又因教材、因学生、因教学环境而异。这就是教学方法适切性的缘由。教学方法的选择，可以从如下几方面入手:第一,因"课"选法。学科不同、教材不同而方法也应有所不同。第二,因"人"选法。学生有学校类型之别、班级之别、教学方法也不应相同。第三,因"执教者"选法。教师的经历、经验、能力与性格特点存在差异,在教学上他们各有所长,各有所短,也就是说各位教师特点不同,教学方法也不一样。每位教师对教学方法进行选择时,应优先考虑扬己之所长;第四,因"物"选法。主要指教学的外部条件,如教室环境、教学设备条件等。教师在选择教学方法时,要根据学校教学条件,因地制宜,不可超越实际条件。

各种教学方法都有其优点和缺点,不可能有一种"万应的"教学方法可以适应各种不同的教学情况。可见教学方法要进行优选,优先的选择标准大致包括以下四个条件:

其一,必须根据教学目的选择与教学目标实现方向相一致的教学法。

其二,必须依据教材内容采用不同的教学方法。不仅要考虑不同学科本身的内容,还要考虑学生在掌握这些学科内容时的心理过程的差别。

其三,必须依据学生实际情况。如果学生对教学内容已有较丰富的感性认识,教师只要通过一般的讲解,学生就可以理解,而不必采取直观演示。对于已有一定自学能力的学生,教师可以在自学基础上,针对学生可能遇到的疑难问题,运用讲解法来进行教学。

其四,必须依据教师的特点。教学中常常会出现这样的现象:教师的教学方法很好,但教师不能正确使用。有的教师擅长生动的语言表达,有的擅长运用直观教具或多媒体制作,那么教师在进行方法的选优时就要把该方法的优点和教师自身的优点相结合,这样的教学方法才能产生事半功倍的效果。

3. 教育心理的适切性。教育制约着学生心理发展的过程与方向;同时,教育工作也要以学生心理的水平和特点为依据。学生的年龄不同,学生群体的智力发展水平也不同,再加上各学科思维特点的不同,教学组织和方法也有较大差异。

从心理学的观点看,学习是认知及其结构的变化,还包括情感领域的变化。可见教学设计的科学性还体现在学习心理的科学上,教学中要全面考虑学生心理发展进程。其含义包括以下几个方面:

其一,不能把教学仅仅看成一个认识过程,教学过程是促进人的成长的过程,主要是发展智力、培养能力的过程。

其二,在认识过程中不应当将教学视为某种特定的过程指向,而是双向、互动、迁回和复杂的过程。

其三,在非认知心理发展方面也要作全面考虑。专家研究表明,人的心理能力可分为智力和心力两种,智力是一种认知心理力量;意志力、内驱力是非认知心理力量,也就是心力。有人认为教学设计最佳效果的达到,还应包括学生发展整体优化——智力因素与非智力因素的和谐统一。

(二)创新性

素质教育的重点之一是创新精神,要激发学生的创新精神,教师首先要创新。

创造学家认为教育所传递的内容是什么呢?那就是创造与发现的总和。创造是教育的最高境界和最终目的。

中国发明协会副主席张开逊教授在《教育与创造》专论中谈到教育的涵义与教育为何难以实现最高境界时有这样一段论述:

> 我觉得教育应该有三个层次:第一,应该让受教育者知道世界是什么样的,成为一个有知识的人,成为一个客观的人;第二,应该使受教育者知道世界为什么是这样的,成为一个会思考的人,成为一个有理性的人,成为一个有分析能力的人;第三,应该让受教育者知道怎样才能使世界更美好,成为勇于探索、创造的人。
>
> 学校教材和教学大纲以及教师的指导思想常常忽视创造。教师讲课的时候容易忽略两个非常必要的环节:其一,只讲知识的结论,没有讲人的发现或创造知识的艰难探索过程。学生学习知识的时候,觉得这些知识的产生是一种不可思议的事情。其二,很少讲知识应该怎么用来解决实际问题以及它的不完备之处在什么地方,还应该怎样发展。学生误以为知识不是通过无数的错误、摸索、寻觅得到的,也不是应该发展的,觉得自己与知识的发展、创造无缘,以至于觉得创造和发明是天才的事情。

以上论述告诉我们:育人要有前瞻性与高立意;教学要重创造,尤其要适度重视知识"原生态"的生成过程,以促使学生产生创造意识,并形成能力。长期以来,传统的课堂教学仍以讲授与灌输为主,形成教师对学生的权威性,学生对教师的依赖性,学生与生俱来的独立性、怀疑性和创造性在教学中不但得不到足够的尊重和发展,而且被销蚀得越来越少。

创新、创造教育呼唤教师角色的深层更新,它包括观念系统、能力系统和方法系统的变更。备课和教学设计要切实突破"教参——教材——学生"的固定模式,从发展学生创新思维这一战略高度出发,别具匠心地"肢解"教材、"重组"教学内容、"优化"教学过程。其中重要的一步就是设计颇有新意、效果最佳的教学方案。

教师编写教案时,胸中要有课标,但课标又是规范的、共性的,要将课标中的教改理念与学生丰富的个性特点相结合;教师编写教案时,面对的教材是固定的,但教法是活的,学生是生命的活体,教师教学如果不倡导创造性劳动,就不会产生符合素质教育要求的教学艺术魅力。

教师要从学生求知创新的促进者和合作者的立场出发,通过引导、点拨、讨论等多种形式,激励学生从内心需求出发,忘我地参与到教学进程中去。教学设计中尤其要注意为学生留点"时间空白",让学生以充分的思考、质疑等自主活动来填补,从根本上改变教师的满堂灌现象。

教案编写的创新性,主要体现在以下几方面:

1. 教材处理上的优化。颇有创新能力的教师不仅能赋予教材新意和活力,而且能从简驾繁,化难为易。教材处理上的优化是教学优化的基础。

2. 教法选择和手段运作上的优化。教学方法要常教常新,努力改变受应试教育影响的思维定势。以下两个教例有着鲜明的反差:

在数学课上讲三角形认识时,一位教师让学生动手做三角形,学生做完后,教师让学生把三角形放在一边,拿出教具让学生到讲台上比较三角形的大小。为什么教师不让学生拿自己做的三角形互相一比呢? 显然,这位教师只是在完成教案,但教学过程与教学目标相脱节,这一不大引起人的注意的环节却反映出教师教育思想的守旧。如果让学生相互把自己做的三角形重叠在一起比一比,情况就不大一样了,这个过程所获得的直接经验会很深刻地影响到学生的学习,然而这恰恰被许多教师忽略了。

特级教师钱梦龙在"文革"后期曾教过一个差班,他感到不能差什么补什么,而应首先吊学生的胃口,让他们想点东西,他先对学生说:"我过去和你们一样学习也很差。"学生全笑了;钱老师和我们一样! 感情拉近后,他又问:"你们感到最难的是什么?"学生答:"作文"。钱老师说:"咱们就教作文,我保证一节课就教会你们作文,都能得80分以上。"他第一节课教学生写家人。学生问怎么写,钱老师说,"家里人说什么话,干什么事就写什么。""不会的字怎么办?""随便,用拼音代也行,空下来也行。我只有两点要求:一、标题要居中;二、文章要分段。"有学生问:"怎么分段? 爸爸说的话为一段,妈妈说的话分一段,行不行?"钱老师说:"行。"学生交来作文本,钱老师当堂打分,只要符合两点要求,都给80分,再有内容的,给90分。至于错别字、看不懂的内容先不管。这些学生过去作文从来都是20分、30分,现在都成了80分,有人以为钱老师开玩笑,钱老师严肃地告诉学生,这不是开玩笑,你们都按我说的两点要求写了。懂得格式很重要,这是一个很好的开端。学生首先消除了畏难情绪,感到作文并不难。这样一步一步来,到期末,家长拿到孩子的作文本时,后边几篇已经是正正规规、像模像样的作文了。

从以上两个案例比较中可以看到,预设过于主观,必然抑制学生的主动学习。钱老师的预设则是基于学生实际,根据学生心理特点,创造性地采用低起点、慢步走、稳步前进的教学方法,因而取得了预期的教学效果。

3. 教学风格的独创性。教学是科学,也是一种艺术,教学风格就是一种教学艺术的创造。走向成熟的教师要跃出"高原"地带,让自己的教学能力有质的突破,既要有坚实的教育教学理论功底,遍采百家之所长,更要扬己之长,在教学中突破常规,开辟独创之路。如此,富有个性化的教学风格就会逐步形成。

教师要在教学中形成各自的风格,从教学活动上看,首先要在备课、教学设计上开辟自己的新路;第二步要在大量的课堂实践中去尝试、去验证,然后反思存在的问题,总结成功的经验;第三步是在理论与实践的滚动学习中,形成有理性思考、有教学实效性和有鲜明个性与特长的教学风格。

有独特教学风格的教师,必定是研究型教师;而研究型教师都具有反思能力和改变传统教学思维定势的能动性,具有有别于一般教师的智能结构和创造才能,具有自适于课堂教学操作系统的宝贵经验。

(三) 差异性

教育行政领导在把握最基本的规范化要求的情况下,不要过多干预教师的教案形式和内容。这是因为每位教师的知识经验、特长和个性差异很大,整齐划一的要求会束缚教师的手脚,扼杀创造力。教案的简与繁、多与少,应立足于教学实际,教案写得再好,上课却没有用好,这样的教案就失去了原本的意义。

学科类别不同,教案的内容结构就会有差异。如理科类教案倚重于逻辑推理和操作活动,文科类教案注重形式逻辑,更多关注情感陶冶和交流。

教师知识经验的差异反映在教材的处理方法和教学设计上,也会有较大差异。有的教师擅长新课引入的设计;有的擅长情境设计;有的擅长思维的训练;有的擅长板书结构化、系统化设计等,教案的内容可各有偏重。

教师应用教案个性和习惯的差异,也会产生简与繁的差异。一般情况下,教龄长的教师教案内容往往比较简单,上课时仍然能得心应手,应用自如;当然也有一些老教师,长期坚持写详案,并有不断创新的意识。

同样的教学内容,教学方法可以不一样;即使两位教师都引进同一种现代教学方法,使用同样的教学手段,由于各人的构思不同,产生的教案结构也不同。

(四) 操作性

学校教学有三个基本特点。首先,教学是教师与学生之间的共同活动;其次,教学又是教师的教和学生的学所构成的一种教学活动;再次,教学是为了实现一定的社会教育目的专门组织起来的培养人的活动。可见教学是多层含义的过程性活动,因此课堂教学的操作性十分突出。

教案是教学前设计的"图纸"和依据,这张"图纸"在一般情况下是由教师本人亲自"设计"的,如何"施工"、"施教"也是自己的事,这样,教案不论何种格式,内容是繁是简,它都在"施教"时具有很强的指导性和操作性。

教案是教师一边博采信息,一边构思后形成的文字化教学方案,其操作性主要体现在结构化的程序和时空化的师生共同活动之中。这样,我们就不能简单地认为构造复杂,文字量多就具有更强的操作性。有的教师感到教案写得过细,容易捆住自己的手脚,思维被禁锢,临场的教学灵感被扼杀;有的青年教师写了简案,由于备课不充分,操作程序不清楚,结果授课时程序混乱,内容空洞、单薄。可见教师写教案一定要精心设计,在充分考虑可行性和可操作性的基础上,该简则简,该繁则繁,要简繁得当。

有的教师在编写教案时,将程序化内容用红字或红线划出,以增加授课的操作性,这是一个很好的经验。

(五) 可变性

一位颇有名望的教育专家指出:"教育是一项直面生命和提高生命价值的事业。"教师心中要有人,既要有整体的人,又要有个别的人。每个学生个性不同,思维水平与状态不同,不能用固定的教案去面对动态的学生群体与个体。

教师在教学过程中,学生可能会提出各种问题与看法,教师不可能事先都估计到,这种情况下教师既要鼓励学生继续参与学习,又要适当调整教案中的有关内容,更改教学进度,满腔热情地去引导和启发学生的思维活力,提高课堂教学效果。

且看下例:

几位外国教育专家在聆听一位老教师上课,课时过半时,教师的一个问题引起学生极大的兴趣。于是同学们展开激烈争论,双方各持己见。课后这位老师向外国专家道歉,称自己没有完成好教学进度,造成教学"混乱"。几位外国专家对此无言以对,这是一堂很好的课,怎么说是没有完成进度的课呢?可见这位老教师尽管有丰富的教学经验,但"教师为中心"的传统教学观制约着他教学的全过程,原先设计好的教案捆住了他的手脚,陈旧的教学评价使他误认为这堂课很不理想。

教育功能的关键,是引导学生主动发展,帮助学生形成发展机制,如果教师在课堂教学中牢牢把握教育功能的大方向,就会自觉地面对学生实际,调整进度甚至可适当调整教学目标,为教育最高宗旨服务。

三、新课程理念下教案编写的基本要求

(一)预设与生成的统一

教案是预设的,这种预设体现施教者的计划,体现对教材文本的尊重与依托。但教师在教学中又需要生成,生成既体现了学生的本体地位,又体现了对学生的尊重。预设是有计划性和稳定的,生成是动态性与开放的。

可见,预设与生成是辩证的对立统一体。如何才能达到一种动态中的平衡呢?

一是预设要精心,但不能僵化。"凡事预则立",教师课前若没有精心准备,在课堂教学中教学目标指向和过程结构就会松散或零乱。但如果过于严密,时间全被教师"霸占",那么,学生参与与介入思维的活动就无法充分体现。

二是确立课堂现场的教学生成意识。由于精心的预设无法全部预知精彩的生成,而预设中若过分追求教师的主导也不利于随堂的生成,因此,教师在编写教案与授课中应确立生成意识。对某学生答题中出现教师预设之外的精彩,或出现"不速之客"等现象,教师要有心理准备,灵活应对,切不可拘泥于教案中的安排。教师巧妙利用意外

或借助学生的智慧,会产生意想不到的教学效果。

当然,如果教师一味追求课堂上即时的"生成",又会因缺乏有效的控制和引导,出现"放而失度"的现象。因此,我们要理性地看待预设和生成,预设要有弹性、有留白的空间,以便在目标实施中能宽容地、开放地纳入始料未及的生成。教师对学生积极的、正面的、价值高的生成要大加鼓励、利用;对消极的、负面的、价值低的生成,应采取更为机智的方法,让其思维"归队",回到预设的教学安排上来。课堂教学因预设而有序,因生成而精彩。

以下是2011年广西网联计划之城区义务教育骨干教师"备好课"专题远程培训中的教学案例:

> 二年级的一个班级学《北京亮起来了》一课,读到"长安街华灯高照,川流不息的汽车,灯光闪烁,像银河从天而降"一句,有学生提出银河是什么,立刻有几个学生举手要求告诉他。有的说银河是星星组成的,有的说银河很宽很宽,还有一位学生说知道牛郎织女的故事,于是老师就让他讲了这个故事。这位学生讲了一分多钟,讲得很生动,其他学生也听得很专心。课后评议,对这一环节的处理颇有争议:有的老师认为是"节外生枝",浪费时间;有的老师则认为讲和听对学生也有提高。

对于这种不是所谓"紧扣教材"的"节外生枝"的生成,教师本着尊重学生、爱护学生的探究心理,给学生发表见解的时间应该肯定。语文教学如果过于功利性,不给学生随机拓展、放飞心情的机会,也不符合课改精神。当然,拓展不宜离题太远。

(二) 体现生活化与经验

教材源于科学也源于生活。新课程把关注生活化和经验作为编制原则,使"文本课程"和"体验课程"两大特性兼备。教师要留心收集、整理、筛选源于生活的学科知识和辅助材料,以便将它融入教学设计。

教师要努力做到:用生活创设情境;用生活引导学生解决一些问题;用文本知识服务于生活;用学科知识去创造"生活"。其实上述几个途径,教师只要在一两个方面有所突破的话,那么课堂教学便会生动起来。

(三) 体现学习方式的转变

学习方式的转变是新课程改革的显著特征。改变原有的单一、被动的学习方式,建立学生主体性的、多样化的学习方式,是新课改的核心任务。这就要求教师构建旨在培养创新精神和实践能力的学习方式及其对应的教学方式。

教师设计教案要从"教会学生学习"的指导思想出发,把教学过程变成发挥学生的主体性、能动性、独特性,不断在教学情境中生成、张扬、发展、提升的过程。教师从以讲为主到以引导学生以学为主,促使学生"主动自学"和"发现问题",然后进入解读课文的实质性阶段,这一方法是许多语文教师在新课堂教学中喜欢采用的。

以下是浙江省湖州市千金中学吴玉琴老师的一段教案和她的自我点评:

人教版七年级上册,王家新的诗《在山的那边》是7—9年级语文学习阶段的第一课。对刚进初中的农村学生来说,要读懂诗的含义有一定难度。诗歌语言凝练,除了字面上的意思外,往往还有深层含义。这就要求老师引导学生进行自主探究阅读。

1. 学习活动的开端——自主意识的激发:

学生反复朗读诗文,说说读懂了什么,把读不懂的记下来。学生初读时主要碰到了这些问题:

(1) 诗人好像没真正见到大海。

(2) 诗人只是想象出一个海——"信念凝成的海",那是什么?

(3) 山那边的青山,为什么"铁青着脸"?

(4) 一座座山顶为什么诱惑着我?

(5) 海潮"漫湿……枯干的心灵"是什么意思?

(6) "全新的世界"是什么?

……

点评:这个环节的目的是激发学生主动发现问题、提出问题、培养学生的问题意识。假如每课教学都设计这样一个环节,教师便能引导学生经历"没有问题——提许多质量不高的问题——能提有质量的问题"这样一个能力形成过程。

这种自主探究阅读的方式较好地打破了传统的教师讲解分析式和自问自答式解读,让与文本对话也成为学生的一种学习方式。

(四) 体现差异教学

现代学习方式的另一个特点是独特性,因为每个学生都有自己独特的内心世界、精神世界和内在感受。独特性也意味着差异性、层次性。把差异看成一种资源去开发和利用,正是新课程理念所倡导的。教师可从如下几方面构思:一是确立学生的个性与层次性意识,教案设计要体现各层次学生的接受力;二是实行分层教学,至少关注A、B、C三个档次学生目标与过程的差异;三是可适当开展分层的课外辅导,分层布置作业与个别化批改。

一位信息技术教师在他的教学构思中认为:

> 要针对每个学生的潜能进行富有激励性的差异评价,使评价成为激发不同层次学生学好信息技术的催化剂。基础好、进步快的学生,自信心比较强,对他们的评价要严格,不但要求他们能够正确解答,完成教师布置的任务,还要求他们用不同的方法解决问题。学习有困难的学生,基础差、进步慢,自卑感较强,应尽量寻找他们的闪光点,用激励的语言评价,帮助他们树立信心,提高学习的兴趣,使他们时常得到成功的喜悦。

可见,差异教学要求教师编写教案时,预设不宜圆满、呆板、僵化,要在教学过程中洞察学生潜能的各种表现,并将其作为现场的资源加以引进或诱导。对学习困难生更要仔细观察,为他们创造适应班集体学习进度的学习环境。

思考题

1. 什么是教案?当前中小学教师编写教案中存在的主要问题是什么?
2. 编写教案的几项原则对你有何启示?
3. 对教案的详与略你是如何理解的?

第三节　备课的程序与策略

备课是教学之前的第一个环节,这个环节也是一个较为复杂的过程。备课是教师掌握教材、明确教旨、选择教学方法的过程,是教师上课前合理有序地处理、加工各种教育信息的过程，显然对教师自身而言，备课也是教师形成与提高教学能力的过程。

每个教师都有自己的备课经历，面对教材和即将接受教学的学生，教师在备课过程中至少要实现如下三个转化：

一是熟悉教材，把教材中的知识和思维转化为教师的知识和思维。

教育学理论告诉我们：教科书是依据课程标准和学生的接受能力编写的教学用书，是教程与学程的共同依据。新课程与新教材更加关注教材与学生主体的关系，体现"自学用书"的价值追求。

教科书的学科知识是前人的智慧结晶，但这种成系统的"全套知识"，不能不加甄选和加工就照搬给学生。它至少要经过教育学、心理学以及学科特点的"再加工"。从"课标"到"课程"，再到各册教材的编写，对执教者来说，虽然他们并没有参与，但是为了完成教学任务，他们必须了解、熟悉，以便把握知识体系、了解编者价值取向与意图，最后"接纳"为教师的知识与思维。

二是通过钻研课程标准或教学大纲，剖析教学目标，把握重点和难点之后，把目的要求、教学目标转化为教师教学活动的指导思想。

这里的转化是具体的、针对本学科甚至本章节的课程目标的钻研和解读。教师要明确所教授内容的目标是什么，重难点又是什么，转化为教师本人的课堂教学和活动的指导思想是什么。

三是通过研究目标——内容——学生实际的内在联系，找到使教学内容适应学生的接受能力，促进学生智力发展，实现教学目标，并转化为教师的教学方法和教学策略。

从某种意义上说，备课就是科学与艺术兼备地去构思实现教学目标的途径，去寻找适合教育对象的教学方法和教学策略。教学策略在此主要指制定目标策略、设计教学内容策略以及具体的教学项目推进策略等。

一、备课的主体程序

上述的三个转化，主要是一种思维活动，当备课进入"做事"的安排时，就得讲究一定的程序。备课的主体程序是以备纲（课标或大纲）、备本（课本）、备方法、备学生为直接项目与内容的活动序列。

据东北师范大学教科院对部分小学教师的调查，"教师对教材与教参有很高的依赖性"，"备课的第一步是先看教科书和教参"。据此，我们从教师备课实际出发设计出如下主体程序图：

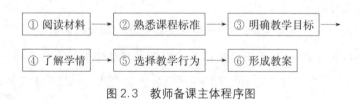

图 2.3　教师备课主体程序图

关于上图可以从以下方面来理解：

1. 阅读材料。教师教学以教材为据，无论是教教材还是现在倡导的用教材教，阅读教材、熟悉教材都是备课中的首要任务。教科书是课程标准的具体化，是教师上课的依据，也是学生获得系统文化知识的主要源泉。阅读教材要做到了解知识结构体系、要点分布，了解知识陈述、展现、发展的逻辑结构，把握知识重点、难点、关键点、衔接点和可能产生的质疑点的分布。

2. 熟悉课程标准。课程标准是学科教学的指导性文件，它规定学科的知识范围、深度及其结构、教学进度、教学方法上的具体要求等，是教学计划的具体化。熟悉课程标准的目的是对本学科教学有一个总体把握，明确课程目的、要求、内容的深度、内容的安排和进度。教师进行备课时要将研析课程标准与处理教材结合起来。

3. 明确教学目标。学科教学目标，尤其章与节的教学目标，主要是具体化、操作化的二级与三级目标。课堂教学目标要与具体情境联系起来，对体现较抽象的目标的行为结果给予明确界定，引导教学的开展。

明确目标要从目标叙写与目标分解两方面来考虑。目标叙写时要包括表达行为与内容两方面，既要表达养成何种行为，又要阐明这种行为能在其中运用的领域或内容，这样才能明确教育者的职责是什么。所用动词必须在程度上加以区别。课堂教学目标由行为主体、行为动词、行为条件和表现程度四个要素组成。

目标分解有两层意思，第一是指目标按预期学生学习之后所发生变化的行为领域分解，即认知领域、情感领域、动作技能领域（统称三大领域）。近年来有些专家还认为应加上"个性发展领域"。三大领域之后还有学习水平的描述。

施良方教授在《教学理论：课堂教学的原理、策略与研究》专著中，对这三种目标领域、学习水平及其定义作了如下介绍：

表 2.1　三种目标领域、学习水平及其定义

领域	学习水平	定　义
认知领域	1. 知识	事实信息的回忆
	2. 领会	理解的最低水平；提供理解的证据和运用信息的能力
	3. 应用	用抽象原理来解决问题
	4. 分析	区分和领会各种相互关系
	5. 创造	结合各个组成部分以形成一个新的整体
情感领域	1. 接受	自在地面对刺激
	2. 反应	自愿地对刺激作出回应
	3. 价值判断	对刺激形成一种态度
	4. 信奉	一贯地按照内发的、稳定的价值体系行事
动作技能领域	1. 模仿	按照指示和在指导下从事简单的技能
	2. 操作	能独立地完成一项技能
	3. 熟练	能准确地自动化地完成一项技能

第二是将目标化解到教学过程中，用有序的内容与有效的方法分阶段达标。这种目标的化解，一般不要在教案中陈述，但可以在说课时予以适当说明。

4. 了解学情。这主要是指了解学生的共性与个性。了解共性就可以找到教学的基本出发点，制订出统一的教学要求。但是把握共性之后，还要注意学生的差距。了解学生知识上的差距，教师要做到三点：一是大部分学生对课本的哪些内容已有一定的基础；二是课文中哪些知识内容对大部分学生而言可能成为难点；三是少数学生可能还"吃不饱"，而一些差生可能还未掌握。这些都要在备课中予以考虑，这些信息可以从学生作业中得到反馈，更要深入到学生中去听取意见。

5. 选择教学行为。教学行为是教师课堂教学策略之本，它是以目标为导向，以教学材料与学生实际为依据而实施的。教师课堂教学中的行为可分为三类：主要教学行为、辅助教学行为和课堂管理行为。主要教学行为根据目标、材料与学生"情景因素"进行设计，通过呈示、对话和指导的优化组合，即教学方法、教学艺术的显示，以提高教学效果。辅助教学行为是根据学生临场状况和教学其他场景而采取的行为，这需要以教师的教学经验与个人素质为依托。课堂管理行为主要是为课堂教学的顺利进行创造条件，它需要教师的经验和技能。

此外，与教学行为紧密相关的还有教学组织问题，它主要指班级授课中大群体、小群体与个别的组织型问题，以及座位排列的方式等。

盛群力、马兰两位教授在《试论系统设计教学中的备课程序》(《教育研究》2001 年第 5 期)一文中，对以往的备课程序(备教材、备学生、备教法)提出质疑，作者从系统教学理论出发，提出了新的备课程序：洞察学情、聚焦任务、陈述目标、配置检测和安排过程，简称"五备"——备学生、备任务、备目标、备检测和备过程。现将有关观点和论述要点介绍如下：

(一) 备学生

任何教学活动都要以满足学习者的学习需要为出发点和落脚点。备学生，主要是了解学生的学习需要。而需要的核心体现为"实际是什么"与"应该是什么"两者之间的差距。只要有差距，就表明有教学问题需要解决，有教学任务需要完成，有学习要求需要满足。

"实际是什么"是指教学活动开始前，学生已经能做什么、说什么、写什么、读什么等等。"应该是什么"反映当某一教学活动结束后，预期学生在认知、情感、态度或心理动作等方面必须达到的状态。只有当教师心中对目标状态和现有状态的差距做到心中有数时，再对照大纲和教材的要求来确定真正适切的教学任务和教学目标，才是比较合适的。

备学生大体包括以下内容：(1)了解学生学习新任务的先决条件或预备状态，即认知、情感、心理等方面是否已做好铺垫工作。(2)了解学生对目标状态是否有所涉猎，主要指学生学习新任务时是否有"路障"，是否已"畅通"了。(3)了解学生对学习新任务的情感态度，包括学习愿望、毅力、动机、兴趣等。(4)了解学生对学习新任务的自我监控能力，包括学习习惯、方法、策略及风格等。

(二) 备任务

教材内容是为完成一定的教学任务而编选的，教材内容只是载体，任务则是目的。备任务，主要不在于分析教材内容，而是要真正把握教学任务的范围及其序列。可见用备任务取代备教材更为贴切。

教师对难点与重点的认识，应从学生已有的状态和学科内容的逻辑进程来看。难点不仅是学科逻辑中的"瓶颈"，同时更应该聚焦学生心理意义理解上的便利与否。也就是说心理逻辑应被置于优先位置，要注重分析学生有多少旧经验可以用来帮助他们接受新经验。越有熟悉感，就越有亲和力。

"为学习设计教学"，这是当代教学设计的重要理念，它主要指根据不同的学习任务类型来设计相应的教学策略，创设适宜的教学条件。

学习任务归类实际上也就是教学目标归类。一般来说，可分为认知领域、心理动作领域、情感态度领域、人际交往领域等。

表 2.2　学习任务的一种分类方法

认知领域	心理动作领域	情感态度领域	人际交往领域
记忆信息与理解观念	掌握信息与程序	有意接受与主动反应	对话与共事
运用程序与原理	动作模仿与连贯表现	价值组织与内化	维持与调适
掌握策略与方法	动作调适与创意	表里如一地表现	认识自我与欣赏他人

表 2.3　学习任务（认知领域）与目标归类的关系示例

学习任务	目标归类
学生能将几种岩石标本恰当归类	认知领域——理解概念
学生能熟练地运用因果句型	认知领域——运用规划（程序）
学生能对一篇文章进行修改	认知领域——运用程序与原理 掌握方法和策略
学生能列举中国古代四大文学名著	认知领域——记忆信息

虽然学习任务归类本身是一个不断完善着的研究问题，但对教师来说，采用一种适当的、实用的归类，比起只考虑学科内容而忽视学习任务类型，肯定获益更多。

（三）备目标

备目标，主要指备课时如何陈述具体的教学目标。对具体教学目标应有如下几个具体要求：(1)教学目标不是教师教学程序与活动安排。(2)具体教学目标应采用可观察、可检验、可操作的句子来陈述，应包括行为、行为发生的条件和行为可接受的标准。如："不借助任何材料(条件)，学生能准确无误地(标准)说出(行为)中国古代四大文学名著"。(3)不要用抽象模糊的语词，如"理解"、"欣赏"、"培养"、"体会"等来陈述教学目标。(4)具体教学目标主要应来自任务分析，应依据备学生和备任务时所得到的信息，具体目标不能游离于任务之外。

（四）备检测

备检测主要是指编制检测项目。检测目的不只是为学生评等第，它还包括确定学生的学业表现情况，起着诊断教学效果，查明疏漏之处，及时提供补救依据的作用。编制检测项目要注意两个问题：一是检测项目与教学目标之间应有对应匹配关系；二是要用最适当的评估手段检测不同的学习结果，如再认或回忆。其行为标准是"说出"、"列举"、"选择"、"描绘"等，一般用选择题、填空题为妥；检测技能目标中的概念掌握时，选择题、判断题可成为检查方式；而对智力技能中高级规则进行检测，问答题可能更具有适切性。

（五）备过程

这里的备过程，主要指教师事先如何对达到目的的途径、内容、策略、媒体、组织形式等作出安排。

1. 要考虑课时。课时要依据学生和教学任务目标等来确定。

2. 要安排好教学内容。教科书是教学的主体内容，但不是教学的全部内容。安排教学内容时，可以对教科书的内容进行换序、增减和整合，甚至可以根据实际教学任务和目标的要求，重新挑选或编写教材。

3. 选择策略、方法和媒体。教师备课不仅要研究教学前的准备策略，还要研究教学中的实施策略，这些策略还必须同学习的意义联系起来。教学方法和媒体纷呈多样，各有优劣，总的要求是做到合理选择，优化组合，扬长避短，区分使用。

4. 选择教学组织形式。全班教学、小组教学、个人自学三种具体教学形式反映了不同的师生、生生互动特征，我们应该努力做到适当转换、优势互补。

以上所述的主体程序和五备程序主要是从备课构思的逻辑性上来阐述的，并不一定都是教师备课行为的时间序列。

二、备课的辅助程序

备课过程中需要教师储备理论、储备知识，更新观念、转变传统思维定势，制作或熟悉现代教学技术中的软件与硬件。所有这些都可归属于备课辅助的活动项目。

江苏省小学语文特级教师于永正在他的《隐性备课重于显性备课》一文中说：

> 我书架上有《现代汉语通用字笔顺规范》、《成语词典》、《汉语大辞典》、《中国少年儿童百科全书》、《中国通史》、《中国大百科全书》、《世界通史》等工具书，书案上还有电脑。书到用时方恨少。在备《圆明园的毁灭》一课时，我专门翻看了《中国通史》中有关鸦片战争的章节；教《海洋——21世纪的希望》，我在网上搜集到

了不少有关海洋方面的资料(如潮汐发电站等),受益不浅。《现代汉语通用字笔顺规范》更是离不开,老师板书时把笔顺搞错是很要不得的。我有读书、读报习惯,喜欢读书、报、杂志,这对我来说,也是备课。

于老师把书架上的书和他的阅读活动,归为隐性备课。有人称之为"大备课"。这种与备课相关的准备活动项目很多,这些活动项目并不一定要按时间顺序进行,也可以穿插进行。

多数情况下,这些项目活动并不具备明确的指向性,或者说不直接作用于某一堂课,并不发生在课前"临战式"准备。它是储备、积累和自我修炼的过程,包括阅读、观察、记录、思考、反思、技术性器材、材料制作与准备等。这些活动为教师提高教学水平,起着储备作用。从程序系统上分析,我们可以从宏观到微观,从抽象到具体按其程序罗列如下:

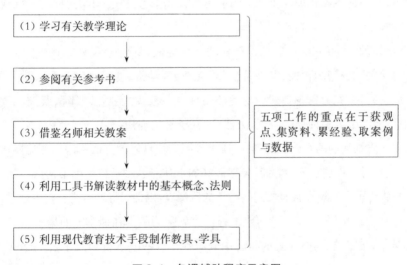

图2.4 备课辅助程序示意图

三、备课的基本策略

策略是相对于方法而言的,是一种内部的控制过程。袁振国主编的《当代教育学》专著中,把教学策略认定为:"专以表达为达到某种预测效果所采取的多种教学行为的综合方案。"教学策略具有综合性、可操作性和灵活性的特征。

备课策略是教师教学前准备工作中,所要采取的一套规则系统,一种教学方法论体系。备课策略不等同于教学策略,但备课策略的核心或主体是即将付诸行动的教学策略。根据教学策略的构成因素,可区分出内容型、形式型、方法型和综合型等四种主要类型。参考目前国内外教学策略研究的有关内容,备课的基本策略似可归纳为如下几种:

(一)"三知"策略——备课的基础性策略

"三知"是指教师在备课时,首先要做到知教材、知学生、知教法。教材、教师、学生是课堂教学三个最基本的要素,教师熟悉教材、剖析教材、处理教材的目的,是让教材内容演化成经教师加工而成的"教学信息",再和学生建立联系。这样,教师、学生和课堂教学信息便构成课堂交流的三大要素,三者之间的关系状态是决定课堂教学质量高低的主要因素,而三者之间的"关系状态"很大程度上又取决于教学方法和学习方法。

1. 知教材

"知教材"是为了更好地用教材教,新教材不仅是知识点,不仅是事实性知识和原理性知识,它还具备课程理念指导下的能力体系和思考方式。有的教材还蕴藏着方法论和伦理知识。

所以,知教材,首先要正确认识教材的内容构成,新教材不仅关注知识体系,还关注与其直接关联的智力价值、发展价值,重视态度、动机、情感的价值。也就是说教师在研读教材时,要充分重视理智与情感的新标准。教师既要梳理知识点、事实性知识和原理性知识,又要关注思考方式、方法论,甚至是伦理知识。

在上述思维活动的基础上,知教材便进入第二步具体的方法论的思考与操作:一是精读、细读教材。在这过程中,尤其要把握好如下几点:(1)了解知识结构;(2)掌握知识体系;(3)认清重点和难点;(4)找到教与学的质疑点,以便引导学生进行探究性学习。

二是在上述构思的基础上,再将教材内容转化为教师在课堂上的呈示行为。它包括语言呈示、文字呈示、声像呈示和动作呈示等。这些呈示行为几乎占了课堂教学时间的三分之二。

2. 知学生

备课中的"知学生"极为重要,不了解教育对象的教学是无效或低效的教学。知学生首先要确立正确的学生观:学生是认识的主体;学生具有能动性与潜在性;学生是不同层次的集合体。这些认识应作为设计教法的出发点。

其次是了解学生知识与能力的基础和学习心理特点,它是教师设计具体教法,开展教学对话,指导学生学习的基础条件。

要将知学生作为备课策略来研究,还务必做到:(1)不能将对学生的一般性了解,作为每节课备课的基础,要细化到所教教材的学生的学习基础与能力基础;(2)要从本学科、本章节的教学目标的视角,深入分析学生认知、能力、思维和情感态度。只有基于学生现状,才能有针对性地备好课。

北京第二实验小学名师华应龙,在备课《圆的认识》的构思时,有如下一段文字可以给我们许多启发:

> 我思考——半径和直径的关系是不是教学难点,要不要研究,是否"顾名思义"就可以理解? 得出关系后的填表练习,究竟是练习两者关系,还是练习乘以2和除以2的口算? 我们是不是总是好为人师,以为我们不讲学生就不会? 是的,熟能生巧,但熟还能生厌,那熟是不是还能生笨呢? 现在的学生在课堂上是不是很少"不懂"装"懂",而更多的是不是精明地"懂"装"不懂"?

> 我思考——圆的画法是应该教,以促进学生更好地学,但应该一、二、三地教吗? 是不是只要在学生容易疏忽的两个地方"手拿住哪里"、"两角之间的距离是直径还是半径"稍加点拨就可以了? 学生抑或老师画得不圆,是否就该随手擦掉? 那些"不圆"的作品,是不是课堂中的生命体? 是否应该珍惜?

华老师的"知学生"显然做到了精细周到,正是由于有这样基于学情的教法研究,所以他的教学才被人赞赏。

3. 知教法

这里所指的"知教法"有两层意思:

一是选择教法。教师要了解现代教学的基本方法,熟悉教改中本学科倡导的优化课堂教学的各种教学设计和教学策略。在此基础上,要以具体教学目标、教学内容和学生实际为依据选择教法,同时也要考虑教师自身特点和优势,选择与自己相适应的教法。青年教师在选择教法时,尤其要倾心关注本学科教改的新教法,而不是盲目地从老教师那里迁移经验型教法。

二是教法的优化组合与应用。一堂课的教法是多种多样的,如何以"一法为主,他法辅之",教师要充分把握,这样才能体现主体效应与综合效应。对青年教师来说,轻易地迁移优秀教师的教法,可能效果并不理想。主要原因可能是教师的素养层次不同,教学过程中的智慧应对能力也不同。

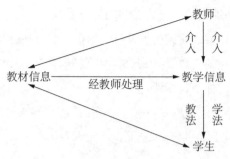

图 2.5 课堂教学三个基本要素关系图

(二)"三寻"策略——备课的方向性策略

如果说"三知"策略主要是为新教师提供课堂教学基本功的话,那么"三寻"策略则是熟练教师所应掌握的。

"三寻"是指教师在备课时,要"寻思路"、"寻方法、手段"、"寻讲练结合点"。"三寻"策略适合具有一定教学经验的教师采用。在熟练掌握"三知"策略的基础上,教师要进一步提升用教材教的能力,形成教与学互促共进的态势。

备课时,教师要始终把握:如何使教材内容具有可教性,对学生来说又具有可学性;教是为了学生的学,这是现代教学的基本方向问题。

1. 寻思路

"寻思路"主要指教师寻找课堂教学时的切入点、启动点,呈示点、沟通点,延伸点、拓展点等,然后以师生互动共进的各种方法,将课堂教学过程构成一个双线性的教学共同体。

寻切入点、启动点主要指新课导入的两个关键点。奥苏伯尔认为,要促进新知识的学习,就要增强学习者认知结构和新知识的联系,即通过"教"加强新旧知识的联系,才能把新知识纳入学习者原来具有的知识结构中。可见,上述的切入点就是找准学习者原有的认知结构状态,建立对接关系。教师通常所谓的"新课导入"就是这种知识链中的衔接处。许多教师在备课中创造性地设计了多样化的"导入",如提问导入、实践导入、直观导入、悬念导入、质疑导入、讨论导入、故意导入等等。如果说,切入点是知识的衔接的话,那么启动点便是兴趣的激发和思维的开启。可见导入应兼备衔接与激趣两项功能。

呈示点是指新知识的呈现,是在已有知识基础上的生成与延伸。教师在备课时要追求最便于学生理解和应用的呈示方法。为此要注意两点:一是根据学生年龄特征和不同发展阶段特点,有步骤地提高新旧知识的结构化程度;二是组织最佳的有序累积的过程,并从问题化处理中获得串联和组合。而沟通点主要是"教"向"学"的转换中的衔接,教是为了学,教的思路和脉络要在导学中起作用,所有的认知、解读、感悟、体验都要让学生在践行中进行。

延伸点与拓展点意在教师备课时不局限于完成教学任务的设计,无论是课的过程还是课的结尾,都应给学生生成、延伸与拓展的空间。把知识讲正确、讲完整,仅仅是新教师课堂教学的底线,而有一定教学经验的教师,都会在备课时设计教学过程中的适度延伸和结尾时的自然延伸或拓展。

设计时应从如下几方面考虑:一是以本堂课的知识为基础,在学生"最近发展区"内,提出一些挑战性问题让学生思考;二是为本学科拓展性或探究性学习提供一些思考题或案例;三是为了下一节课的讲授提供知识准备或思维方向,也可以作一些延伸和拓展。

2. 寻方法、手段

这并非纯指施教的方法问题,主要是指指导学生认识、识记及各种思维训练与发展的方法。也就是说,这里的方法已上升为"策略",它比教学方法要宽广,层次也更高。方法为策略服务,方法之外还有媒体、教学形式与结构等才能形成策略。而寻找为教学目标与内容服务的教学手段,主要指板书、教具学具设计与制作等。

3. 寻讲练结合点

教师的教学是有目标指向的,以完成教学任务为宗旨,因此,随堂的巩固与熟练至关重要。"寻讲练结合点"主要指教师在陈述、讲解之后或之间对学生的训练活动,这种训练目前更强调师生双向互动性,强调过程生动性、贴切性,强调师生情感的投入和内在变化。备课在备教、备学的同时,还要备讲与练的结合。教师承担着教学任务,要经得起学生学业状况的检查,因此,随堂的听、说、读、写、计算与具体的操"练",都必须精心设计。如语文课朗读与语感的随堂训练,数学课的答题、解题训练,理化课的实验操作训练等,都要求教师精心设计。另外,讲练结合点不宜仅仅理解为问题的回答和习题的训练,其背后更有学科思维的训练和智力的开发。

(三)"三化"策略——备课的方法技巧性策略

"三化"策略是骨干教师或学科带头人所应具备的。"三化"指教师在备课时,必须注重方法设计,对自己提出如下二问.

一问是否已把课文知识作了结构化整理?

二问是否将本学科的知识学习与思维发展作了一体化处理？

三问是否将本学科的知识学习作了问题化处理？

不少教师教学时过分注重知识的结论，其实知识既是认识的结果，更是认识的过程和方法。否则学生学习时会觉得知识的产生是一种不可思议的事情。

1. 知识的结构化整理

这里的"结构化"有三层意思：

首先教师要把本堂课的知识点放到整本教材甚至本年段的整个知识体系中来备课，以便建立知识的环节链接，从而便于学生更好地进行知识建构。这样做，教师一方面可以从高处审视知识体系，进行知识二度重组开发，另一方面也可使自己在下一阶段教学时，更好地驾驭教材，提高知识教学质量。

其次，对课堂教学活动的内容、方法和过程，在设计时要呈示结构状。课堂教学不是按时间的延续而呈现的单线的信息传输，不是简单的认知性活动，而是呈现立体的、结构状的知识体系与活跃的思维活动的组合。它要求教师所教的知识是系统的、成体系的。

再次，教师在对学科知识进行教学时，要努力构建知识的生成、过程体系和纵横网络的体系。其浅层的含义就是要整理知识，使知识结构化。学生掌握了结构，就具备了解决不熟悉领域新问题的工具，促使学生思维方式产生变化。这也是教学"三维目标"中"过程与方式"的策略化和操作化。

有的教师至今仍将新课程目标中的"过程与方法"，误解为教师教的过程与方法，而我们倡导的"过程与方法"的主体则是学生，本策略能正确指导教师，为他们提高改变学生学习方式的水平创造条件。

2. 知识学习与思维发展作一体化处理

这主要是指备课时，教师不能单纯地构思如何让学生记住和理解课文的词汇、概念、定义、事实，还要在利用教材内容对学生进行思维训练上下工夫。不少专家认为是否关注学生思维素质的教育，是应试教育与素质教育的一条分界线。

教师教知识的同时，要建立"教会思维，为思维而教"的现代教学理念。实践证明思维品质是可以培养的，北京师范大学朱智贤、林崇德教授曾进行长达5年的培养思维品质的研究。他们总结了先进数学教师的经验，制定了在运算中培养小学生的思维品质的一系列措施，取得明显效果。

学科思维发展教育，可以从以下三个维度展开：

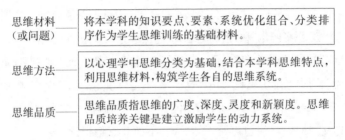

图2.6 思维发展的三维空间图

教师在备课中处理教材、讲究教学艺术时,首先要活跃自己的思维,尤其要熟悉本学科的思维特点,善于应用这些思维去建构本学科的知识。教师在教学中,对学生思维素质的培养,要起导向、推进与诱导作用。

3. 学科知识学习作问题化处理

关心未来教育的学者在20世纪80年代初就认为,未来的学习着重于考虑、发掘问题,及时培养学生的问题求解能力。这就是"问题化策略"的指导思想。

问题性是现代学习方式的基本特点之一。问题是科学研究的出发点,是探求任何一门科学的钥匙。现代教学论认为,从本质上讲,感知不是学习产生的根本原因(尽管学生学习需要感知),问题才是产生学习的动力与能源。带着问题才会去深入思考,否则学习只能是肤浅的。有问题、有疑问即有动力,有质疑便会生成问题。

我们先就浅层次的课堂问题化策略作一番探讨。首先,在设计教学过程中,教师要将知识问题化、话题化,问题是教师设计提出的,话题是师生双方的议题。后者更体现教与学的平等。话题必须符合课程标准和大纲要求的支撑性问题,还应是当今社会与学生都关注的热点问题(符合近体性原则),此外,它还是一份师生交谈性材料。根据一些教育学者的研究,以下方框内的流程,我们可以把其称为课堂问题化策略图:

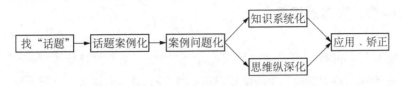

图2.7 课堂问题化策略图

仅有话题和案例,并不能解决课堂教学的"问题情境"(思维情境),所以我们还要用话题、案例介入上述的思维活动。课堂上教师创设情境或讲述事例、案例时,为集中学生的思考方向,需要"话题案例化"和"案例问题化"的引导,提出有关"是什么"、"为什么"、"注意到什么"、"发现了什么"等问题,这样就会让学生进入"知识链接"或"思维深化"状态,进而巩固或拓展知识。"话题案例化"和"案例问题化"这两种导入式或切入式教法,许多教师有意识或潜意识地应用着,只是缺乏精心研究。数学老师讲"勾股定理"、物理老师讲"浮力"、地理老师讲"洋流"、历史老师讲史料"典故"等等,都不是仅仅为激活学生兴趣,而是更想以上述知识相关的案例与故事进行导学和激思,体现本堂课过程与方法中的目标。

备课时的设问构思是问题化处理的关键,下面几点值得遵循:

一是问题要明白无误,要让学生理解并明白用何种方式作出回答。

二是问题应发生在"最近发展区"内,而不是引导他们接受现成的答案。

三是不论是话题还是案例都要归结于问题,才能有效找到切入点或启智点,进而融入教学进程。

值得一提的是,正如袁振国教授在有关专著中指出的:"近年来,美国、英国、日本有不少人提出了'问题解决作为学校教育的中心'这一观点。显然,它已不仅指培养学生的解题能力,而是一种带有全局性的教学指导思维,有着根本性的创新意义。但人们渐渐意识到,不能太偏激——问题解决与结构化的知识具有不可忽视的互补关系,知识的应用必须以系统化知识为其坚实的内核。"

思考题

1. 备课的主程序与相关程序的操作步骤是什么?这些程序对你是否有所启发?

2. 结合教材中提供的备课策略,谈谈你的见解。

3. 也许你会从本节所介绍的备课策略中找到自己的"影子",你是否能结合上述策略,进一步总结一下你的备课方法。

第四节　教案的编写

教案是教师为课堂教学而准备的书面计划或方案。既然是计划或方案,就要有一定规范,由于课堂教学的模式上的差异和课型的不同,教案的格式又有所差异。

一、教案的常规项目

无论是新老教师,无论是哪一门学科编写教案都必须遵循相对一致的教案格式。

教案所要反映的项目共有十项,但不同教学模式和学科可略有增减和改变。

教案的十个项目为:

1. 课题(本课名称)。

2. 教学目标(从教育心理学角度看它包括认知、动作技能、情感和个性发展等四个目标,从新课程目标来说,包括知识与技能,过程与方法,情感、态度、价值观三方面)。

3. 课型(指新课、复习课、练习课等)。

4. 课时(指课时安排)。

5. 教学重点(指本课所必须解决的关键问题,重点可以因课时和教育对象而异)。

6. 教学难点(本课教学时易产生理解困难和障碍的知识点)。

7. 教学过程(指教学过程结构,包括教学内容、方法、步骤、措施等)。

8. 作业(指作业布置)。

9. 板书设计(指黑板上板书提纲或多媒体显示的授课提纲)。

10. 教具(指教学时使用的材料与设备,要写明名称、使用情况,此项也可置于第4项"课时"之后)。

上述十项内容中,"教学过程"的设计是主体部分,因为教学目标主要靠教学过程来实现。它要求教师根据教学目标,结合学生实际,选择适当的教学方法,按照教学基本原则设计教学程序和步骤。教学过程设计决定着教学效果的实现。

通常,教学过程的设计包括如下内容

1. 导入新课 { 设计新颖活动,精当概括。/ 怎样进行,复习哪些内容?/ 提问哪些学生,需要用多少时间等?

2. 教授新课 { 针对不同教学内容,选择不同教学方法。/ 怎样提出问题,如何逐步启发、诱导?/ 教师怎么教,学生怎么学? 详细步骤安排,需用时间。

3. 巩固练习 { 练习设计精巧,有层次,有坡度,有密度。/ 怎样进行,谁上黑板演示?/ 需要多少时间?

4. 巩固小结 { 怎样进行,是教师还是学生归纳?/ 需要多少时间?

5. 作业安排 { 布置哪些内容,需不需要提示或解释?/ 需要多少时间?

附:板书设计

图2.8 教学过程设计图

新课导入。导入新课的目的是开辟教学通道并激发学生学习的兴趣。导语要简短新颖,并与本课堂讲授内容息息相关;问题引入或情境引入都要富有启发性,引导学生思考问题。这就要求教师拓展知识面,捕捉新信息,设计巧妙的导入新课的内容和方式。

比如,语文课讲《念奴娇·赤壁怀古》,可设计这样的导语:"历史巨片《三国演义》大家都喜欢看,片中主题歌'滚滚长江东逝水,浪花淘尽英雄……'更是脍炙人口,竞相传唱。但不知同学们留意没有,这首歌的构思意境,甚至有些歌词,都直接受到北宋大文豪苏东坡的一首词的影响,这首词就是我们今天要讲的《念奴娇·赤壁怀古》。"

导入新课的方法很多。主要类型有:开门见山,揭示新课;新旧联系,导入新课;巧设悬念,引人入胜;动手操作,亲身体验;设计游戏,情境切入;讲述故事,启迪思考;审题入手,提纲挈领;直观演示,提供想象等。

讲授新课。首先要落实讲授内容,尤其要注意突出重点,解决难点;其次要设计具体的教学步骤与方法,这是教学过程中的"网络"、"脉络"。教师要将内容、方法、步骤有机融合,再通过讲述、讨论、朗读、演算等方法,适时地使用教具、实验等手段,为学生创造一个活跃的课堂氛围。

讲授新课时,要结合板书内容进行,板书直观性强,能纲举目张、条分缕析、清晰完整地显示出各部分内容的结构、程序和相关性。

归纳小结尽管所占时间不多,但十分重要。它能深入知识的结构、发展思维、增强记忆与理解。精彩的小结设计能起画龙点睛、提炼升华的教学效果,给学生留下拓展的空间。

布置作业是促使学生把知识转化为能力的一种训练,因此精选练习题很重要,作业题分量要适当,形式要多样。难度要分层次,要求要具体。

二、教案的格式

教案即教学方案。近年来随着教学改革的深入发展和教学理论与教学实践的进一步结合,传统的教案格式已有所打破。以下介绍几种一般格式和素质教育改革中出现的几种新教案的格式。

表 2.4　某教案格式

班级		科目		教师	年　月　日
教材分析	地位与作用				
	特点与教材处理				
	重、难点				
教学目标					
教法					
教具					
教学过程					
教学后记					

注:此表选自赖志奎,方善森主编:《现代教育理论与实践》,杭州:杭州大学出版社,1996 年第 1 版,第 205 页。本书采用时略有更改。

施良方、崔允淳主编的《教学理论:课堂教学的原理、策略与研究》一书中,对教案一般格式和中小学常用的几种教案类型作了如下归纳:

由于教学在时间顺序上一般分为四段:导入、呈现、运用与总结,所以教案就按这一序列计划。教育的主体部分可以进一步纵向划分为左侧的内容栏和右侧的方法栏。

在内容栏中,可以清晰具体地陈述想做什么,同时考虑使内容尽量按逻辑顺序排列起来。根据内容的数量和性质,表明打算如何教所教内容,主要涉及教学行为与教学组织形式。在某种程度上,这是教案中最难写的部分。如果要使之对自己有意义和价值的话,必须避免写一些无意义的或无所助益的话,如"激发儿童对该课题的兴趣"或"向全班提问"等,应该写出更具体的课堂行为。

在方法栏中可以陈述采取怎样的组织形式(个别教学、小组教学、全班教学还是自由活动),学生和教师要做的事。如,如何运用黑板(课前写好,还是随课展开逐渐书写),如何运用各种材料,如何做笔记(独立做,在指导下做,还是听写),作业的布置,评价技术等等。

有时,在教案主体部分后面再加上一个简短的"备注",这部分十分有用,它可以包括教案中其他部分不易包容的信息和评论,如对问题与困难的预想,在某个环节上可采取的其他行动过程,可能需要根据班级或时间因素而对材料进行的省略或扩充等等。这部分的价值还在于,教师在实施前可以在脑中反复排演课堂的方方面面(时间安排、组织、材料的量),或者设想在教学现场引入其他的计划。表 2.5 是一种规范的教案格式,这种格式基本上包含了教案的全部内容。实际上,教案是个人化、情景化的产物,它随不同的教师、不同的学科、不同的目标以及不同的情景而有所不同,因此必须记住,所给的格式及其所列的指标都不是固定的。

表 2.5　教案格式范例

教案标题格式	科目：　　　教师：　　　　日期： 班级：　　　人数：　　　　时间长度：	
目标：		
材料和设备：		
内　　　容		方　　　法
阶段 1:导入 阶段 2:呈现 分阶段① 分阶段② 分阶段③等 阶段 3:运用 阶段 4:总结		
备注：		

下面介绍几种常用的教案。

1. 艺术欣赏课教案

艺术欣赏课既涉及理智的理解,也涉及情感的反应。要使儿童获得最大的美感体验,就需要发展和促进两方面的素质——头脑的开放性和探索的愿望。这些特性支配着典型的欣赏课的一般特征,即这类课比其他学习情景结构更松散,更开放。这种开放性在于,课上呈现给儿童新的、首创的和独特的刺激(如一首诗、一幅画或一首歌),最终必须由儿童建立起他自己内在的联系。因此,教师不必在意对艺术作品或儿童反应的评价,也不必关注于再现或者是保持,这种课的目标是发展对本科目的持久的喜爱的态度,建立一套可以接受的美学价值体系。因此,这类课的重点主要放在呈现和体验刺激物上。这类教案可以采取如下框架:

表 2.6　艺术欣赏课教案格式范例

教案标题格式	
内　　容	方　　法
阶段 1:导入 阶段 2:呈现(需要时再分小阶段) 阶段 3:继续	

2. 技能课教案

课堂教学目标涉及许多不同种类或性质的技能,因此,技能课的计划也有许多种形式。决定这种计划的一个因素是,某种技能知识是简单技能还是复杂技能。如果是复杂的话,它还必须被分解成各个成分。另一个需要考虑的因素是技能的实践应该紧随示范之后进行。下面两种方案中的第一种适用于比较简单的技能,第二种适用于需要分解的复杂技能。

表 2.7　简单技能课教案格式范例

教案标题格式	
内　　容	方　　法
阶段 1:导入 阶段 2:示范 　分阶段① 　分阶段②等 阶段 3:运用	

表 2.8 复杂技能课教案格式范例

教案标题格式	
内　　容	方　　法
阶段1:导入 阶段2:呈现 　分阶段①示范 　　运用 　分阶段②示范 　　运用 　分阶段③示范 　　运用 阶段3:运用	

3. 体育活动课教案

由于体育活动课与文化知识课的性质和课程目标不一样,因此它们的教案形式也应该有所区别。较常见的一种教案格式是:

表 2.9 体育活动课教案格式范例

教案标题格式		
学习活动	教学要点	组织方式
(1)		
(2)		
(3)		

这一类型的计划还可以进一步横向划分,每一部分的标题取决于课中所包含的内容。

4. 主题活动教案

主题活动的展开取决于给定的时间和组织的各种要素。完整的主题活动,要贯穿从动机开始到反馈结束的整个学习阶段序列。除了序列外,在时间因素中,还要考虑总的时间及其在各部分活动上的分配。对于有经验的教师来讲,这已成为一种直觉,而对于新教师来讲,必须认真准备好这份计划。下面提供的格式是比较一般的,只要稍加变动就可以满足大多数的主题活动。

表 2.10　主题活动教案格式范例

教案标题格式			
目标： 　内容/方法： 　组织： 　设备： 　评价方法： 第一课，导入：1. 讨论主题及相关分论题 　　　　　　　2. 组织论题(分组、领导者、分论题的分配、材料与设备的组织、时间因素、如何呈现和评价已经完成的工作) 　　　　　　　3. 介绍性的讲话 第二课，展开：每个小组都在从事不同的任务			
主题活动			
分主题	第一个	第二个	第三个	第四个
分组	第一组	第二组	第三组	第四组
第三课，总结：按照确定的标准对每个小组的工作进行评价			

华东师范大学叶澜教授主编的《"新基础教育"推广性研究》一书中，为体现素质教育理念和教改实验的过程特点，设计了数学学科的教学设计格式：

[课题]

[教学目标]

[教学重点]

[学具准备]

[教具准备]

[教学过程]

[板书设计]

[课后教学笔记]

其中[教学过程]用表格形式表现，能把过程中的师生活动和教学意图，按授课的进程呈现出来，形成横向关联、纵向推进的结构化表达。

教学内容	教师活动	学生活动	设计意图
指教学内容的构成，包括知识点、能力点、德育渗透点在授课进行中的顺序。一般用若干环节的内容要点来表达。	指教师在各教学环节与关键点上的语言和行为，以体现教师调控与组织教学能力。	指学生的学习活动，包括任务驱动和主动学习的各种学习行为。如答问、讨论、随堂练习等。	指教学各环节设计的依据和缘由，各环节的目标指向和教师的主观意向等。
以上四个项目是课堂教学中相互关联，互为映衬的整体，纵向是时间的延续、横向呈相互呼应关系。			

全国知名中学科研联合体实施素质教育的途径与方法课题组编写的《素质教育新教案》("九五"教育部重点课题研究成果)中，对教案的格式作了新的探索，颇有新意：

一、素质教育目标

（一）知识教学点

（二）能力训练点

（三）德育渗透点

二、重点、难点、疑点及解决办法

（一）重点

（二）难点

（三）疑点

（四）解决办法

三、教具学具准备

四、课时安排

五、教学步骤

（一）明确目标

（二）重、难点的学习与目标完成过程

六、板书设计

教案是为课堂教学而准备的书面计划，它本身涉及的问题很多。教案格式的改革与变化，反映了教育思想和教育行为的变化。对于教案格式问题，我们应作如下理性的思考：

第一，教案的书写不存在适用于所有课的固定的、严格的唯一模式。

第二，教案格式与项目的呈现，既是教师施教过程中的需要、教学改革与教学研究的需要，更是为学生服务的需要。

第三，研究表明，有时对课时计划准备充分的教师对学生反应反倒不敏感，较少鼓励学生谈自己的看法和进行讨论。可见，倘若教师不随机应变，发挥自己的教学机智，计划就可能起副作用。这主要是因为计划毕竟是主观设计的方案，而学生却是客观变化的。

三、其他类型教案

教案以基本组成部分来分类，有完全式与不完全式两大类，常见的是完全式教案，如以上介绍的文字叙述式、文字与表格结合式，还有体育学科图表式等。常见的不完全式教案有：卡片式、系列板书式、习题式和插注式等。

下面介绍一些不完全式的教案，它客观地产生于教学经验较为丰富的老教师群体之中，当然也有不少老教师认为不应写不完全式教案，因为它容易造成课堂教学的随意性。

1. 卡片式教案

把教学纲要书写在文摘卡上称为卡片式教案，其主要文字内容是板书系列、重点和难点、易遗忘的要点以及重要的补充材料等。上课时，教师将写有教学纲要的卡片放在一边，作为教学进程计划，另一侧则放其他内容的卡片，必要时抽出浏览。这类教案的特点是概括性强，形式灵活，便于修改、补充、更换。它较符合社会学科类的教学。

2. 板书式教案

此类教案是以较系统的板书构成，教师将教学中的主要内容整理成纲要信号系统，分成一组或几组展示，并与教学的不同阶段同步。此类板书式教案很强调知识的结构和系统，有利于帮助学生归纳知识、整理知识，可在复习课时使用。

3. 习题式教案

习题式教案是将各类习题由浅到深、前后题相扣形成解题思路的教案，可使学生产生疑问和求知的欲望，在数、理、化等学科的复习课中能发挥较好的作用。这类习题在设计时，要努力做到引入新课时以小型题、趣味题为主；巩固训练时以"少而精"的习题为主;布置作业的习题要全面并有一定的层次。

除了上述类型教案,还有的教师把备课要点直接写在课本上,用批注的方式加点、圈、勾、划等,这样,上课时课本就成了教案。

上述几类教案,在青年教师中不宜提倡,道理很简单,没有丰富教学经验和临场经验积累的青年教师,如果不花较多的时间精心准备教案的话,课堂教学效果往往不佳。

思考题

1. 编写教案的主要内容有哪些? 你能说出这些项目的内在关系吗?

2. 本节中提供的几种教案格式对你是否有参考价值? 你常用的教案格式是否需要作一些改革?

3. 对于各种教案类型你是如何评价的?

第五节　名师备课

课堂教学,备课为先。凡是能走进课堂授课的教师谁不备课、谁不写教案? 备课是教师的"家常饭"和基本功。可是有的教师把备课看成一种不得不完成的任务,被动而为之;有的教师则把它看成是自我修炼,提升专业水准的研究项目,他们期望在经验与反思、学习与创造中,成长为超一般群体的好教师。而名师就是好教师中的佼佼者。

苏霍姆林斯基的著作中的一个故事,很令人深思:一个在校工作了33年的教师,上了一堂非常出色的观摩课,邻校的一位教师问他:"你的每句话都具有巨大的思想威力。请问,你花了多少时间准备这堂课?"那位教师回答说:"这节课我准备了一辈子,而且,一般地,每堂课我都准备一辈子。但是,直接针对这个课题的准备,则花了15分钟……"

15分钟与一辈子,道出了备课的真谛。这位教师似乎在说"长备课与短备课"的关系,其实是在说"长期积累"与"应时准备","厚积"与"薄发"的关系。教师花大力气研究备课,提升理论、注重修炼、勤于反思、积累成功的经验,才会产生仅"15分钟"的高效备课。

如何让自己的备课走向研究的轨道? 如何使备课——上课——课后反思后再备课成为一种良性循环? 我们需要经常借鉴名师的备课经验,借鉴是学习与领会,是精神上的洗礼和升华,而不是照搬名师教案;借鉴是一种路径与方法的学习,而不是具体案例的模仿。

一、名师的备课观

备课是一个既复杂又完备的过程,是动静结合、无形与有形兼有的预设过程。优秀教师的有效教学,立足于对备课的深刻认识与把握,依托于个性化的教案和课堂现场的智慧。

著名特级老师斯霞常常把备课比喻为"指挥员在组织一场战役前所进行的必不可少的筹划"。为了组织"战役",她总是反复思考,反复推敲,直到找出自己认为比较满意的设计方案为止。可见,备课中的筹划、思考和推敲至关重要。

许多名师在谈如何备课时,都有自己独到的见解和各自的专业性研究。我们收集了一些名师的共性化的备课观,对正在成长的教师整体把握备课过程,会产生良好的导向作用。

(一) 从关注学生的需求开始备课

不关注教学对象,就不可能出现有效教学。学生的真实状态是决定课堂教学一切活动的出发点,这个出发点包含着学生的认识基础、已有的技能、心理特点等方面。尤其是新课程把学生情感、兴趣等非智力因素也纳入课程理念中,课程"生活化"的价值取向要求教学活动从学生的原生态出发,把知识与生活以及体验结合起来。

著名的语文特级教师于漪说:"学生的群体有时代特征,他们对语文的认识、要求、爱好、追求有共同的一面,要抽取出其中的共性深入研究……就整体来说,研究深入下去,会发现和挖掘出学语文的智力富矿……至于个体的研究内容更是丰富,每个学生的内在素质和性格兴趣相异,智商强弱不同,爱好与需求有别,语文教学坚持从他们的实际出发,不迷信'本本',因材施材,道而弗牵,学生在学习中才能真正发挥主人翁作用,个性与特长才能得到充分发展。"[①]

江苏小学数学特级教师夏青峰,在其《备课是有技巧的预设框框》一文中,对学生"怎么学"作出更为细致周到的思考与设计,他提出的一系列追问,值得我们学习:"学生头脑中有多少数字,我们知道吗?""我们关注学生的'街头数字'了吗?""我有意识地

---

① 于漪著:《于漪语文教育论集》,北京:人民教育出版社,1996 年版,第 48 页。

就今天、明天的数学学习内容和他们聊聊了吗？""学习'角'了，学生的头脑中早已有'角'的知识了，两个'角'一样吗？"

也许，我们的教学会习惯性地从"零起点"开始预设，把学生当成一张白纸，一个容器，用应然代替实然，那么这样的教学不仅费力而且是低效的。

把关注学生的需要作为备课的前提，还要求教师进行换位思考，扮演一次学生的角色，以便指导学生进入教材。小学语文教学中，若经常假定"我是孩子"的角色，在与学生接触时，就会发现儿童的阅读心理与成人有很大差异。李吉林的《孩子的眼睛》一文中有这样一段生动的描述："孩子看山，好像山洼里会走出一个白胡子老爷爷，坐下来跟他说故事。孩子看云，云儿在飘，好像大白马在草原上奔跑，咦，马儿跪下来，还等着他骑呢……"孩子的想象力是纯粹而自然的，从中会产生许多童话故事。如果我们备课时把孩子的眼睛与心灵世界激活了，那么课堂教学就会增添许多童趣，从而便于孩子接受和体验。

可见，名师们在备课过程中都特别重视了解学生，把学生看成备课资源，从中吸取素材，获得教学的起点。如果我们的教师也沿着"学生已经知道了什么，学生是怎么想的，学生喜欢怎样学习"的思路去设计课堂教学，那么这样的课程一定深受学生的欢迎。

(二) 把研读教材看成备课的核心环节

教材是以课程标准为依据来编写的，它是教师教与学生学之间的中介。教师必须钻研教材，把握教材内容的系统性，遵循教材的逻辑性，保证教学内容的科学性。同时教师钻研教材的目的还在于驾驭教材，对教材进行二次开发。无论是传统的"教教材"，还是现在倡导的"用教材教"，都无法摒弃教材的"文本"作用。

许多名师都看重教材，对教材的地位与作用有各自独到的见解。著名的情境教学法的倡导者李吉林老师指出："搞戏剧的人有句行话，叫做'剧本剧本，一剧之本。'情境教学同样以教材为本，备课开始就要反复阅读教材，必要时还要朗读教材。""最要紧的是教材蕴含的思想，教师必须揣摩清楚这篇文章着意表现什么，即教师必须以掌握教材为中心。"

在对语文课文的认识上，全国优秀语文教师李镇西在他的《教育所思》中指出："许多教师习惯把课文当做圣经而不是'例子'，不敢越教材的雷池一步，甚至如果有一道练习题没有讲到，心里都不踏实。""既然'课文不过是例子'，为什么不可以不用这个例子而另外换个例子呢？与迷信课文有相关联系的是迷信教参。教参说某篇课文分为三部分,有的教师绝对不会对学生说可以分四段。"

上述若干例子,说明名师们看重教材的同时,又不会迷信教材,他们更讲究自己教的风格,追求自己的教学的灵气和活力。

名师们的经验告诉我们:掌握教材和驾驭教材是备好课的首要条件。教材仅仅是例子,你完全可以超越。参考书写得再具体、再详细,也不能代替自己钻研教材。

(三) 把教法看成教学的灵魂

对于名师来说,备课是一项充满个人创造性的活动,每位名师对教材的钻研,对学生的了解,对教法的设计以及对教学资源的开发利用,最终都呈现在他的精彩的教学方法上。精备教法,实施有效教学是名师们共同的特色。

读教材或研读教材是为了从中提炼教法,了解学生或熟悉学生,也是为了找到适合学生的学法。于漪老师认为:"备课时,教材要拿来为我所用,从学生实际出发,选择恰当的方法,启发、引导、组织学生开展读、写、听、说训练。教有法而无定法,选择什么方法最有效,教师完全可以充分发挥自己的聪明才智,完全可以匠心独运。"

名师的教法多种多样,这些教法都是名师多年实践经验的结晶。例如,情感教学的研究中,卢家楣教授的情感教学模式和著名的小学特级教师李吉林的以"情"为经,以"境"为纬,以具体的生活环境的创设所创造的"情境教学",都是具有人性化教学影响力的教法,至今在教改领域仍具有广泛的示范性和辐射力。

我们要认真关注的是,教法选择是基于教材的个性,基于对学生熟悉的基础的一种创造。每个教师都可以在引进一种名师教法时,作出自适性处理,只有这样才能产生"教法得当"的效果。

二、名师的个性化备课

有自我特色的教学风格与模式,是许多名师的共同特点。名师们带着研究的意识,在大量的教学实践中,各自探索出自适性和适切性的备课经验。这些个性化、过程性的经验,可以给教师们提供一种自我成长的路径,也可以帮助教师在学习中调整自己的思路与行为准则。以下各举一位语文和数学特级教师的个性化备课的经验为范例。

小学语文特级教师李吉林的"情境教学"通过创设与教学内容相关的情境,让语文教学进入情感领域,激发起学生的学习兴趣,并凭借情境,把知识的教学、能力的培养、智力的发展以及道德情操的陶冶,有机地结合在一起。这一教学法在对学生进行审美教育和促进儿童的全面发展上也取得了成功。以下描写的是李吉林老师的一段课前备课活动:

> 任何一项改革的成功,都饱含着改革者的心血。多少回,李吉林在花间徘徊,端详含苞的花蕾、翻飞的粉蝶;多少回,她在月下漫步,仰望中天的明月、满天的繁星;又有多少回,她登上小丘,伫立田埂,流连在小河畔,寻觅于草丛中……她费尽心思地选择与教学相关的最佳场景。为了赶在孩子前面去观察日出,晚上她连觉也睡不稳。困顿中梦见太阳在黑云里翻腾,好久也跳不出来,一下子就急醒了,马上翻身起床,立即出发。在黎明前的黑夜里,她独自骑着车,飞奔在乡间小路上,向着太阳升起的东方驶去。

为了给孩子创设情境,提供观察情境的良好场所,教会孩子带着激情去体悟自然,李老师亲历亲为,提升自己丰富的情感,因而产生了良好的教育效果。在备课中,她对情境创设不是简单地"再现"教材情境,而重在用什么手段、从哪个角度再现情境,李吉林老师是很讲究的。她提出优化情境有两条标准:一是耗费低,即时间耗费与物质材料的耗费;二是效率高,情境要引发激情,要调动学生的学习热情并激励他们主动学习,做到情境能体现教材特点,突出教材重点,突破难点。

江苏省中学数学特级教师赵公明认为:备课不能忽视人的因素,学生若缺乏对智慧的挑战和好奇心,那么教学就会产生学生厌学,教师厌教的后果。他认为,数学备课的灵魂是数学的教学意识,尤其要挖掘数学知识的文化价值和教育价值,从而使学生获得能力,求得发展,养成个性。如在《关于求曲线的方程》备课中,他提出了"化归思想"、"数形结合的思想"和"数学审美思想"。这样的备课构思,显现了赵老师的备课厚度和宽度,体现了现代教学的根本宗旨。

在促使学生热爱数学方面,赵老师也有自己的独到之处,他提出如下的系列挑战:当学生精神萎靡时,你能否让他们振奋?当学生过度兴奋时,你能否让他们平静?当学生茫无头绪时,你能否给他们以启迪?当学生没有信心时,你能否唤起他们的力量?当学生忘乎所以时,你能否让他们找回自己?……

备学生,就是要给每个学生准备好"成功的阶梯",这是赵老师备课技能中的重要方面:一是要激励,让学生学会自我诊断、自我矫治、自我完善;二是给学生的发展以真实的支点,有助于铺设通往未来的成功阶梯;三是强化学生真实的自我操作,最大限度地促进学生自主学习。

每一个成功的教学实践者,其经验都映衬着某种教学的智慧和灵感,每一个名师的成长,都是基于实践、悟于实践、研于实践,他们注重在实践中留痕,在实践中领悟,在实践中反思,这才使得他们获得与众不同的教学成就。

我们在研究怎样备好新课程、新教材时,完全可以从品读名师的备课智慧开始,从中借鉴、寻觅有效备课的路径。

思考题

1. 学习名师备课经验,应当倡导怎样的学习态度? 是简单的复制、模仿,还是重在思维上的启迪和思维上的重构?

2. 每个名师的备课都有其自我设计上的精彩和操作程序上的经典,建议选择你所教学科的名师的经验,认真领悟这些精彩和经典。

第六节 从教案到教学设计

备课是教师课前的准备工作,而教案既是考察教师备课的依据,也是供教师自己用的文本。根据教育系统的特征,国外学者布里格斯认为,"教学设计是分析学习需要和目标以形成满足学习需要的传递系统的全过程[①]"。教学设计可以包括传统的教案、学案、评价方式,甚至学生问题的创设、教具的应用等。可见,教学设计的概念位高于教案。

一、教案与教学设计的区别

(一) 层次与范畴不同

一般意义上的教案是指授课教师的课时计划,是以课时为单元设计的具体教学方案。它是教育科学领域的一个基本概念。

教学设计是"设计"被引入教学领域后形成的,受建筑业、工业和军事等领域设计

[①] 转引自孙可平著:《现代教学设计纲要》,西安:陕西人民出版社,1998 年版第 7 页。

活动思想的启发和影响,是具有系统性思维的过程方案。教学设计也称教学系统设计,是教育技术学科的重要分支,它采用系统分析方法,解决教学问题,以优化教学效果为目的,以传播理论、学习理论和教学理论为基础,具有很强的理论性、科学性、再现性和操作性。而课堂教学设计则属于微观教学设计范畴。课堂教学设计是各种不同层次的教学设计中运用最多的一个层次。从研究范围上讲,教案只是教学设计的重要内容。

(二) 构思的指导思想不同

教案尤其是传统的教案往往是以课堂、教师、教材为中心,以教师怎样教来编写。这样,必然倾向于对学生进行封闭式知识传授和技能训练,而忽视了学生的主体地位。

教学设计更重视学生的学、怎样教学生学得更好,以达到更好的教学效果。为了促使教师主导与学生主体地位的辩证统一,对学习者进行深入细致的特征分析,是教学设计不同于教案的重要方面。在现代信息技术发达的背景下,教学设计还非常重视对现有媒体的设计和充分利用,以创造良好的学习环境和学习效果。

传统的教案仅仅把教学目标表达为"是什么",而教学设计把教学目标列为重要的设计项目,寻找目标的依据,分析目标的构成等。

此外,教学设计还把教学评价列入设计范畴,设计出形成性的评价方案。

(三) 内在结构不同

教案的表达以教什么和怎么教为主要内容,项目包括教学目标、重点和难点、教学过程、教具的使用以及课型和时间分配等,重在体现课堂教学计划和安排。

从理论上讲,教学设计包括的内容十分丰富,如学习者的需要分析、学习内容分析、学习目标的阐明、教学策略的制订、媒体的分析与应用以及教学评价等方面。在实际的课堂教学中,主要进行学习目标、教学策略和教学评价三个主要要素的构建。

从上述比较中,我们可以看出教案的单线思维与浅层性构思,使其只能是一种经验科学的产物,而新课程、新课堂以及现代信息技术的广泛运用,使教案的项目构成发生了不少变化,新式教案已部分包容了教学设计的若干项目。由于教学设计有对应的理论为指导,基于教学对象的研究和评价的介入,似乎比传统的教案更完美,但是在现实的日常教学中,要求教师人人都能撰写出一份完美的教学设计是有困难的。

二、关于教学设计

教学设计以教学过程为研究项目,用系统方法分析参与教学过程的各个要素,尤其着重分析学习需要,学习内容和学习者特征方面的内容。教学设计会给教师提供一个比传统教案更科学、更全面的教学实践方案。

(一) 教学设计的基本特点

首先,教学设计强调方法。因为教学过程是诸多要素构成的、相互影响的系统,因此,必须以系统论的思维与方法来处置。教师要从"教什么"入手,对学习需要、学习内容、学习者进行分析;然后再从"怎么教"入手,确定目标和实施策略,再精选媒体等教学手段,以促成教学效果的提升。另外,教师还要配以绩效评估、多方收集反馈信息,用以调控设计各个环节,以确保教与学的有效性。

其次,教学设计以学习者为出发点。这与课程改革所追求的以学生为主体,改善学生学习方式是相互一致的。但教学设计对学生的研究似乎更全面、更深入,它表现在如下几个方面:一是分析学习者特征后要将其作为教学设计的依据;二是看重学生的潜能的挖掘,以促进学习者内部学习过程的发生和有效进行;三是关注学习者的差异,着重考虑对个体学习者的指导作用。

第三,教学设计的教学理论以学习理论为理论基础。教学是科学也是艺术,但首先是科学,只有让教与学的理论共同介入,才能设计出科学的教学目标、教学程序、教学内容和教学策略。而多媒体的构件与体系则服从于设计思想,以充分发挥其独特的效能。

第四,教学设计是一个解决问题的过程。教学设计不同于传统教案的线性的、完成教学任务的思维,它以问题的系统化解决来确定方法和策略。学习者的分析与研究被置于中心地位,形成教学活动的优化运行机制。

(二) 教学设计模式的基本要素

根据教学设计的一般特点和思维构成,我们大致可勾画出教学模式最基本的要素,这些要素是教学模式的支柱,随后介入教学理论与学习理论的思维要素,从而促成一个教学设计的完成。

一是教学对象。现代教学论和学生学习论都把教学对象——学生,作为中心要素予以研究。以学习者为中心的教学设计是设计的基点与主线,要把学习者知识基础、能力基础、心理特点与倾向作为最原始的分析材料,进而判定学习者的"初始状态",确认学习者发展的可能空间。

二是教学目标。教学目标在教学设计中是一项基本要求。它基于课程目标和单元目标,但在具体设计时,教师要将目标进行细化,要求尽量可观察、可检测,甚至可量化。这项工作当然是在分析学习需要、学习内容和学习者的基础上进行的。教学目标一旦确认,设计就此展开,以目标为导向,形成对应的策略与过程。

三是教学策略。策略是在目标确认之后所构思的方法与步骤。策略的依据是教学任务和学生特征,策略的形成是在选择、组合和安排中进行的。包括如何选择与组合教学内容,采用怎样的教学组织形式,教学媒体的优化介入,选择何种教的方法与学的方法,以便形成具有效率意义的特定的教学方案等。教学策略的要素构成比较复杂,在考虑教与学的师生因素和教学内容构成后,要以优化、高效为原则,确定并安排教学形式、环节、步骤和方式方法。

四是教学评价。教学设计评价,实际上是指对教学设计进行形成性评价。对教学设计者来说,主要精力要花在课堂随堂效果的检测上,如设计出课堂应及效果的简易测试题,以进行调控。另外,执教者应清楚为何处理学习者问题和应该教到什么程度,并明确在怎样的条件下为学习者提供怎样的帮助。对评价者来说,他们的主要任务是对所采用的教学形式、教学方法,安排的教学活动、步骤是否具体可行等一系列问题作出检验。

(三) 新课堂教学设计表和流程图

完整的教学设计应包括以下八个方面的要素,徐英俊著的《教学设计》给出了流程图,如下图所示。

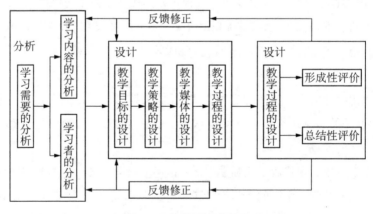

图 2.9　教学设计流程图

课堂教学设计将系统思考以下整体性:一课时、一单元、一学期与一学年之间是局部与整体的关系;教的设计与学的设计是相互构成、同生共长的一个整体;教学各环节、各要素之间也是有机的、互为渗透的组合过程。为了使教学设计能进入文本化操作状态，以下选用吴亚萍、王芳编著的《备课变革》一书中的"新课堂教学设计表"以供参考：

表 2.11　新课堂教学设计表[①]

姓名：	学校		年级：
课题：			
一、教学目标确定的依据 1. 教材分析 ● 该教学内容所处单元的知识结构分析。 ● 该教学内容的教育价值分析。 ● 体现教育价值的教学策略的选择和教材处理情况说明。 2. 学生分析 ● 学生个体对于所要学习内容的已有经验和个体差异。 ● 学生个体对于所要学习内容的各种可能与困难障碍分析。 ● 学生发展的需要和对学生可能达到发展水平的估计。 二、教学的具体目标 （略）			
教学过程设计			
教学环节	教师活动	学生活动	设计意图
开放的导入	● 教师提出大问题 思考如何"放"下去？ 以怎样的方式呈现资源？ 如何有效利用这些资源？ 怎样促进生生、师生互动？ 应对学生各种可能的方案是什么？ 思考如何"收"得有层次？	学生对问题思考的可能状态分析。	阐述为什么要这样设计的理由，体现哪些认识和追求，设计背后的理论支撑又是什么，等等。
核心过程推进开放的延伸	● 核心问题域的生成与展开 问题之间是否有内在关联？ 问题的思考是否有递进和提升？ 如何形成生生、师生的互动？ 如何放收合理、自如、有效？ ● 总结提升与内容延伸 是否注意概括性的总结？ 是否注意学习方法结构的提炼？ 是否注意评价和反思质疑？	可能形成的问题域分析； 学生对问题思考的可能状态分析	

[①] 吴亚萍、王芳编著：《备课的变革》，北京：教育科学出版社，2007 年 7 月第一版，第 13 页。

作者对上述设计表作了五个方面说明,现简述如下:

1. 对教材文本的解读与分析。表中的 3 点教材分析是一个有机整体,分析结构与内容价值都是为了更好地"加工"与"激活",并从中选择对应的策略。

2. 对学生状况的解读与分析。对学生的解读涉及面较广,包括学前状态、已有经验与个性、困难与障碍、需要与潜能、可能达到的发展水平等。

3. 上述两项分析全都作为教学目标确定的依据,目标要注意可测评性、针对性,体现发展性的要求。

4. 教学过程注意展开"三放三开"的设计。一是以设计大问题为前提,并建立问题之间的关联性;二是将大问题"放下去",面向全体学生开放,"重心下移",促进生成;三是将学生生成与各种资源"收上来",为下一步师生和生生互动提供资源;四是要考虑只有互动资源才有效,所以"收"也要有层次性。

5. 要把各过程的意图作充分表达,以提升设计过程的理性层次。"意图"是设计之"魂"——教学价值观的具体体现。

思考题

1. 从教案转向教学设计,除了知道两者差别外,在教学构思上还应建立怎样的教学观和学生观?

2. 了解了教学设计的基本特点和要素后,你可否在教案模板的设计与内容上作一些更新与改进?

第七节　备课管理

一、备课管理的概念

备课是教师依据课程标准或教学大纲,以本学科特点和学生实际情况为基础,规划教学活动,组织教学内容,选择教学方法,安排教学程序,为保证学生有效地学习而进行的教学准备活动。教师备课是过程性活动,活动中要介入管理。备课管理就是针对教师的备课而进行的指导、监督、检查和评价活动。备课管理是学校搞好教学质量管理的前提。

二、备课管理的任务[①]

1. 教导处要帮助教师明确备课的重要性,使每个教师充分认识到,要取得好的教学效果,必须首先备好课。备好课能够减少教学的随意性和盲目性,充分发挥教师的主导作用,保证教学任务的顺利完成。教师不备课就实施课程教学是失职的表现。

2. 教导处与教研组要向教师明确提出备课的基本内容和要求。

(1) 教师备课必须深入钻研教学材料

教师必须深入研究课程标准和教学大纲、教科书和有关的教学参考资料,明确本学科的教学目的、基本教学内容和教学方法上的基本要求;掌握教科书的内容、结构和各章节的重点难点,并选择补充教材充实教学内容。

教师钻研教材必须做到"懂"、"透"、"化"。"懂"就是教师要全面掌握教材的基本内容和基本结构;"透"指教师要对教材基本内容融会贯通,把知识真正纳入自己的知识结构之中;"化"是指教师的思想感情要与教材中蕴涵的思想、情感融合在一起。

教师钻研教材时还要根据学科特点和具体的教学内容,把思道德教育的观点自然地渗透到教学中去。

(2) 教师备课要了解和研究学生

教师备课要把学生的基本情况作为设计教学方案的依据,所以教师要全面地了解学生情况,包括学生的知识水平、学习能力、学习态度和方法、思想道德水平、兴趣爱好、个性特点、人际关系、健康状况和家庭状况等。并且教师要深入分析研究所了解的情况,努力依据学生的基本情况来设计教案,实施集体教学和个别指导。

(3) 教师备课要选择恰当、科学的教学方法

教师应按照教学内容、学生情况、自身条件、教学设备条件等因素来选择恰当的教学方法。既要考虑教师教的方法,又要考虑学生学的方法。教师确定教学方法要遵循一条基本的原则:既能充分发挥教师的主导作用,又能调动学生学习的主动性和积极性。管理者应鼓励教师开展教学方法的改革。

[①] 摘自刘杰雄、高峰主编:《教师法与教师工作手册》,北京:中国人事出版社,1997 年 11 月第一版,第 470 页,略有修改和补充。

（4）教师备课还要对教学用语、板书、实验等方面做好规划和准备

教学用语要讲究科学性和艺术性，要准确、简练、生动、活泼；教师备课设计板书时，对于板书的位置、顺序、形式都要规划好，并要求在教案上作出板书设计。教师备课还包括演示实验的安全性、直观性和科学性要求。

3. 管理者要指导教师设计教学方案，写出三种具体教学计划

（1）学期教学进度计划

学期教学进度计划的内容包括：本学期总的教学目的要求、学生情况的简要分析、本学期的教学重点难点、教学形式、教学手段和学期教学进度表。

学期教学进度计划应在学期开始之前制订出来，最迟应在开学后两周内写出，并由学校和教研组（室）存档。

（2）课题（单元）计划

课题计划的内容包括：本课题或单元的教学目的、各部分教学内容的课时划分、教材的重点难点、各课时的类型、教学方法和用具，并通盘考虑本课题的演示实验操作以及学生技能技巧训练的内容和措施。

（3）课时计划（教案）

课时计划包括以下内容：本课时的教学目标、教材的简要内容分析、教材重点难点、课的类型、教学进程、教学方法和教具、课堂练习与作业等。

教师必须对每节课都写出教案。对练习课、复习课、实验课和实习课也要写相应的教学方案。教案还要注明班级和授课时间。

4. 指导教师采用多种形式备课

教师备课采用教研组备课、备课组备课和个人备课相结合的形式。管理者要加强对集体备课的领导。学期教学进度计划、课题计划以及重要的教案应在集体备课的基础上写出。

建立备课组，开展集体备课活动，可以发挥集体的智慧，提高备课质量。备课组建立后，要做到"三明确"：明确负责教师，明确活动时间，明确活动地点。同时制订好备课活动计划。

备课组活动一般每周一次或隔周一次，每次 1—2 小时。备课活动不能降格为统一进度、沟通教学中的各种信息，应当在教学设计的优化上下工夫，如建立中小型课题组进行教学行动研究，开展集体与个人的说课活动等。

三、备课管理的方法

备课管理除了建立备课任务制、人员职责制外，主要管理方法就是进行教案、教学设计的检查、交流与评估。检查形式分为全校普查、组织互查、个别抽查三种。检查中发现的备课特色、优点或普遍存在的问题，可以在全体教师中进行集中的信息反馈。对个别教师备课中存在的问题，则宜个别交换。对于备课检查中发现的问题，应区别不同情况进行处理：是态度与责任心问题，应严肃教育；是观念与教育思想问题，应热心加以引导；是客观条件限制问题，学校应提供必要的帮助。

四、备课管理中应注意的几个问题

如前所述，教案是授课的前奏，与课堂教学比较，它只是手段，因此在教学管理中要注意以下几点：

1. 抓备课自然要以教案为突破口，提倡教案内容上的更新，提倡以学法定教法。鼓励学生建立新的学习方式、促进学生思维活动、体现学生发展的教案，应受到重视、表扬和激励。

2. 备课要求不应一刀切，要切合实际，具有针对性。除了最基本的规范化格式外，内容与形式上应当给教师更多的自由度，以便让教师发挥个性特长和创造性。青年教师由于教学经历短，一般要求写详案，中老年教师可以写简案。鼓励有研究能力的教师写特色教案。可以让有经验的老教师介绍如何从写详案过渡到写简案，这里的"简"不是对详案作简单省略、减少，而是对以往详案的反省、修正和浓缩，作举纲张目的处理。

教案检查不宜过频过严，对教学效果一向优秀的教师可以免检教案。

3. 将备课——上课——教后记三项工作连贯起来抓，可以帮助教师总结积累经验，形成自己的教育理论。教案作为教师教育思想的实践轨迹记录，也是教师认识自己、总结教学经验的原始材料，如果能继续记录下课堂教学中原计划的变更，遇到突发事件的处理情况，对教师自身是很有好处的。这种"再努力"花费的时间并不多，效果却往往事半功倍。华东师范大学崔允漷教授建议，教师应像医生写病历那样写"教历"，记录下课堂教学中有价值的东西。

一些中小学校长要求教师写教后感或称"教学一得"，以此作为在教师中开展教育科研的抓手，这对教师自我提高和发展有很大推进作用。还有一些校长把教师的教后感编成专辑，在校内外交流。尽管这只是教科研的"初级产品"，但毕竟是形成性、发展性的教学成果。

4. 管理中应引导与教育教师，走出为了应付检查而写教案的误区，要将教学设计、写教案作为教学研究的重要手段来对待。据一份对上海市12个区不同类型的486名小学教师的调查表明，对"喜欢备课"表示比较赞同与非常赞同的教师仅占25.8％，而对"我喜欢上课"表示比较赞同与非常赞同的则占54.7％。可见备课的意识还需加强。

5. 学校管理者似乎要确立一种"有教案，但不唯教案论"的思想。这种见解的理由，我们可以从香港出版的《中国教育改革》一书中得到一点启发或反思。书中写道："教案，生动地说明了中国教师的教学哲学。一方面从外人看来，觉得比较死板：哪有可能事前完全决定一堂课怎么做的？另一方面，又代表着中国教师一丝不苟的精神。但这也说明了中国课堂上教师活动多、学生活动少的特点。像国外学生在课堂上活动多，教师就不可能有太明细的教案。""在国外这是不可思议的，每一课做教案，每周30节以上，那自然是不可思议的。""如果我们的校长群体中，有一位校长站出来宣布：教师进课堂前可不必写教案。这将会出现怎样的情景和反应呢？也许更多的校长会以我国教育界的传统思维来判断，认为要教案，因人而异，简案详案均可，以上好课为唯一标准。"

思考题

1. 备课管理是教学管理的起始环节，本节中提供的备课管理要点对你是否有帮助？

2. 备课管理的"严"与"宽"，"管"与"导"之间关系是怎样的？

3. "教有成效"、"教学经验丰富"的教师可免检教案是否很有必要？

第三章　说　课

"说课"是教学改革中涌现出来的新生事物，是进行教学研究、教学交流与探讨的一种教学研究形式。说课是教师备课基础上的理性思考，它有利于提高教师理论素养和驾驭教材的能力，也有利于提高教师个人在同伴之间的语言表达能力，因而受到教师与教育研究者的广泛重视，登上了教育研究的大雅之堂。

第一节　认识说课

一、说课的概念性认识

说课是在教师备课的基础上，授课教师对同行教师或研究人员系统地谈自己的教学设计及其理论依据，然后由听者评说，达到互相交流、共同提高的目的。说课是一种新颖的教研活动，是集体备课的一种重要形式。它不受时间、空间、人数限制，简便易行，具有较强的参与合作性，能很好地解决教学与教研，理论与实践相脱节的矛盾。它对教师深化备课，完善教学设计方案具有重要意义。

说课教师主要说明教什么、怎么教、怎么做、为什么这样教、为什么这样做。它能集中而简明地反映教师的教育理念、教学技能与教学风格；它能较好地反映教师的教学智慧，架通了备课、上课与评课之间的有机关系；它使教师的教学实践能上升到一定的理性层面，并在一定程度上解决教学与研究、实践与理论脱节的矛盾，是一项基于学校、面向教师、服务实践的教学活动。

二、说课的要素构成

根据上述说课的概念性认识,我们可以将说课的基本要素整理如下:(1)理念——以教育理论,尤其以新课程理念为指导,解读教学构思与行为,表达教学行为的理论依据;(2)主体——教师(包括说者与评价者);客体——所教课程与教材;(3)中介——以语言表达为主,配合文字、图像或视频、实物演示;(4)形式——个体阐述、群体评性和研讨。

从上述四大要素看,其中促成说课形成的背景性要素,一是理论,科学的教育理论即新课改理论以及学科课程标准;二是教案,以教案中的教什么、怎么教为基础,构思"为什么这样教、这样做",并指出理论依据。

从说课过程要素来分析,说课有狭义说课和广义说课两种不同的过程结构。狭义的说课是指教师以口头表达的方式,将某节课的教学设计作理性化论述和实践过程的说明。广义的说课包括教案、说稿、口头表达以及听者的评价等。从说课的时间段来看,说课还可以安排在讲课之后进行,这种说课能够把教师的课后反思、修正也纳入其中。从说课的环境上看,广义的说课,也可集"备中的说"、"说中的评"、"评中的研"、"研中的学"于一体,成为新教改中集体大备课的一种重要形式。

三、说课的特点

说课,改变了教师个人写教案或集体备课议教案之后即进入课堂授课的传统模式;说课,使教师的教学构思,从隐性思维走向显性思维,从静态思维走向动态思维,从个体独立劳动走向群体合作劳动。

(一) 说理性

说理性特点首先表现在备课理性的提升上。教师在备课中,虽然对教材做了一些分析与处理,但这种分析和处理往往比较肤浅、感性。说课是教师写教案基础的再提高,要求教师从新课程理念上审视教材,这就有可能发现备课中的疏漏与不足,进而修改授课方案。从这个意义上说,它能帮助教师更深入地解读教材、研究教材。

同时,说课的准备过程也是优化教学设计的过程。说课的核心要点是"说出为什么这样教",而不仅是教什么、怎么教的问题。这就迫使教师去学习教学理论,从高位上去构思自己的教学设计,从理性上去解析将要发生的教学过程。教师为了说课,必须先有教案,再从教案转换成说稿,最后在同伴中进行讲演,这是提高教师写作能力与语言表达能力的过程。

其次,说课的说理性表现在说课内容的本质特性上,构思与依据、缘由与意图都是说课的核心内容,这也是说课有别于其他教学研究活动的重要标志。

(二)交流性

说课是教师与教师之间双向的备课交流活动,它符合现代教育所倡导的合作学习理念。无论是同行还是教研人员在评议说课中,都能通过切磋教艺,交流教学经验而获益,尤其对说课的教师而言是最实在、最贴切的指导。

说课既然是新颖的教研活动,那么能带给教师更多的理性思考的各种说课活动都具有一定的示范性。青年教师的教学评优活动、名师的说课带教活动和教学专题研究中的说课活动,其示范性与辐射性则更为明显。

(三)研究性

说课是将已有的教案转换成类似于"演讲稿"的材料,要求以简洁的语言谈思路,谈构思过程以及教学设计的依据与原理。其目的是帮助教师进一步认识备课规律,提高备课能力。

传统的教师劳动的主体项目是备课加上课,"研究"这个词被限定在教学的经验交流的框架内。有了备课后的说课活动,教师便踏上理性教学的台阶,说课把教育理论与教学实践嫁接起来,形成如钟启泉教授所说的:"说课是应用研究,中国模式。"说课的研究性发生在课前或课后的教师个体与群体的理论思辨中,在领悟、对照、反思的进程中,功在课下,利在课堂,益在学生。

四、说课的局限

(一)预想不一定都能转换到现实

对教案作理性思考,说出理论依据、构思的缘由、讲清道理就是说课。无论是教案还是说课,都是课前预设、预想的。教案与说课都是提高课堂实际教学质量的手段,而不是目的。作为一种手段,因受其性质与功能的限制,受教师践行能力的制约,从预想到现场操作可能存在一定差异。

(二)看不到教师现场的教学机智

说课的局限性还表现在看不到教师临场发挥,看不到教师随堂的随机应变的教学机智,看不到学生掌握知识、形成能力的实践效果。此外,预想的理性构思和具体的教学方案,还要靠科学有效的教学组织,才能使教与学达到和谐状态。其次,在具体实施过程中,也确实存在说得好,但教得不好,或者教得好而说得不好的现象。这就需要在开展教学系列化过程性研究中,不能简单和孤立地看待教师说课的好坏,要把说课评价与课堂教学评价结合起来。

思考题

1. 说课的新颖性在于说理,在于在备课基础上的理性升华。对此你是否有自己的新认识?

2. 说课的说理性、交流性、研究性三者关系如何?怎样通过对广义说课的理解与实践,以提高说课对教师专业化发展的促进作用?

第二节 说课的意义、内容和程序

一、说课的意义

(一) 有利于教师培训

说课能够展现教师备课中的思维过程;能够展现教师对课程标准、教材、教参的理解和把握;能够展现教师对现代教育理论、先进教育经验的理解水平。

说课是学校教师个体与众多听者群体之间相互学习、相互交流的好形式。通过平等参与,教师在理性层面和操作层面上形成自我培训的机制。青年教师通过说课,加强理性思维,深入剖析教材,构思课堂教学结构,可以迅速提高自己的备课能力。通过老教师的点评,他们还可以将上课时可能会造成的失误、偏差消灭在"萌芽"状态。

说课的价值还在于教师可以从以往个体劳动(个人备课)中摆脱出来,将备课变成群体参与式、注入式活动,从而获得他人平等的回报性评价。

(二) 有利于教学管理人员和教研员素质的提高

如果不开展说课活动,备课就完全是教师的个体行为,而教案只有在被检查时才会"公布于众"。说课中,教师要将教学设计作口头介绍,更高的要求是要说出"课的结构"和"为什么这样做"的道理、原理。这就要求管理者或教研员除了要加强对教师说课的能力培训外,自己首先要对大纲、教材、教参、教育理论、心理理论等有深入的研究,要对课堂教学的原理和策略、课程教材改革的精神十分熟悉,只有这样,才能有声有色、扎扎实实地开展说课活动。

(三) 有利于对教师的综合性评价

对教师教学效果的评价一般通过听课和学生成绩来获得,而教师教学的过程性评价则要从备课开始,然后是听课、评课和教师对学生的作业指导、批改等程序,由于时间与空间上的限制一般难以全程进行。然而说课由于时间短,又不需要学生,不受场地的限制,能弥补时间与空间的不足,在短时间内,由于有更多的人参与,提高了评价效率。通过说课活动,选拔优秀教师开公开课、研究课,要比只看教案来选拔更全面、更科学。因为说课更能反映教师的教学思路、教学原理的运用,口头表达能力也能充分显示出来。

(四) 有利于教师专业成长与发展

教师专业成长与发展最实在、最有效应的平台是教学实践。

教师专业发展的标志性基点是教育学科知识、教育技能知识和教育实践知识及不断发展丰富的"如何教"的知识和能力。长期以来,许多教师在进入课堂前仅仅通过备课(从个人备课到群体备课)这一环节,将"施工的操作"作为主题与话题,而很少涉及"理性思考"与"理论依据",教师关注的是彼此之间"狭隘的经验"。当教师的教学实践活动,注入了说理层面——说课;感悟层面——反思;微格层面——案例等活动,就能不断在"深思"与"探究"中,实现观念更新和文化再造,进而形成一种教学研讨的气氛,促进教学与研究结合,理论与实践结合,同时起着以"虚"带"实"、以"理"统"行",共同提高的作用。

总之,说课对于加深理解教材,驾驭教材,开发教材显性与隐性的育人功能,对于教师的教学能力提高都有很好的作用。正如前面所说,说课也有自身的局限性,如,看不到教师上课时临场发挥和随机应变的教学机智,看不到学生掌握知识、发展思维、形成能力的实际效果。另外说课的水平不等于上课的水平,这就需要教师把说课、上课、评课结合起来,进行系列的教学研究活动,这样才能全面促进教师的教学能力提高。

二、说课的内容

在说课开始之前,应当先做自我介绍,再报出课题,本课题是哪个年级使用的哪个版本的教材。在教材中的哪节、哪课时。整个说课将分为以下几个部分。

（一）说教材——教材的分析与处理

说教材，就是要全面正确地理解教材，这样做要达到两个目的：一是确定学习内容的范围与深度，明确"教什么"；二是揭示学习内容中各项知识与技能的相互关系，为设计教学顺序奠定基础，知道"如何教"。

1. 教材的地位与作用

教师在认真阅读教材的基础上，要向听课的教师介绍这部分教学内容是在学生学了哪部分知识的基础上进行的，是前面所学哪些知识的延伸与应用，又是后面哪些知识的基础，在整个知识体系中处在什么地位。上海双阳路小学李冬云老师的"说教材地位与作用"是这样表达的：

> 《春》一课收录在沪教版语文六年级第二学期第三单元中。这一朗读单元，要求学生了解一些熟读与背诵的方法，通过反复朗读，达到熟读成诵的目的。我上的是课文《春》的第二课时，是课文的重点部分。朱自清先生用清新细腻的笔触，极其生动细致地描绘了春天最常见的草、花、风、雨，抒发了对春天由衷的喜爱和赞美之情。
>
> 第二单元学生刚学过运用符号圈化、感受词句的阅读方法，因而能够较好地体会到这篇课文中用词的准确、生动，描写景物的委婉与细致。这就能向"圈划词句并对其表达句意与文章中心的作用提出问题、解决问题"的阅读方法过渡。另一方面，也可以让学生认识到只有细致地观察、积累生动丰富的词句，才能把生活中常见的景物写得形象鲜明，并以此帮助学生提高写作水平。

上海凤城中学的张青璐老师，在高中数学《集合与集合的表示》的教材的地位与作用的说课中把教材的地位与学生的知识基础结合起来说：

> 集合是近代数学最基本的概念之一，很多重要的数学分支都建立在集合论的基础上。因此，中学阶段学习一些集合初步知识显得十分重要。九年制义务教育教材中对集合概念已有所渗透，还引入了不等式的解集等概念，故而集合作为高一年级第一学期数学教材第一章的内容，其学习是有基础的。通过集合初步知识的学习，一方面可以使学生对初等数学中的一些基本概念理解得更深刻，表达得

更明确;另一方面,也可为参阅一般科技读物和学习后继内容准备必要条件。因此集合对知识点的链接起到了承上启下的作用。

2. 提出本课题的教学目标

教学目标的介绍主要解决两个问题:一是阐述目标确定的依据,如课标要求、教育理论与教学经验中的依据等;二是要将目标细化。课时目标越具体,越有条理,说明备课越充分。要从认识、理解、掌握、应用四个层次上分析教学目标。教学目标要从思想目标、知识目标、能力(或技能)目标、个性发展目标等几方面加以说明。

山东荣成市第二实验中学宋修花在撰写初中语文《最后一课》说课稿中对教学目标作了如下表述:

上课前,我先请学生预习文章,提出本文他们已经知道了些什么,还想知道些什么,并拟订出来,这样,综合学生的意见,依据《新课程标准》的要求,再结合本单元的教学重点和本课的特点,我最终确定教学目标如下:(1)把握小说的情节结构,从分析人物形象入手,培养学生准确把握小说主题的能力。(2)品味语言,揣摩人物的心理。(3)感悟小说所表现的强烈的爱国主义精神,激发学生的爱国情感,培养他们对汉语的热爱之情。

这三个目标的设置符合学生的认知规律,即整体感受——局部思维——迁移拓展,根据本单元的教学目标、学习重点,并结合初一学生的学习实际,确定目标①、目标②为本节课的教学重点。初一学生的理解能力有限,生活阅历贫乏,再加上背景久远,因此,我把热爱祖国语言是一种爱国的理解作为本节课的教学重点。

3. 分析教材编写思路、结构特点以及重点、难点

编写思路也就是编写意图,意图既体现在课标中,又表达在教材中。教师要以此作为分析教材的指导思想和依据。这种教材处理就是教师将教学内容由书面形式加工成理性化的形式。这样做既尊重教材,又不迷信教材,一切从学生实际出发来处理教材。教师要说清重点和难点,阐述重点、难点确定的依据,说明难点的关键是什么。

4. 教材的处理、裁剪与加工

对教材的分析,目的是准确把握教材、处理教材。新课改理念是"用教材教",而不是简单的"教教材"。说课,就是在教学目标确定之后,教师如何为实现目标而组织材

料、筛选材料，经怎样的加工之后将其转化为自身的教学内容。教学中要择其"精要"，增加"浓度"，如语文教师不可能对一篇课文的每一句话都作分析；教学中要"详略得当"并根据具体的教学方法与手段对教学内容作裁剪与处理。一位教师针对小学语文《一件珍贵的衬衫》对教材处理与师生活动作了如下说课："教材处理上我打破传统的教学方式，采用'逆向分析法'，先让学生自读课文的主体部分，而把文章开头这段倒叙部分放在后面单独分析，这样有助于突出本课重点。"

再如针对小学语文《田忌赛马》一课，一位教师在叙述了故事要点后，侧重对材料结构特点作了分析："本单元的训练重点是学习将人物对话改成一般叙述，并能根据提纲简要复述课文。从编排的意图看，作为第六单元的打头篇，这篇文章起着举一反三的作用。再从教材本身看，本课有三个特点：一是课题概括了主要事情；二是全文描写生动，叙述清楚，两次比赛层次分明，人物形象鲜明丰满；三是文章结尾言简意赅，耐人寻味。可见，本文在本单元中有着重要作用。"

某教师在对小学四年级语文《荔枝》的"说教材"中写了如下文字：

> 二期课改的核心是"以学生发展为本"，一切从学生出发，一切为了学生。改变学生的学习方式，重学习过程、重语言训练、重知识积累，培养学生解决问题的能力，拓展知识，开发想象力，加强团队的合作意识。结合我校的课题，实施对学生的情感教育。
>
> 本课是四年级的第一学期第五单元的第三篇课文。这单元的重点是：理解比喻句的表达作用。本文除了单元特点外，另有自身特点：体会作者是怎样一步步认识荔枝的，从而使学生了解荔枝、爱荔枝、热爱美。这是本文的两条主线。

"教材"是教师教学最基本、最主要的依据，教师在教"教材"的同时也要用"教材"教。因此要弄懂作者的构思，编者的意图，这样才能说准、说清本教材的地位与作用，也只有明确了"地位与作用"之后，教师的教学设计才能找到确切的方向。上述例子中的第一自然段几乎是一种空洞的"学生观"，并没有切入教材本身。

(二) 说学生——分析学情的共性与个性

说学生，包括说学生学习本课程、本教材的基础状态即学情，然后在此基础上进行学法指导。分析教学对象的共性与差异性是教师教学的基本要求。教师要做到"目中有人"、"教中知情"，才能使自己的教学切合实际，有的放矢。

说学生要根据实际,作专项分析,也可插入说课的有关内容并作说明。说学生一般包括如下几方面:

1. 学生的知识基础和生活经验。知识基础指接受新知识前的认识(包括课本知识和实践经验),生活经验指与本节课相关的生活经验。要指出它们对学习新知识将会产生怎样的影响。

2. 基础能力分析。分析学生掌握教学内容所必须具备的学习技巧,以及是否具备学习新知识所必须掌握的技能和态度。

3. 心理特点和学习风格。说明该年龄段学生心理特征和学习本部分知识的相关性,说明该班学习风气、规范等。

某教师在对《石缝间的生命》(七年级)教材作"说学生、说学法"时写了这样一段文字:

> 为了更好地掌握本堂课的教学重点和难点,我主要采用在整体感知的前提下,以学生朗读、圈画和感悟为主的方法。争取让学生做到"主动参与,乐于研究,交流与合作"。教师在课堂上起到穿针引线的作用。

根据上述技能要点,可以看出这一板块的说课中,教师仅仅是对学法进行了说明,而这种学法如何与教育对象相适应,如何与文章体裁、文章的艺术特色相匹配等均未作解说。实际上,说课的说理性,在于因果关系的分析,在于有针对性的解说。

说课各板块均要围绕所教的教材进行,切不可空泛而说,可以设想,上述文字如果放在另一篇散文(包括托物言志散文)似乎也可以"通用"。

另外"主动参与,乐于研究,交流与合作"的字眼似乎很诱人,若不加简要的解说,就会失去自身的意义。

说学法要求教师在教学过程中,从本教材特点出发,结合学情,渗透学习方法的指导,让学生掌握方法。主要说三个方面:一是说运用什么学法;二是说为什么要运用这个方法;三是说具体的指导方法,重点说可操作的科学指导方法。

(三) 说教法和手段——介绍教学方法和手段及依据

手段为目的服务,方法为内容服务。介绍教法和手段时,要点和条理要清楚,还要说明采用这些教学方法和手段的理论依据。

教学方法是由教学内容、教学目标决定的,要参照学生认识活动的规律和一定年龄阶段的发展水平。教学方法可以多样化和灵活化。一旦确定了教学方法,就应该介绍为什么采用这种方法,在具体课堂教学中,通过什么途径有效运用这些教学方法,预计达到什么样的效果。

选择教学手段要考虑实用性、可操作性和目的性,切忌为表演而表演。

如一位语文教师,在说教法和手段里是这样说的:

> 根据讲读教学与写作教学相结合的原则,根据教材编写意图及教材所处的位置,我准备以讲读教学指导作文教学。讲读,进一步掌握本单元学习重点;口头作文,运用创作规律指导写作,以便为单元写作训练做好宏观思路的铺垫。
>
> 教与学是双边活动,学生为主体,教师为主导,主导即指导、引导。在教学中学生不是盲目乱答,也不是仅教师自问自答,而应是教师着重指导学生的解题思路和方法。教师要围绕教学目的精心设计课堂质疑,使教学有指向性、侧重性、启发性,引导阅读方法,把一课一得落在实处。学生为主体,是指在教师的指导下,充分调动学生的主观能动性,使学生始终伴随着积极思维的情绪,在双方协调一致下圆满完成教学任务。基于上述认识,我准备采用教师导读、学生讨论分析相结合的方法进行教学。
>
> 教学手段方面,我使用投影仪把一课中不同阶段的板书显示出来,以提高教学效果。

(四) 说教学程序——介绍教学过程设计

教师的教学思想、个性和风格,很大程度上能在教学设计中反映出来。因此它应是说课的重点内容。

一般地说,教学过程设计要说出如下几个重要问题:

1. 教学总体思路和环节结构

首先,要说出如何把握教材,处理教材,采用怎样的教学方法与手段组织教学。其次,要说出教学过程的基本环节,如教什么和教的程序、环节,不必像上课一样讲全过程。这种环节安排自然还要讲出"为什么",即本课程理念和本章节的编者意图与教育理论依据。

2. 教与学的双边活动安排

素质教育强调学生的主动发展,课堂上活跃的师生双边活动是成功的教学的一个重要标志。双边活动要体现教法和学法的和谐统一,知识传授与智力能力开发的和谐统一,德育与智育的和谐统一。下列问题均属双边活动的内容,可以各有侧重地作些阐述:

教师准备提哪些问题,这些问题能起什么作用,学生怎样参与,如何组织,学生可能会出现哪些问题,教师有什么应对措施;有哪些思维定势需要克服,采取哪些措施等。

3. 重点与难点的处理

重点与难点可以根据课标和教参来确定,更要从学生实际和课的类型来认定和处理。"突出重点"不完全是多花时间,而要在剖析、点明、深化上下工夫;"解决难点",不仅有方法和手段,更有其教学的艺术,才能化解难点,这些都要有所交代。

4. 总结归纳,拓展延伸

有的教师设计课堂教学时,在总结、延伸以及习题练习上有一定创意,那么可以说说如何归纳知识体系,形成结构,通过怎样的形式与方法实现知识与思维活动的适度拓展。教师在总结阶段进行习题设计与课后的作业布置时,如有自己独特的创见也可作适当说明。

5. 板书说明

板书是直观教学的组成部分,很能体现教师的教学风格,尤其颇有特色的板书,更要加以说明。教师要说出板书结构和设计的意图。板书可用多媒体显示,也可用小黑板展示。

此外,说教学程序应注意两方面问题:

一是注重说理,强调理性构思下的过程设计。不是简单陈述过程,更不能把上课过程作全套讲述;

二是突出重点,强调教学过程机理。不是什么"过程"都说,不能没有关联地、没有承接地说环节、说先后。务必抓住说课的核心理念,将线性思维与多元思维结合起来,把说程序与其他说课内容适当融合起来。

三、说课的准备程序

这里所指的"程序",主要指管理者和教师准备的过程程序。在安排教师开展说课活动时,组织者要注意课的代表性、针对性和典型性,每课时都应有教案,但每课时不一定都要进行说课。这是由说课的性质和功能决定的。如果某课时内容比较完整，能突出某章节重点，或某课时便于展示师生双边活动等都可以作为说课的教材。

（一）课题选择

课题可以让教师自选，也可以指定课。根据说课研究的需要，让教师准备的时间可长可短，内容上可以有所侧重，也可全面综合。

（二）准备工作

准备工作大体上与备课写教案要求相类似：第一步是收集材料，一般至少包括：课标、教材、教参、相应的辅助习题以及相关的教学理论方面的材料；第二步是构思教学目标、方法、手段和程序设计。其过程大体上是：钻研教材，分析学情，确定教学目标，选择恰当的教学方法，设计教学程序，找出相关的理论依据，写出讲稿提纲，进行预演。

（三）形成说稿

说稿应以提纲式为妥，重要内容可详写，其他部分可略写，其内容大致由教材分析、教材处理、教学方法、教学手段和教学程序、板书介绍等构成。说课重在说理、重在设计，有关构思和理性思考应予突出。说课的时间一般占所要上课时间的一半为宜，切忌将说课演变成上课，防止过细过滥。

思考题

1. 说课的意义是什么？从备课到说课这种转变是否有现实意义？
2. 备课内容与说课内容的差别是什么？

第三节　说课的模式与方法

说课是备课与上课的中介，它以相关的理论为支撑，有预想的过程行为和希望达到的目标。这样，说课过程的组织就有一定的模式可研究，有一定的方法问题可探讨。

一、传统的说课模式的弊端

尽管说课活动在我国中小学开展的时间不长，但我们经常可以看到说课还停留在"一人说——群人听"的简单模式上。其存在的不足主要有如下两方面：

（一）个体投入

从备课到说课基本上是教师个体创造性的劳动。从构思阅读、收集资料到教案形成然后转换为说稿，几乎全落在说课教师身上。其他众多教师参加说课活动时只是作为一名听众，况且有的教师与说课教师来自不同年级、不同学科，他们对教材不熟悉或钻研不深，评议时难以深入，只能作一些粗略发言。这就造成"重说课展示，轻深入研究"的现象。

（二）单向传递

说课时的信息传递是单向性的，这可能形成教师个体对教师群体的"满堂灌"。由于说课活动在很多单位开展时仍然停留在少数教师身上，这样对大多数教师的激励与导向性就会削弱。

二、改进型说课模式

改进型的说课模式已在部分学校实行，综合这些新模式，我们可称其为"多向组合说课模式"，这种说课模式的特点和操作过程如下：

第一，个体与群体相结合。先由教师集体讨论说课方案（一般由备课组长召开备课会议），再推荐 1—2 名教师说同一课。这种模式的优点是说课者可以将集体的智慧汇集起来，再加上自身的特长，产生共性加个性，听者与说者互为一体的效果。听者因为参与了讨论，也很想听听说者是如何将自己的意见表达出来的。如果听众扩大到备课组以外的教师，有了备课组成员的"参与经历"，就会使下一步的说课评析有一定的群体基础，这样的评析活动一定会很热烈。

第二，"说上课"与"说备课"相结合。目前说课活动中，说课教师主要围绕"教什么"、"怎样教"、"为什么这样教"这三个问题展开，将隐性的思维显性化。其实，其背后的如何收集相关资料，如何了解学生，如何取舍各种教学信息等也可以"加入"到说课之中，这样的说课对青年教师培养更有利。

第三，"听——说"双向交流。说课完成后，说课教师提出自己的不足、困惑，征求听众意见，共同探讨解决。

第四，上课后再说课。这是指公开课之后，任课教师再说课，既讲清教案原样是什么，教法与教材处理的理论依据是什么，又讲自己在授课中作了哪些变化与更动，为什么要更动等问题。最后再请听课教师评议。

上海市杨浦区明园村幼儿园园长韩文秀,结合幼儿教师的擅长活动设计而缺乏理性思维的特点,长期坚持课前与课后说课相结合的办法,提高幼儿教师的专业素养。她的体会是:

（一）课前说课是研课的基础环节——要扎实

课前说课是教师与教师之间双向的交流活动,执教者与其他教研组成员之间通过对话交流、观念碰撞,可以对初步形成的教学方案进行修改、调整与补充,使活动的设计逐步趋于完善。因此,没有说课,研课也就无从谈起;有了高质量的说课,研课的成功概率通常就会随之相应提高,二者表现为正相关的关系。

幼儿园教研一周一次,每次也就一小时左右,要在有限的时间里进行完美的说课是比较难的。事实上,承担说课的教师通常在日常办公时间里,会与组员进行多次非正规的交流,这样的交流也是说课,即便这样的说课是即时的、零散的、随意的,却常常能碰撞出火花,激发出灵感,为正式说课作出必要的铺垫。

（二）课后说课是研课的补充环节——要给力

课后说课是执教者在教学设计进行实践后的再思考,这是考量执教者即时反思能力的重要手段,也是催生优质教学活动的重要环节。在教研组研课过程中,教研组成员的建议固然重要,这些建议对完善活动方案、优化活动质量起着助推作用,但是执教者的价值判断、选择运用的视角与能力更对教学方案的完善起着决定性的作用。如何围绕教学活动目标的达成对教学环节的设计、提问互动的有效性等进行调整与修正,课后说课的价值在此时尽显无疑。

譬如之前所提到的"挺起胸来直起背"这节教学活动,通过课后说课,执教者不仅明确了问题所在,也有了削枝强干的构思,在作了教具的调整运用后,把幼儿动手操作环节前移至骨骼拼图部分,使幼儿能更直观、形象地了解人体骨骼的基本结构,教学活动的目标也更为明确。

（三）课后说课是评课的必要前提——要及时

或许是职业的关系,幼儿园教师通常都比较感性,与感性相伴的特点之一就是比较容易进入现场情境。因此,课后说课的最佳时机是执教者下课后当场说课,即所谓的"热炒",因为当场说课可以避免因遗忘而降低评价的效果,使说课者和评课者都保持最佳的新鲜感,对活动的即兴感受能有效促进现场交流的真实性,使说课者和评课者的互动交流达到最佳状态,有效促进研课的深度及其成效。

加之幼儿教师又比较善于用儿童化的语言生动地描述，现场说课可以使教师在热情有加的情况下横生出许多趣味，使说课的现场更生动、更传神。

三、说课的方法

（一）说课准备的方法

说课准备和备课写教案的过程大体上是同一个思路。备课从构思到落笔写教案以及在写教案过程中再仔细推敲，主要是沿着教什么、怎样教的思路进行，而说课除了要说明教什么、怎样教之外，重点是说出为什么这样教。也就是说，说课应以说理为主。

1. 选好要说的课。每课应有一"案"，但每课不一定都要"说"。除了学校指定的课外，自选的说课要首先考虑代表性、典型性，这主要指既能充分体现本学科特点，又能与当前该学科教改方向相吻合的课文。其次，要选择与教师本人业务专长相呼应的有关章节。

2. 寻准教法的依据。这是指教师以标（课标）本（课本）为选择教学方法的基础条件，以学情为教法与学法指导的出发点，在此基础上采用说课准备过程与学习学科教改理论相结合、与教师自身积累的课堂教学经验相结合的办法，往上找理论依据，往下升华、提炼教学经验。

课堂教学策略、教学方法的理论很多，从宏观、中观到微观，跨多种学科。有教学论中的教学规律、教学过程、教学原则、教学策略方法和教学组织管理等方面的理论；有心理学中的教与学的心理理论；有现代流行的控制论、信息论和系统论，还有教学艺术与技巧的方法论等等。

教学中的程序设计与具体做法，在说明理论依据时，关键的一步是要"自圆其说"、"言之有理"。

3. 把握说课程序。这里的"程序"有两层含义，一是指课文中的知识系统和结构要理清；二是教学结构环节要分清，这两方面在说课时都要说明白。此外，还要介绍教学中师生活动的安排程序及其理由。

4. 突出重点，显现个性。说课的内容十分丰富，各个部分不宜平均分配，不要以为"什么都说"就是好的说课，应该有重点，有所侧重。如教师备课时，侧重研究一种全新的教学模式或教学方法的话，说课时也应侧重介绍这种模式、方法的特点及其授课时的程序设计；如果教师备课时以研究学生的思维发展、思维训练为特色，则重点介绍心理学中思维分类、特点的运用和教学过程设计。

另外，说课时要将这堂课设计中，哪些地方体现了自己创新之处，哪一环节展现了自己的教学艺术用恰当的语言表述出来。

（二）说课过程中的方法

说课不能念教案、读教案。因为教案不能全部反映说课应有的内容，读教案无法体现说课"说"的本质特征。

把教案作为蓝本，写成说课的说稿或称为"说案"，这是说课前的最后准备。但是若按说稿一字不漏地说一遍、读一遍，仍有背诵、朗读之嫌，如果无情感、无相关动作的话，这样的说课，效果就不佳了。

1. 说课是"说明书"

说课是信息传递，是告知。你首先要告诉听者"我是谁"（所在校、任教学科，所教章节），随后围绕"教什么"、"怎么教"、"为什么这样教"等展开说课。这就要求教师以陈述、解说为主线，在分析时可适当用辨析词语加以推理与论证。

2. 说课是"新闻发布会"

说课重在说依据、说缘由、说意图，这些都属理性思维，是观念性的内容。在表达这些观点"是什么"的同时，还要与如何指导相应的教学行为相"对接"，这样才能说理有度，自圆其说。

3. 说课是"真诚的告白"

说课说在教学效果产生之前，暂无实践效果的验证，因此尽量要少用或不用十分肯定或否定的语言，不宜过多地"歌颂"自己。从备课写教案转向说课，这并不难，难的是说课之后，引出听众的共鸣、认可或争论。对于善于评课的教师而言，说课也是一件容易做到的事。

（三）说课的表达方法

说课中，语言用来表达教学思维，交流情感；多媒体技术用于直观呈现，调动听者的视觉、听觉，引起注意；体态语言和相关演示操作，辅助呈现感性直观以提高说课效果。

说课进行中要注意如下六点：1. 守时守信，不要随意拖拉；2. 教态自然，谦逊、大方；3. 语言简练、流利，速度适中；4. 条理清楚，层次分明，逻辑性强；5. 表述完整，理由充分，具体实在；6. 个人特长显现，有感染力。

此外，说课时还可适当展示有关板书设计、教学程序结构图或有关教学设备方面的内容。

总之,说得新颖,说得有理,说得熟练就是一次好的说课。

思考题

1. 改进型说课活动其教学研究的意义是什么?

2. 说课准备的方法与备课的方式有何异同点?

3. 一篇优秀的说课稿实际上是一篇高质量的小论文,你有同感吗?

第四节 说课的艺术

教学是一种科学的艺术性创造活动。不少教育专家认为:教学的艺术与科学有双重意义的相关性,一是教学活动的科学规律是通过教学艺术孕育和发展起来的;二是教学活动又必定是教学的科学规律的艺术再现。也就是说,教师的教学活动既遵循科学规律从事艺术性创造的劳动,同时又不断从教学艺术探究中丰富教学科学。

说课作为一种新颖的教研活动,它是由系列性活动构成的。就教师的"说"而言,说者采用了艺术的表达手段,如语言、神态、动作、图象、音响等,同时说课又是教师(包括个体与群体)富有创造性的工作方式、方法。如说课中的简洁、精要的表达、高度浓缩一个完整的教学准备和实施过程的巧妙设计等都是教师说课艺术化的表现。

说课艺术至少包含如下三层含义:

一是说课不论内容形式,本身就是一种创造。它是快餐式的教学预演,是教师之间新型的理性话语的交流;

二是说课现场是说课规范和教师表达美的形象与情境的组合,是说课者教学魅力与聪明智慧的表演舞台。

三是说课艺术不追求"虚假"、不追求"外在",而以最终优化课堂教学,提高教学效率,提升教师素质为宗旨。

一、说课本质特征的呈现是说课艺术的基础

说课从某种意义上说,是课堂现实通过某种艺术加工、选择、处理后的形象化再

现。说课中教师口头表达艺术的张力,受说课性质与宗旨的制约,也就是说只能以现实课堂为基础。在这样的基础上,说课的艺术表现力以教师个体差异与教育对象的不同而展开。

为了充分呈现说课的效能,教师首先要丰富自己的知识内涵,深究教学活动的科学原理,然后在此基础上像艺术家一样,运用灵感、激情、想象、创造性思维等艺术活动的各种要素,通过说课充分表达、展示、交流和反思自己的教学观、学生观和教学过程观、教学基本途径,从而获得最优化的说课效果。其次教师说课还需要换位思考,关注听者,并与听者建立密切的互动、共进的关系,从而促进包括说课活动在内的系列教学活动的开展,以提高教学质量。

二、说课手段的丰富性是说课艺术的必要条件

语言是表达思想情感,反映社会生活最直接的工具,正如马克思指出的:"语言是思想的直接现实。"说课中,教师语言就是最主要的手段和媒介。"运用语言可以表达出那些不可触摸和没有形态的东西,亦被我们称为观念的东西;还可以表达出我们所知觉的世界中那些隐蔽的,被我们称为事实的东西"。[1] 教师说课中的"观念"、"程序事件"、"事实材料"都要靠语言来表达,因此可以这样说,说课的艺术性,首先是教师语言表达的艺术性。

说课的辅助手段主要是现代教学手段(图像、色彩、音像等),作为多样化信息传递的媒介,它可以让听者的听觉、视觉介入,引起注意,帮助理解说课内容,提高说课效果。其次是教师的体态语言,教师适当运用姿态、动作和表情等非语言来增强口头语言的效果。此外,说课时必要的演示、操作也可以体现感性直观,并起着相辅相成的效果。各种手段的优化组合,构成了说课必不可少的条件。

三、说课功能的多样性,构成说课艺术的基本特征

说课艺术不仅在于外显的表现力,而且还在于内涵的丰富性与创造性。说课的教研深探、观念提升、教师新文化的形成、师资培训以及促进专业发展的多样化功能,都

---

① 苏珊·朗格著,滕守尧译:《艺术问题》,北京:中国社会科学出版社,1983 年版,第 22 页。

呈现在艺术化的说课过程之中,并和艺术的三大功能——认识功能、教育功能和审美功能相呼应。"说课"加深了教师对教学活动的认识,促进了教师的自我更新、自我发展。成功的说课活动不仅内容美、语言美、结构美,还包括情感美和教态美。

四、说课艺术的优化

说课艺术的优化,首先要从课堂教学设计的优化做起,教学设计既要符合教育规律、遵循现代教学理念,又要充分发挥教师的聪明才智,尤其要优选最适切的教学方法,因为教学方法是教学科学性与艺术性的操作中介及其信息的载体。其次要不断提高说课语言传播的艺术性,掌握说课内容甄选的艺术,把握说课方法运用的艺术以及心理调节的艺术。

(一) 语言艺术的优化

从传播学理论上看,"传播必须具备三个基本条件:传播者、信息和受传者(又称受众)。传播不仅仅是传播者向受传者传递信息的单向过程,而且具有信息交流的双向性质。这是因为传递者在发出信息后,总是根据受传者的反馈信息来调整自己的传播行为,以便取得最佳的传播效果"。[①] 从某种意义上说,说课就是"传播",必需建立双向互动与交流关系。

说者,即传播者要用与所要表达内容相匹配的语词,如独白用语、告知用语、教学用语、演讲或朗诵用语等有效地传递预先设计的信息。要做到有讲有演、有说有议、有问有答、有读有讲等相得益彰的语言传递。

听者,即受传者(受众),他们与新闻学中所指的受众有很大的不同,他们有明确的意识倾向,是带着学习、交流、参与、共享的心态来聆听并参加评析的。

说课教师一方面可以将预设课堂或曾经历过的课堂的情感,通过自己的语言予以再现,另一方面用自己的情感语言调动听课者和评课者的情绪和思想,以产生共鸣与共享的效应。2007 年起,我担任华东师大网络学院兼职教师,先后有数百名中小学青年教师参加我的"如何说课"培训。关于说课的语言表达,他们也有自己的想法,如网络培训学员唐建军老师说:"确实,我们说课者要好好把握'情'字,突出一个'自信',一个'个性'。既然是说课,说的成分自然很重要。最好能说得神采飞扬,激情澎湃感染听众"。陈军贤老师

---

① 戴元光著:《20 世纪中国新闻学与传播学》,上海:复旦大学出版社,2001 年 10 月版,第 82 页。

说："我很有同感,对教师也要以情感人。当然要掌握好'火候',该扬该抑要得当。"

(二) 说课内容甄选艺术的优化

本书在"说课内容"一章中已对"说什么"、"怎么说"作过详细论述,在此,主要从说课内容遴选、甄别的艺术,说课内容的整体构思与安排的艺术等方面作一番探究。

说课中的语言是说课表达形式的主体,它以说课自身的内容为依托,否则就会变成"无源之水,无根之本"。教师说课要既"述"又"作",使"述"、"作"优化结合。

1. 思路清晰,层次分明

教师说课时首先要精读教材、熟悉教材,用新课改理念审视与处理教材,其次对所要说的内容作高屋建瓴的统整,处理好整体与局部的关系。

所谓"思路清晰"就是指理清脉络和结构,说稿的文本表达一般有如下几种思路:

一是"总——分——总"式。教师在对教材进行简析后,先不具体呈现说课的项目内容,而是以新课改理念为指导,介绍本堂课的总体设计构思,然后引入课标的设定、确定与分析重难点,再次按课的结构阐述教学过程,最后作简要小结。

二是矩阵式。教师在对课文名称、版本进行介绍后,立即以说课的若干板块展开:说教材——说学情——说教法——说程序,并以各项目为名称,将说理与说过程、方法的相关内容分解在各板块之中。

三是论述式。教师在对教材作分析、解读、处理后,引入对教学目标的确认,随后以论文标题的形式,将说理与程序过程组合在其中,最后作简要小结。

例如,一位说课教师是以"动画激趣,引生入境";"初读课文、自主识字";"巩固识记,指导书写";"读文延伸,感悟拓展"这四个标题来书写说稿的。

所谓"层次分明"是指不论采用怎样的说课文本结构,都要建立层级关系、内在机理关系。当然教师不仅要使说稿的段落分明,理出大小标题,还要在切入点、呈示点、延伸点和拓展点上作研究。上述的"矩阵式"说课构思中,如果本人的教法有独创之处,那么说稿的层次就应从"教材分析处理"之后便引出"教法",并建立两者之间的因果关系;如果本人教学过程环节具有环环相扣的特点,那么就要加大这部分说课内容。

例如,一位教师在说小学二年级语文课《台湾的蝴蝶谷》时,以三个环节为教学过程设计的标题:环节一,赏读课文,创设情境;环节二,阅读探究,品词品句;环节三,理解运用,拓展升华。

2. 探究规律,理清轻重

教学是科学又是艺术,科学讲规律,如何遵循教育规律,各人有创造,每个人都可以根据自己积累的艺术手法来表达和实施。说课要讲教学规律，也要充分呈现自己以艺术的手法遵循规律，揭示因果关系。

整个说课过程就内容而言，总是围绕"是什么"、"为什么"和"怎么样"三个大问题展开的，其中关键问题是讲清规律，说出道理，揭示因果。

一位高中教学教师在进行"异面直线"教学时，从概念教学的"理"说起，随后说出概念教学的"序"："新课程标准强调学生在学习过程中的体验，强调学生主动参与学习活动，这对于教学知识的意义建构非常重要。我注意设计概念的引入情景，启发学生体验概念的形成与同化，把握概念的本质特征(内涵)，弄清概念所包含的各种变式(外延)。异面直线的概念学习，首先引入生活中的例子，从南到北架设电线越过原有的从东到西的电线，它们能相交吗？如果相交会发生什么情况？不相交，那么这两条线可能平行吗？这样一来，学生深刻认识到空间中存在两条直线不相交也不平行，我们称这种位置为异面直线……"

在说课中，"说教学目标"是必要内容和重要内容。如何把"目标"说好呢？有的说课教师只注意到解答"目标"是什么，而没有充分重视在"教学过程"、"教法"的表述中与目标建立必然的联系；有的教师对"重点与难点"也仅停留在"是什么"的表达上，而在教学过程中看不出如何突出重点，化解难点。

由此可见，说课如果只重视表达"是什么"，而没有认真研究重要环节安排的"为什么"，以及核心、重点内容的"怎么教"、"怎样进行"，都会影响说课的质量。

3. 构思新颖、张扬个性

正如华东师大郑金洲教授在其《教学方法应用指导》一书中所指出的，今日之教育教学活动，"道"已充裕，"学"渐丰满，唯"技"阙如。意思是如今新教改的道理教师了解了不少，新教学规范与规则也了然于胸，而新理念、新规范如何转化为具体的方法与技能却不尽如人意。而说课正是一个"化理念为方法"、"从肤浅走向深刻"的有效载体。

说课活动对教师来说，其功效在于它能不断促使教师去思考诸如为什么这样教、这样教会产生怎样的教育效果、我的教学价值取向是什么、我将获得怎样的教育规律和教育理论的支撑等一系列问题。每个教师都有自己的个性与教学之所长，一旦提升了自己教学的理性思考，教学设计就会出现新的创造。

说课安排要做到构思新颖，需要从如下几方面努力：一是充实内涵，精心备课。教师有丰实的文化内涵，才能深刻解读和剖析新课程与教材；教师精心备课，实际上是"磨刀不误砍柴工"，深度走进学生，立体式解读文本，有效策划课堂，才能产生出优秀教案。

二是勇于反思,大胆改革。教师教育研究表明教师的反思和经验累积是走向成功的两个最有效的途径。反思备课、反思教学、反思说课,就能不断修正与充实自我,反思深刻,就能促使下一轮的说课跃上新台阶;反思深刻,评说者感受就深,反思深,构思才新。

下面有两个案例,一个是在教学过程设计中,教师以问题推进学生的思维活动,又在交互中再生成问题,构思颇具匠心;另一个是引用时事新闻创设一个情境导入式的课堂教学:

案例1

新课程特别强调问题在学习活动中的重要性。一方面通过问题来推进学生的思维过程,另一方面通过学生多种形式的交流互动再生成问题。教学过程能否有效推进,师生能否有效互动,都取决于这两方面的问题设计质量。所以精心创设问题情境又是教学设计的重要一环。如在"用字母表示数"的教学设计中,我通过师生间年龄问题的操作,让学生来理解"a＋26"这个式子的意义,这时我送给学生一首儿歌:一只青蛙一张嘴,两只眼睛四条腿;两只青蛙两张嘴,四只眼睛八条腿;三只青蛙三张嘴,六只眼睛十二条腿……为了引导学生从儿歌中发现数学规律,推进学生的思维进程,我设计了三个问题:

1. 请同学们用十只青蛙来编一首儿歌。
2. 你们发现了儿歌中一种什么样的规律?
3. 请你们运用刚才学到的本领,想个办法把这首儿歌读完。

在后来的实际教学中,我通过上述三个问题予以引导,学生自己发现了规律,并运用学过的知识,创造了七种编法。这样的问题情境不仅引起了学生积极的探究欲望,而且成了整个教学过程推进和发展的重要动力。当学生说出七种不同编法后,我又根据互动信息再生成三个问题:

1. 选择:你觉得哪些编法既简洁又合理,你喜欢哪一种?
2. 归类:与这种创编法接近的还有哪几种?
3. 质疑:对其他几种编法有什么意见?

这样的问题,既强化了"有效信息",又利用了"错误信息",进而开发了学生的原始资源,实现了教学过程中的资源生成,从而形成新的、又具有连续性的兴奋点和教学步骤,使教学过程呈现出动态生成的创生性质。当然课堂教学是千变万化、变动不居的,教师在实际教学中要注意运用教育机智,根据即时情境,有针对性地发问,决不能生硬照搬预设的问题。[①]

案例2

　　一位教师在教学百分数的应用时,以敏锐的数学眼光,及时地抓住北京申奥成功不久的有利时机,把申奥成功这个刚刚发生的学生熟悉的素材作为数学教学的活教材,并且对素材的处理也非常得当。开始,播放申奥成功时那段激动人心的录像,让学生再一次感受到了成功的喜悦,渲染了现场的学习气氛,提高了学生探索发现的兴趣。接着,教师没有纠缠于申奥成功的具体情节,而是迅速地抽取了"申奥得票数"这个对数学有用的信息,以统计图的形式呈现给学生,迅速地把生活情境转化成了数学情境,引导学生通过比较,提出数学问题。然后,教师引导学生用百分数的知识来分析数据,师生共同提出本节课主要探究的问题——"北京的得票数比多伦多多百分之几,多伦多的得票数比北京少百分之几"。这样,教师将本来很枯燥的百分数应用题的题材生活化,使学习材料具有丰富的现实背景,增加学生的信息量,提高了学生探索的积极性,使学生体会到生活中处处有数学,感受到数学的趣味和作用,体验了数学的魅力。[②]

思考题

　　1. 说课的艺术不仅仅是语言表达的艺术,更是基于说课基本特征和说课构思的艺术。请结合你的说课实践作出解读。

　　2. 深入而精确地研究"受众",是提高说课传播效率和效果的重要方面。你在说课时,是否充分做到"换位思考"和"移位思考",让听者明白,有所悟,有所得呢?

第五节　说课的类型

　　由于说课的目的不同,参加的人员与组织形式的差异,说课的类型可分为如下

---

① 肖川主编:《名师备课经验·数学卷》,北京:教育科学出版社,2006年3月版,第23—24页。
② 同上书,第110页。

几种。

一、教学研究型说课

为改变备课组、教研组的工作职能,改变教师个体备课之后再相互讨论的传统形式,可以将说课纳入备课组、教研组或年级组教学研究活动之中。其做法是先由组内一位教师事先准备并写成说稿,说后众人评议。这种说课可以每周一次,组内成员轮流进行,以提高备课的理性认识。

二、典型示范型说课

教有成效、教有特长的教师,经过说课的一般技能的培训之后,学校领导就可以组织这些优秀教师,向全校教师作示范性说课,说课之后组织教师参加评析。也可以让说课教师将说课内容付之于课堂教学,最后组织教师将说课与上课的两项内容联系起来进行评析。观课教师从听说课、看上课、听评析的全过程中增长见识,开阔眼界。

示范型说课更适合于区(县)级教研活动时开展,示范性说课、上课是培训教学骨干、青年新秀的重要途径。

三、竞赛评比型说课

目前中小学教学竞赛、评比中,为了全面了解教师的课堂教学能力,将备课、说课与上课三大教学活动连贯起来作综合评估。在参加评比时,要求参赛教师按指定的教材,在规定时间内自己写出说稿,然后登台说课,由听课评委评出比赛名次。最后再结合上课的实践状况作综合评估。

四、环节结构型说课

这类说课以说课堂教学环节、程序结构为特色,按环节陈述包括环节分配原理、安排,环节之间的衔接、过渡技巧与环节之间的逻辑结构等。

教师应具体说清如下几点:1.教学目的、教学目标的确定与分解的依据,总体上如何教才能达到最佳目标;2. 重点、难点的确定与处理;3. 各主要环节教法、学法的设计与安排的理论依据以及操作方法。如这节课设计的理论依据是贯彻"以训练为主线"的原则,具体操作方法是把训练题贯穿到第一教学环节中(各个环节都有相对应的训练题),指导思想是以练代讲,练中有讲,练中加深理解,练中有记忆、归纳、总结(各举例说明),目的是把学生放在学习主体位置上,培养学生解决问题的能力;4. 说出新课导入与各环节之间过渡的语言或行动安排,并说明为什么;5. 说出板书设计原理和呈现方式,说出教具如何使用和为什么这样用。

思考题

1. 说课的类型有哪些?
2. 你能说出各种说课类型的教学研究功能吗?

第六节　说课的评价

说课是备课基础上的理性思考,这种思考最终要用语言形式向众人表达。为了达到说课的真正效果,必须建立反馈系统,一是教师本人在授课中获得的反馈,二是让说课的对象及时反馈,这就是说课的评价。

一、说课评价的基本认识

说课评价是对说课者的发言、说稿以及说课活动状态、相关资料进行分析,对说课预期目标、任务、效果作出科学判定,以期进一步调控说课活动,帮助说课者与参与者共同提高教学研究活动质量的过程。

"说课"是教师教学研究过程中所发生的"事件",理应属于教育评价。教育评价实质上是一种对评价对象的价值判断。说课评价又是对教师的评价,是对教师教学研究中的过程行为的评价。

然而,要对说课作精确的恰如其分的判断是十分困难的。其一,教育评价尤其是教师的教学行为、教学研究活动难以作量化评估,而且教育价值判断的正确与否,与参与评价者自身的教育理念的准确把握有直接关系,尤其在目标不清晰、只追求一种说理形式的存在的情况下,要用全新的评价标准来衡量教师教学设计的好坏还有较大困难;其二,教学活动中有众多影响要素与因子,比较复杂多样,教师从备课的预设教学行为到教学设计的构思和理性思考,如何作出准确而有价值的判断,要因人而异,因学科而异;其三,说课的类型、模式等方式方法的差异,导致各种说课又有不同的目标取向,因而评价也会有不同的侧重点和方法,很难制订出一套标准化的评价体系和方案。

在当今,说课活动已经普遍、深入地在教师教学研究领域开展,说课已显现出在特有的教师教育功能的背景下,为切实发挥说课活动在促进教师专业成长,提高教师实施新课程的能力与水平中的重要作用,仍有必要对说课评价作一些系统的探究。

说课评价的基本意义有两点:一是说课对上课来说是一种手段,它需要在群体参与中用现代教育理念给予评析。客体要从多角度、多方位作点评,让主讲人及时感受教学设计、教学策略的把握、程序安排的妥当性等是否有高度、有深度,是否符合客观实际,从而及时调整备课策略,提高教学研究能力。

二是对评价者来说,参与评析也是一次交流学习的机会。评价者以现代课堂教学策略理论为指导,结合自己特长优势,从全方位或某些侧面作点评,从而达到优势互补、取长补短、共同提高的效果。

二、评价的内容

评价的内容基本上应和说课内容相对应。

(一) 评说课者对教材的理解程度

内容包括:教材的地位分析和前后联系的分析是否正确;教学目标的确定是否明确;目标的分解是否妥当;教材重点、难点的确定是否妥当等。

怎样评价教师在说课中的"理解"和"把握"呢? 可以围绕如下几方面作判定:一是是否熟悉本学科课程总目标,并把总目标与所教章节分目标联系起来,形成自己的教学思路;二是是否理解并在教学实践中开始应用新课标所倡导的相应的教法与学法指导;三是是否准确判定本章节教材的教学目标。

教师对教材地位与作用的理解与把握主要表现在两方面:一是是否解读了所教章节的"本体"地位与作用——其知识构成、技能要求与情感目标在全教材中的位置;二是是否了解了所教内容与前后教材内容的联系,知道如何"承上",也知道如何"启下",以便构成完整的教学系统。

要了解说课教师是否准确恰当地判定重点与难点是什么,这种"判定"依据有三:一是教材自身;二是教学对象;三是教学目标与任务要求。其次要全面了解说课教师的教学设计中,是否关注到重点与难点,并贯彻于教学的各个环节;再次要看说课教师是否专为突出重点、突破难点说出了处理的办法或所采取的教学对策。

山东济南甸柳一中姜仲平发表在《数学教师》1997 年第一期《等腰三角形的性质说课稿》中对"教学重点与难点"的说课,是以教材自身结构入手,结合教学对象初学几何的知识基础对重点与难点作出如下判断:

> 通过分析,我们看到"等腰三角形的性质"在教材中起着承上启下的作用,是今后证明问题的重要依据,有着广泛的应用,因此,本节课的教学重点是:等腰三角形的性质及其证明(用投影仪显示)。

> 由于用文字语言叙述的几何命题的证明包括了证明几何命题的完整过程,既要求学生有较强的审题能力,又需要学生具备一定的逻辑思维能力,这对于刚刚进入推理入门学习的初二学生来说,有较大的难度,所以本课的难点是:用文字语言叙述的几何命题的证明及辅助线的添加。

(二) 评说课者对教法的选择和运用情况

内容包括:教法的理论依据是否领会,教法与学科特点、教学目标是否相适应,教法与学生年龄、认知、情感特点是否较适切等。

对于教法的说课,在评价时可从如下几点去评判:一是是否与学科性质特点相一致,并提出了本学科新课改所倡导的教法;二是所说教法是否符合学生年龄特点与认知规律;三是是否在教学过程中具备较好的激发兴趣、启发思维,形成和谐、民主、互动的师生关系。

另外,还要继续了解这种教学方法是怎样融入教学环节,怎样进入操作状态的。如有的教师在"说教法"中提出"合作探究法",可是在"教学过程"环节仅仅提 3 个问题,通过提问让学生回答,并没有所谓的"师生合作"与"探究"。

对于所选择的教学方法是否具有实际教学效果,尽管评价者未进入课堂实施状态,但仍然可以凭说课教师的过程设计、凭自己已有的教学经验作出预期的判断。如果是课后说课,那么就应以该课的实际效果来评价教师自述的教学方法的成败。

（三）评说课者学生主体地位的显示和学法指导的力度

内容包括：能否充分体现教法为学法服务，学生在认知、情感和思维活动上是否有深度、有宽度，在学习能力和学习习惯上是否有较明确的方向性指导等。重点分析说课者是否在学习情境中，选择、应用恰当的学习方法，组织学生进行有效学习，是否兼顾到差异教学与因材施教。尤其要关注教师对转变学生学习方式的支持与落实情况。

（四）评说课者教学设计的科学性、艺术性及该设计的教学目标达成度

内容包括：授课内容和教学程序、结构之间和谐性、协调性如何、教学程序结构的科学性、艺术性和适应性如何等。

评价教学过程应重点关注以下几方面：

1. 是否紧扣教学目标，遵循认知规律，符合教学特性展开教学；

2. 若干教学环节结构是否严谨，过渡是否自然，形成一种启动——呈示——沟通——延伸的认知结构，既让学生获得知识，又培养了相应的能力；

3. 教学过程是否既是自定的教法实施过程，又是教师把握重点、突破难点的过程；

4. 是否给学生提供了主动参与的时空，关注学生的个体化发展，有利于各类学生都获得一定的发展和提高；

5. 教学媒体手段的选择与使用是否妥当、有效，能否充分发挥辅助教学的作用与功效。

黄大龙、徐达林老师在《中学数学》（苏州）1996 年第 9 期的一篇文章中列举了一位特级教师在上《球的体积》一课时所设计的程序，既体现数学推理过程，又能让学生"大胆猜想"与实验。现摘录如下：

（1）提出问题 $V_球$ ＝？（2）比较同半径同高的圆柱体、半球体、圆锥体三者体积的关系（图示）；（3）猜想 $V_球 = 4\pi R^3/3$；（4）细沙实验验证；（5）构造参照体，证明猜想；（6）得定理、应用。然后再说明采取这几个教学过程的理由。教学过程中首先是问题，由"目测"到"大胆猜想"；然后用"实验"来验证"猜想"；再构造参照体来"证明""猜想"；最后得出定理并实例应用。

（五）说课者教学素养的评价

说课时，说课教师尽管没有进入教学的实施状态，但从说课的理念、构思、内容结构以及现场的分析、说理的表达仍然可以适度反映出教师的基本素养。评价时主要关注如下要点：

1. 对新教学理念和新课程目标的理解、解读是否已内化为教师自身的教学思想；

2. 对教学内容的分析、讲解与师生的活动设计是否反映出教师的文化内涵和知识的扎实度；

3. 教学的程序、结构与教法是否表现出教学上的某些特色和个人的教学风格；

4. 教学构思与设计是否有较强的现实性与可行性。另外，说课中教师的语言表达、体态语言的表现力以及现场的演示、板书等都可作为教师基本素养的必要评价项目。

北京小学语文特级教师吉春娅在肖川主编的《名师备课经验》一书中，对《游园不值》一课的教学目标的分析与确认，有着自己深刻的理解，深刻地表达了她对"教学目标着眼于学生发展和成长"的独到见解：

教学目标，按照新课程理念可分为知识和能力、过程和方法、情感态度与价值观三个维度。知识与技能是显性的、短期的目标；方法、情感、态度、价值观是隐性、长期的目标。显性的、短期的目标使教学有立竿见影的效果，隐性的、长期的目标使教学"人气"旺盛，充满生命的活力。着眼于学生的发展和成长的教学目标应是显性和隐性、短期和长期、预设和生成等目标的完美结合，既有知识、技能的增长，又有智慧、情感、信念、意志、价值观等的发展和生成，具有丰富的精神、文化、生活、生命的内涵。

《游园不值》的教学是这样着眼于学生的发展来制定目标的。

显性目标：

1. 看注释理解《游园不值》和其他古诗的意思，用自己的语言清楚地表达诗的内容。

2. 想象诗描绘的情景，并用一小段话语表达出来，从而体会诗人表达的情感。

3. 有情感地朗读、背诵诗。拓展、积累其他的几首描写春天的诗和句子。

隐性目标：

培养学生热爱春天，对古诗的喜爱之情。

三、评价的标准

说课既要说理又要说程序与方法,为了确保说课质量,必须确定说课的具体标准,对说课的各个环节提出明确的要求。衡量说课水平的高低,除了看说课的基本要素外,还要注意如下几个方面。

(一) 是否说出个性、创新性

说课因学科、因学生、因教师而异,教材的处理、教法的应用、程序的安排会有所不同。说课中是否说出教师备课中的优势、说出创新之处是衡量说课有否特色的重要标志。

(二) 是否说出科学的程序与环节

课堂教学对学生来说是一种特殊的认识过程,对教师来说是促进学生成长的过程,主要是发展智力、培养能力的过程。既然是过程,就有过程的环节和结构。因此,说课要清晰地介绍各过程的安排与师生相关的活动。如"尝试教学法"课堂教学程序是:"基本训练——导入新课——进行新课——尝试练习——课堂作业——课堂小结";互动教学模式的教学过程可以概括为"三阶段七环节":"三阶段"即启动——联动——能动,"七环节"即引发、投入、耦联、加速、深入、强化、拓展。课堂教学改革中,十分强调学生的主体地位,许多教学模式都体现了这种精神。如"自学——指导教学模式",其过程程序是:提出要求——自学——讨论、启发——练习运用——评价、小结";"问题——探究教学模式"其教学程序是:问题——假设——验证——总结提高。

说教学程序时,其衡量标准是:程序安排的科学性、流畅性,对阶段安排的概括和转述的语言表达清晰性。

(三) 是否体现并突出了可操作性原则

说课是讲课的前奏,为教学实践而说,不能仅仅为说而说。可操作性衡量标准是:操作时间与空间安排上的合理性、教的行为与学的行为之间关系的和谐性、操作行为在教学过程中的可容性(即操作量过大,一节课内无法完成,即使安排有理,但不能顺利完成教学目标,也是不可取的)。

(四) 是否说得有理

说课中的"理性"内容,是教师理论素养水平高低的标志。其衡量标准是:理论依据可靠、理论与实践结合有力、理论应用创新。

附:说课评价表

表 3.1　说课评价表

说课人姓名			学科		年级		课题		日期	
指标	序号		评价标准				评价等第			
							A	B	C	D
说教材 15％	1		教学目标明确,目标分解有理				5	4	3	2
	2		本教材的地位与作用明确				5	4	3	2
	3		熟悉教材,领会教材编写意图				5	4	3	2
说学法 25％	4		体现知识获得与学法的掌握同步进行				8	6	4	2
	5		一(学)法为主,多法为辅				8	6	4	2
	6		注重能力培养与思维训练				9	8	7	6
说教法 25％	7		教学方法明确、具体,有理论依据				8	6	4	2
	8		体现教学为学法服务思想				9	8	7	6
	9		教学手段选择妥当,手段与方法、程序结合紧密、有效				8	6	4	2
说程序 35％	10		教学设计思路清晰				10	8	6	4
	11		程序结构安排合理、科学				8	6	4	2
	12		程序、结构安排有明确理论指导				7	6	5	4
	13		教学程序中学生参与教学活动的时间安排充分、组织形式活泼				10	8	6	4
整体评价	A	B	C	D	总分	说明				

评价人:

思考题

1. 怎样从说理、说结构等中分析出说课者的个性特征?

2. 说课评价表和课堂教学评价表有什么不同? 如果你将同一位教师的说课评价表与课堂教学评价表作了一番对照后你会发现什么? 这种比较是否对你增强说课意识有帮助?

第四章 观 课

观课又称听课或课堂观察,也可称为"看课"。观课对学校管理者来说是一种现场知觉性的重要手段,是了解教师、了解学生、了解教学进度情况最直接、最具体、最有效的方法;观课对教师而言是向同行学习、沟通的机会,也是双方优势互补的机会。

现今基础教育阶段的教师仍然习惯性地将观课称为"听课",其实,课堂上发生的教与学现象,仅用耳朵来聆听是不够的,我们更强调用多种感官去接受与收集信息,去体悟课堂。可见,把听课改为"观课"更为贴切。

第一节 观课的意义与价值

学校教学工作由教学常规、教学改革、教学研究三个板块有机组合而成。课堂教学是教学工作的基本组织形式,教规、教改、教研的成效必然集中体现在课堂教学之中,因此校长或教导主任深入课堂听课、评课,既是履行职责的需要,也是教学有效管理的需要。正如苏霍姆林斯基所说:"一个有经验的校长,他所注意和关心的中心问题,就是课堂教学……听课和分析课是校长的一项极为重要的工作。"

观课活动是由讲课教师、观课教师或教育行政管理者、学生群体这几类人员构成。对讲课教师即评价对象而言,应把课堂观课看成是一种积极学习的过程,要有一种积极的心态。他们通过观课活动可以很好地展示自己的才能,把自己"临场"的智慧和机智充分显露出来,从而得到他人的支持与帮助。对观课教师而言,观课是一次极好的学习机会,每位任课教师都有其长处和优势,通过观课可以广泛收集、领悟、感受任课教师的教学构思、思维活动、组织与管理能力等方面的成功之处。

对学校校长而言,观课可以使自己获得更有力的指挥权、主动权、发言权,从而促进学校课堂教学改革深化发展。

一、可以获得教学规范化的指挥权

教学要规范化,这是提高教学质量的先决条件与基础。以素质教育为宗旨的课堂教学,应以学生发展为本,如果以此为指导思想,课堂教学是否仍需要一定的规范、规范什么、怎样规范,这些都需要教师深入课堂观课,获得第一手资料。校长观课,可以掌握大量、真实的感性材料,检查与摸清教学现状,然后在此基础上对教师群体的教学情况、教学水平进行完全评估。

二、可以获得教学改革的主动权

教学改革是提高教学质量的保证。课堂教学是教与学两个过程的结合体。教师的教育思想、教学内容、教学方法改革的实践和发展主要是通过每天的课堂教学来体现的。

教师的教学方法陈旧、呆板,学生负担过重,学法不妥等问题追根究底大多是课堂教学不当所致。

教师的教育理念新颖,思维方法新颖,重教法更重学法指导,教学效果事半功倍,其工夫也大多在课堂教学上能得到充分展现。

校长通过观课和评课,可以收集大量教学信息,理清教师个人或群体的"亮点"或症结所在,从而获得进一步推进教学改革的主动权。

对先进典型或某一群体的共同优势,可以适时地加以总结和传播。由点到面,扩大成果,带动薄弱群体。发现问题症结,提出整改意见,给予诚挚帮助,超前防范不良倾向的蔓延。无论是先进典型,还是问题症结都可以作为学校科研的问题,发动教师开展研讨,引导教师不断端正教育思想,更新教育观念,改进教学方法,努力优化课堂教学,提高教学效果,促进全校教学改革深入健康发展。

三、可以获得开展教学研究的发言权

教学科研是教学改革的先导。成功校长的一条重要经验,就是从行政型管理走向科研型管理,成为学校教科研的带头人。校长观课、评课是获得教学研究发言权的最好方法。

　　校长观课应看成校长本职工作的组成部分。校长深入课堂,聆听不同类型、不同学科教师的课,既可以向教师学习,向实践学习,也有助于领导与教师之间沟通感情、密切关系;既可以与教师共同切磋、探讨教改新路,又可以使自己锻炼成一个精通教学的行家能手。校长是教师的管理者,应具有相当的研究能力。校长通过观课给教师作理论指导,使点滴的经验上升为系统的经验,盲目的经验变成自觉的经验,经验升格为理论,引导教师潜心研究,提高课堂教学效果。

　　不少校长把观课作为长期必不可少的工作来做,因而对学校教学改革发展状况、态势以及哪个教师教学情况如何都能脱口讲出个子丑寅卯来。然而,有一些校长以会议多、工作忙为理由很少进教室观课;有一些校长以"观课、教学有人分管我不介入"、"我大致了解不必听课了"为由不观课或很少观课,更不评课,甚至害怕评课,出现了远离课堂、脱离教学的现象。教学是学校的中心工作,校长教学为主的意识淡化,将意味着教学质量下降,至少会使教学改革无法走上良性循环。因此,校长要把观课作为指挥教学研究的基础性工作,切实抓好。

思考题

　　1. 教师之间相互观课需要怎样的心态?

　　2. 校长观课的意义大小取决于校长的课程领导力和教学意识,仅凭校长自我规定每学期听课次数,就体现校长的教学领导力吗?

第二节　观课的准备与观课内容

一、观课准备

　　观课是否要有所准备,这个问题的回答是肯定的,毫无准备的观课其效果显然是不好的。现今各中小学每学期都有数量可观的观课安排,除了少数教师因有参评任务之外,其他人几乎不作任何准备。

　　观课准备既是提高观课效率必要之举,也是对评价对象尊重的表现。

（一）心理准备

观课是一种主动向他人学习，交流教学经验和教艺的好形式，因此评价者与被评价对象的双方应当处在平等的地位。评价双方要事先做好心理沟通，使双方都明确观课的真正目的是为了提高教学质量，促进彼此共同发展。

对参与观课的校长来说，校长本人应以一个普通教师的身份走进课堂。不少教师对校长观课，总会感到一定的压力，有紧张感。特别是性格内向、自尊心强的教师，会产生焦虑感，甚至有不满或怀疑。这就要求校长不能抱着检查的心态观课，观课前要通气，打招呼，给予适当的精神鼓励，使教师的紧张情绪尽可能消除或减少，就是随机式观课也要在上课前告知授课教师。

（二）学识准备

首先观课教师要熟悉有关学科的课程标准，研究指导性文件，学习相关学科的教改经验与论文，从中了解该学科教改动态和发展趋势，以提高自己在观课时的洞察力和敏感度。

其次观课教师要了解教材和学生。如重点、难点、教育点，并在此基础上进行自我构思，假设自己上这节课，该如何处理教材、选择教法、设计方案。有了这样的充分准备，观课的效率就会大大提高。

当然，教师不可能每次观课都作这样充分的准备，但譬如专题性评课、研究性评课等课，如果不作充分准备就无法评析出实质性的内容，对评价者也是不负责任的表现。

（三）技术性准备

观课教师首先要了解评课组织者或教学研究部门所编制的评价表，熟悉表内项目、标准、权重等内容。如果对评价对象事先有所了解，可以针对各项目结合该教师的优势作一预测，以便在观课时作重点观察，但不能形成过强的思维定势。对评课组织者来说，为了提高评课效率，有必要就评课的各项要求，对评价者作适当培训。尤其对评价表中的等第、权重的设计作适当解释，进一步统一评价标准。

其次，评价者应带好规范化记录本、笔和课本。

二、观课内容

（一）观察教学目标实施与教材处理情况

课程目标与单元目标中虽有规范化要求，但在每堂课施教中，教师要将其分解细化，要考虑是否在认知、情感、技能和个性发展等方面有所体现，是否将目标贯穿在教学各个环节、整个过程。教材的处理主要看教师是否将教材"改造"成可输出的教学信息。

（二）观察教学结构状况

教学结构主要包括各教学环节安排的有序性、有机性、流畅性；学生主体地位在教学各环节中的体现；教法与学法的和谐与统一等。

（三）观察教学手段的选择与运用

手段为目的服务，任何一种教学手段都有其优势与弱点，因此教学手段既要多样化又不能过于繁杂，使用现代教学手段的课其教学效果不一定最佳。观课中观察教学手段的使用一是看其如何为教学内容服务；二是看教学手段使用的效率如何。

（四）观察课堂教学状态

教学状态包括教师、学生以及整个课堂师生群体的状态。教师状态包括心理状态和外显性的言行举止。教师的激情与成功的愉悦感能大大提高教学的效果，恰如其分的言谈举止会使教学信息的"输出"畅通，学生易于接受。

根据上述的观课内容，校长和教学研究人员在观课时既要听教师讲，也要看学生的学；既要观察教师的教学活动，也要观察师生之间、学生与学生之间的教与学的交流活动。

在操作层面上看，观课时主要把握如下两方面：

1. 观察教师驾驭教材的个性特点，优化教学的综合能力

教材有它的系统性，又有学科与章节的特殊性。教师在处理教材时，如果仅用共性代替个性，以一般取代特殊，那么教师的教学就没有风味，学生学得也没有兴趣，结果是教者谆谆，听者藐藐。观课中，总体上要看教师是否从课的类型、教材类型、学生状况出发来处理教材，归纳起来，有如下几个"看"：

（1）看课题的铺垫、导入、揭示是否能为解决主要矛盾服务；

（2）看新课是否紧扣特点，抓住重难点，精心设计提问，善点拨，引导学生从"是什么"过渡到"怎么样"、"为什么"，是否有利于从知识结构的构建到思维的发展；

（3）看讲、练、议、评中是否注重教之以法、育之以能、养之以习，让所有学生动其情、促其思、开启智慧之窗；

（4）看板书结构及其归纳功能是否体现学科与教材的特点。

2. 观察学生学习态势

看学生情绪是否饱满，思考问题是否积极主动，举手发言和思维是活跃；看学生

活动时间、活动面和相互交往是否充分适当；看学习困难学生精神状态和学习的积极性是否调动起来；看师生情感交融状态；看学生各种学习习惯是否养成；看学生回答问题的正确率、创新性；看学生当堂说、练、写、算正确率是否较高；看学生观察思维表达能力是否提高。

思考题

1. 如果你在观课之前作了充分准备，那么观课之后你会有哪些新的体会呢？
2. "观察学生学习态势"的内容相当丰富，你能否再作一番研究呢？

第三节　观课的过程方法与类型

观课过程是指评价者进入课堂，观察课堂教学的全过程。根据评价者观课的目的，他们会采取略有不同的观课过程。如，"全景式"、"全方位"观课，需要全面了解教学的全过程，并作好详细记录；专项观课、重点观课则必须与任课教师事先沟通，确定专项、重点内容，其过程自然与一般观课有所不同。

一、评价者个体观课过程

评价者无论是教育行政管理人员，还是同行教师，进入教室后要立即进入观课状态。关于观课全过程及其注意事项的这类经验性总结式论文，尽管在有些教学类刊物上有所介绍，但都不全面具体。华东师范大学国际与比较教育研究所王斌华教授在1998年出版了《发展性教师评价制度》这一专著，将上世纪80年代末起在英国开始推行的新型发展性教师评价制度，详细地介绍给我国教育工作者，王斌华教授还多次应邀为上海市杨浦区校长培训班讲课，受到校长们的欢迎。征得王教授同意现将《发展性教师评价制度》一书中有关"课堂听课"的论述，结合当前中小学听课状况，作如下介绍：

1. 评价者应在上课前进入教室，坐在教室的后面或角落里。这样做一是可以减少对课堂教学的干扰，二是能较好地消除对学生观课带来的负面影响。
2. 上课前夕，评价者要花点时间适应观课的环境，看看教室内的布局、设计和教学设备。

3. 上课开始后,评价者应立即进入记录状态,将语言和非语言的事件真实地记录下来。记录内容要与上述"观课内容"要求相符合,但重点应放在教学策略、教学方法上或以专项观课中的专题内容为重点。

4. 观课记录应尽量做到完整、不间断,为此要求评价者高度集中思想,书写迅速,教学程序结构、师生活动安排既要记下要点,也要尽可能记下所占用的时间。当然要全面仔细实录下全过程是不可能的(它需要多台摄录机配合才能完成),观课记录要有所侧重、有所选择。

5. 评价者除记录教师行为外,还要花一定的注意力观察教学过程中学生的活动,如师生的问答、学生的提问、讨论、争执、学生之间的互助交流以及随堂练习状况等。

6. 记录本要划分为纵向三大列。中心一列为教学过程,左侧一列为教学组织活动,右侧一列为评价者应急性评语或建议。

二、评价者群体观课安排

多位教师进行群体性观课时,为了提高观课效果,组织者最好作些前期安排或培训,不要造成座位无规范,前后左右零星分布,干扰课堂教学,也不要出现观课教师迟到,甚至从任课教师讲台前走进教室的现象。

群体观课活动要提高评价效率,组织者可事先对评价人员作适当分工,按教学评价表指标大系分配给有关人员。如按教学目标、教学过程、教学效果和教师素质分四个组;按教材处理、教学程序结构、教学方法、学生参与训练和教学效果也可分为五组。

俗话说:"内行听门道,外行看热闹。"群体观课需要一定数量的同学科教师,由同学科教师担任上述分组评价的组长,在听、看、记等方面各人也要有所侧重。

有人认为,只要是教师,人人可参与观课,观课技能是自然形成的,无需培训,这是一种错误认识。如果评价者对课堂管理、师生关系、教学方法缺乏理论基础,对当前全面推进的素质教育理念,缺乏最基本的把握,评价者仍然以传统教育思想为指导,或用传统的思维定势去思考问题,那么在评析活动中便会出现偏差。如果评价者对记录要求不甚了解,就会产生随心所欲、主次不分的后果,势必造成评价有失公正,缺乏基本的原则。

在组织教学竞赛、研究型观课活动中,组织者对评价者群体进行短期培训是十分必要的。不仅要对课堂教学评估表的指标进行分析，找出相对统一的评判标准，而且要结合研究专题展开讨论，以便从纵深两方面去发现执教者的教学特长，以及形成此特长的理论基础。

三、观课方法

课堂教学中所产生的信息是大量的，它有着多元化的信息流和信息系统，这些信息采集越全面、越系统，便越能客观、公正地对课堂教学的方方面面做出评价。

（一）观察

首先是观察教师。《师说》中指出："师者，所以传道授业解惑也。"我们在观察任课教师时，应以"传道、授业、解惑"和帮助、培养、训练学生"学会学习"为准则，来衡量和评价教师课堂教学的方方面面。

观察内容相当广泛，由表及里，从表象到内涵、本质、素质都属于观察的内容，因为这些都是影响课堂教学的因素。具体的观察内容可分述如下：

1. 看教师上课精神是否饱满，教态是否自然、亲切、表情举止是否沉着自然，从容不迫。

2. 看教师板书设计是否工整、合理、有序，是否条理清楚，一目了然；教具准备是否充分，演示是否规范、熟练；能否充分利用已有现代化手段来辅助教学。

3. 观察执教者在从铺垫阶段到引入新课阶段是否有衔接点和快速迁移力，在新旧知识之间架设"认知桥梁"，把握新旧知识之间进行短距离、紧密型的迁移。

4. 观察执教者新课授课设计是否有较大的密度，在运用较好的教法，在最佳时域内突破重点，化解难点，同时要让学生有充分的参与教学活动的机会，即让学生有观察、动手、交流、思考、表现的机会，成为学习的主人。

5. 观察执教者在巩固阶段是否注意到"多层次"、"多角度"构思巩固练习的各种活动，以体现随堂因材施教的原则。

6. 观察执教者知识点、能力点和教育点是否准确、系统、全面，教学各环节是否恰如其分，丝丝入扣。

7. 观察学生课堂上精神面貌状况，课堂气氛是否活跃，主动参与程度，注意力集中状态，是否与教师的思路同向，能否举一反三，展开想象的翅膀，学生反应能力、理解能力、实际操作能力、创造性思维能力是否得到培养与训练，师生关系是否融洽，配合默契，双向多向反馈是否充分等等。

8. 观察教室设备、设施与环境布置等是否有利于形成良好的学习氛围。

（二）倾听

主要指倾听教师课堂语言和学生课堂语言。前苏联教育家苏霍姆林斯基指出："教师的语言修养在极大程度上决定着学生在课堂上的脑力劳动的效率。"特级教师于漪认为："教师的语言要善于激趣，巧于用智。要用新鲜、优美、风趣的语言步步引导、激发学生的求知兴趣，带领他们不断进入求知新境地。"

小学教师上课，尤其小学低年级教师上课，教师语言的规范性、示范性与模仿性尤为重要。如有表情地范读课文，模仿各种动物说话的腔调等，这样才能更好地达到入情入境的教学效果。

教师语言要力求达到科学性与艺术性的统一，教育性与审美性的统一，声情义与艺术性的统一。此外，还要注意音量大小、轻重、强弱、缓急的调节，语调抑扬顿挫，节奏与停顿、重音的使用要恰当，在导入、过渡、讲授、诱导、提问、评价、小结以及应变语言上都有不同的要求。

使用现代教育技术手段时，教师的语言要与屏幕上的声像、色彩、图像配合默契。

现代课堂教学强调学生大量参与，充分发挥其主体性。评价者要仔细倾听学生在朗读课文、回答问题、提出问题、交流、评议时语言的规范性、科学性，在独立思考、求异思维、创新思维上有何不同程度的表现。

（三）询问

询问包括询问教师和询问学生。为了在观课后作出更客观、公正的评价，向教师与学生作适当询问是必要的。上述发展性教师评价活动，评价者从任课教师备课工作开始就介入，已经较多地了解了任课教师的教学构想，了解了任课教师的许多相关信息，观课与评课中他们与任课教师处在友好、平等的关系，其真正的目的是促进教师的发展。目前我国中小学校开展的观课活动中，评价者往往对任课教师不甚了解，因此有必要作一些询问。

对教师的询问可在课前或课后进行。可由浅入深，由近及远，要以请教、求知、切磋、探讨的态度进行交谈，不宜用挑剔口吻，居高临下的姿态、监督审查的眼光来询问。

对学生的询问，其内容主要是听得怎么样？懂不懂？对一些关键内容或练习题提出一些问题让学生解答。如果发现听课对象有过多的"包装"或将已上过的课再上一遍,可以提出诸如"你回答的问题是否事先准备好的"等问题来了解。

(四) 核查

核查是指检查教师与学生的有关文字性材料。这是观课后的又一种辅助性方法。如果想要通过观课全面了解执教者的业务状况,显然较片面。这就要更多地了解、查看执教者的教案、教学计划、教学研究成果性文字材料等。另外,对学生作业、课堂笔记、作品也有必要给予不同程度的关注。如查看教师布置作业的数量与频率、针对性强弱、难度系数的高低、作业类型、方式的变化情况、批改方式方法的变化等。若有必要还可作问卷调查、口头测试等。

观课中多数教师主要通过观察和倾听两种方法来完成。如果观课对象是作为典范而上公开课或研究课的,那么从研究的需要出发,自然要从观察、倾听、询问和核查等方面多角度进行全面了解。

上述的方法是以各种教学信息的采集为基本特征的。下面介绍的是以思考与分析为基本特点的观课方法:

1. 进入"学生"角色观课

任课教师在课堂上授课的对象是学生,因此评价者要时时"下位"以学生的角度来观课。主要做法是:一要撇开自己的知识积累和能力影响;二要撇开自己思维层次和思维定势,在此基础上以"同龄人"的身份来观课,设身处地地从学生的角度,按学生的水平去观课。观课时,要多想想如果我是学生,这堂课懂不懂,学会了吗? 为什么学生很投入? 又为什么学生很沉闷? 这样的"移位"倾听,会使评价者更客观、更公正地参与下一步的评课活动。

2. 进入"教师"角色观课

评价者在观课时,还要在潜意识中进入执教者的角色。课堂教学中教师的主导作用如何,需要评价者"移位"思考,即将自己置身于"教"的情景中。主要做法是:其一根据执教者的构思和设计轨迹,想想对方下一步的教学行为是什么? 为什么? 如果不是这样,是什么原因? 其二是倘若自己是执教者会怎么做? 是比对方更好一些,还是比对方差? 为什么? 当然这种思考的时间是短暂的,有时可以在记录本上快速作些点评,待这堂课结束后再回忆。

进入教师角色应避免两种心态:一是要确立没有绝对完美的课堂的心态,不要带着"审判者"的角色去挑剔这堂课的种种毛病,要在"移位"思考中去真心发现执教者的成功之处;二是不要碍于情面而降低评价标准,以同情之心去看待不应当出现的失误。

3. 进入"指导者"的角色

如果评价者是校长、教导主任或教研员,你必须以指导者身份来观课。主要做法是:一要有备而来,要备心理、备学识、备教材,只有熟悉教学,才能更科学地参与评课;二要从当前教改发展趋势的要求和现代教学理念的高度来观课,以敏锐的眼光、全新的思维,发现优点,指出缺点。

4. 进入"管理者"角色

校长观课的身份不仅是教师,还有其管理者的身份。校长承担着对教师教学作指导、检查、监督、评估的职责,某堂课存在的问题,是否仅仅是个性,有普遍存在的可能性吗?某些教师良好的教学方法是否值得大力推广?这些都可以在观课时有所思、有所想。

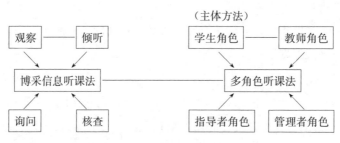

图 4.1 观课方法示意图

四、观课分类

(一) 一般性观课

一般性观课主要指一般性了解情况的随机性观课,这种观课一般没有明确指向,以了解教师课堂教学一般状况,从中获得综合性信息为目的。教师之间为了相互切磋,相互学习可以经常性开展一般性听课;校长为了了解近期内教师学生的状况,也可安排一般性听课。

(二) 检查性观课

检查性观课有明确指向,是指根据上级或学校的规范化、专项性要求为评价标准,将评价标准和课堂教学实际状况进行对照、分析,然后作出综合评估。校长进行检查性观课,可采取两种方式进入课堂,一是事先通知(一般提前 1—2 天)上课教师,二是事前不通知任课教师,但检查性观课应尽量做到和任课教师交换意见,在总结优缺点的基础上,制定改进措施。

（三）总结经验性观课

总结经验性观课是指以总结提升优秀教师、特长教师的课堂教学风格为目的的观课。做法是首先选好观课对象,其次要根据需要,构思观课方案,要有明确的意向进入课堂,再次要有若干人共同观课,以便通过分工详细观察整堂课的全过程。这样在总结时也便于集思广益,作出较科学的总结。

（四）研究性观课

研究性观课要与专题或课题研究相结合,使观课活动成为课题研究的重要实践环节。这种观课要长计划,短安排,要在整个课题研究进展中,安排若干次目标明确的实验性、探索性研究课。这种观课最好采用现代化手段,如录像、录音等,以便课后可以详细分序分段进行深入研究。

（五）培训式观课

培训式观课一般是指对新上岗的青年教师的观课。它是以课堂教学基本功和常规为评价指标,通过观课全面了解青年教师的课堂教学状况,重点进行教学一般规范的培训与指导。有的青年教师参加市、区级教师教学竞赛,也要事先进行目标定向式的指导和培训式观课。

表 4.1　观课记录及听课评价表

学校		学科		班级		执教者	
日期		课型				评价者	
评价类型		综合	专题:结构设计、方法选择、学法指导、板书设计与教学手段				
教学环节		教学过程记录				评析	
总体评析:							

思考题

1. 观课的方法往往被人忽视，以为无需作出技能准备。本节所提供的观课方法，对你听课是否有较大的帮助？

2. "多角色观课法"还可以在哪些方面进行深入研究？

第四节　观课笔记

观课是一种艺术，要将观察、聆听与思考结合起来，通过适当记录为评课作准备。有了记录后教师就可以作整理、归纳，作反思，提出意见，作出评价。观课有较详略的记录，可以防止因时间过长而印象淡忘，难以具体分析评估的后果。

除了上述评价者个人进入教室后，所要采取的包括记录在内的观课步骤外，我们还可以从科学的、艺术的角度探讨观课笔记的方法问题。

一、观课笔记的方法

（一）详略处理

一堂课的内容不可能完全记录在案，只能靠录音或录像的办法解决，但尽可能全面准确地作记录还是可以做到的。在详略处理上，首先要明确哪些内容要尽可能详记，详记的内容主要指教师教学的步骤，如教师的陈述、解释、演绎、推理的核心内容和要点；导入新课、环节的转换，师生的活动不仅要记教师的问、导、衔接语，还要将学生的情绪、神态状况也记录在案。简要记录的内容是指与本课教学重点、难点相关不大的教学过程，教师授课中重复或啰嗦的语言则用符号代替，以便在评析中指出。

另外，详记什么内容还可以根据评价者承担评析的任务而定，根据专题研究的需要来确定。

（二）符号替代

课堂教学中产生的信息是大量的，有的与教学直接相关；有的则间接相关；有的难以及时记录下来，而评价者认为有一定价值的则可用符号表示。如教师的板书、指图、演示中某一环节站立的位置不妥、动作不妥、巡视学生课堂练习时不到位，都可以用箭头或图形作标记。再如任课教师教学中精彩的片断或思路混乱、教学行为处理不妥的表现也可用自定的符号标记,以便课后回记或与任课教师直接交换意见。

（三）加备注

"备注"是指对教师语言表达以外的,有价值的内容予以记载。一种是观课过程中,师生交往的状况。如学生提问、答题的情景;另一种是指时间与人次,如学生活动的人次,提出问题、回答问题的人次等。

二、观课笔记的内容

观课记录包括两大内容:一是教学实录。评价者将课堂教学中师生活动的主要信息作客观、全面的记载。二是对执教者的教学活动作随堂点评。

按照一堂课的进程,观课记录可分为如下十项:

（一）记概况

记本节课的章节题目、听课时间、地点、班级,记执教者姓名、单位,记本节课的类型、公开课的性质等。

（二）记过程

记本节课的教学各环节。包括组织教学、引入新课、新课传授的阶段、层次与方法,课堂师生活动的安排,习题与作业布置等。

（三）记衔接

重点记录环节与环节之间、知识点与知识点之间的衔接、过渡与转折的语言,记知识点的延伸和思维发展、训练的过程安排等。

（四）记时间

记录主要教学环节的时间分配,学生上台演练的时间,学生交流讨论或做练习的时间等。时间分配合理与否和课堂教学效果有很大的关系。

（五）记备注

记教师课堂语言以外的教学行为、状况,记学生各种学习活动的频率等。

（六）记点评

在观课过程中,评价者对程序安排、结构设计、重点的突破、难点的化解、教法与学法的关联性、学生的反馈状况等都可以在记录本的右侧栏内及时点评。点评的语言要精辟、精要,点出正误、优劣。评价者个人的看法与建议也可在点评中写出。

(七) 记板书

执教者的板书，一般采用逐步呈现的方法写在黑板上，一堂课结束时，一个完整的板书也就出来了。板书内容一般具有较强的逻辑性、结构性与系统性。评价者记下板书内容，有利于对课的程序、结构作更全面的分析。

(八) 记思想

主要指教学方法的科学性、艺术性、教学全过程思路的流畅性，教师主导作用和学生主体作用的呈现状态等。

(九) 记特色

教学特色是执教者个性的表现。课堂教学特色表现在教学模式的创新、教学方法的创新、学生思维训练的创新、独具风格的情感教态、幽默的语言、巧妙的应答、娴熟的教学技艺等。评价者若有较丰富的教学经验和学识水平，执教者的教学特色就不难被发现，评课中自然能得到进一步的探究。

(十) 记总评

总评是指评价者对执教者作总体评价，评价中要充分肯定成功的一面，也要有针对性地提出存在的不足和值得进一步推敲的地方。总评内容包括教材的处理、教学整体思路、教学重点难点关键点、结构设计、教学手段的运用、教学基本功等各方面。当然总评记录不可能包含以上的各个方面，以 1—2 个方面为侧重点，其他方面略写。更具体的内容宜在评课活动时交流。

附:观课记录范例

例一与例二选自《发展性教师评价制度》王斌华著 P193—197，例一与例二系英国中小学历史课与跨学科课程的观课记录。这两份记录的特点是：1.详细记录了教师的关键性教学行为和学生的组织活动；2.十分注意记录教学时的场景和学生的学习氛围；3.不完全把教师的课堂语言记录下来，但教师的指导性语言和课堂结构转换时的语言却记录较详细。

例一　　中学课堂观课的记录

一、授课计划

年级:七年级

教师姓名:A 女士

科目:历史

（一）上节课的教学内容

罗马入侵:罗马军队的结构、武器装备、防御工事、筑路。

（二）本节课的授课计划

教研组已经向博物馆借到一批展品,包括家庭器具和农业工具的复制品,还有地图、图片和其他复制品。

介绍:观看有关罗马—不列颠别墅和意大利别墅的图片。请同学们通过比较,发现两者的异同。提醒同学从气候的角度出发,设想一下服饰、食物等方面的差异。

向学生讲解故事的第二部分:在2世纪时,一个英国俘虏在罗马的遭遇。

问卷回答问题:辨认人工制品,说出他们的用途和构造。

书面作业(回家完成):画出并书面介绍罗马式火炕供暖系统、镶嵌式人行道和其他三种人工制品。

二、课堂观课记录

从博物馆借来的展品被摆放在不同的桌子上。学生走进教室时,有些好奇地打量着我(评价者),但是,绝大多数学生急于观看展品。A女士站在门边,招呼学生坐到自己的座位上。然后,A女士按照自己的授课计划开始上课。

学生们全部安静下来了。A女士在上新课以前,向学生提了几个问题,复习一下前一次上课的内容。随后,A女士继续向学生说道:"在这堂课里,我希望你们都成为侦探。这是考古学家经常扮演的角色。当考古学家从地底下挖掘出东西时,他们也许从未见到过这些东西。他们必须弄清楚那是什么玩意儿,甚至弄清楚哪些人使用过这些玩意儿。这就是你们应该做的事情。"A女士又向学生们出示了有关罗马帝国和英国的地图和图片。根据这些地图和图片,A女士向学生提出了几个有关两个国家不同生活方式的问题。

大多数学生反应积极,急于显示自己的知识。有几位学生似乎在开小差。为了将他们的注意力吸引过来,A女士不露声色地向他们提出了几个简单的问题。

A女士在结束这项活动之前,将学生的看法进行了归纳。接着A女士向学生讲了一段自编的故事。这是一个关于英国奴隶的男孩在罗马帝国历险的故事。全体学生被这个故事深深地吸引住了,连原先开小差的学生也听得津津有味。

于是,A女士将学生分成四个小组,安排各个小组观看不同桌子上的展品。

绝大多数学生遵守纪律,但是,个别学生吵吵闹闹地争抢着位置。A女士看到这番情景,提醒大家爱护展品。每两位学生结为一对,发一张问卷。有一位男生手里拿着展览的古代犁头,扮演成小丑的模样。其他小组的学生试图制止他的行为。A女士走了过去,请那位男生介绍一下古代犁头的制作方法。男生作了正确的回答。活动又继续进行下去。

喧闹声越来越大,但是学生们听从A女士的要求,按照顺序观看每一个桌子上的展品。评价者随着一个小组观察展品。A女士忙于照料其他三个小组。学生们依次观看了四个桌子上的展品,然后回到自己的座位上回答问卷上的题目。许多学生很快答完了问卷。A女士将答卷收了上来,说道:"现在,我想利用上课最后十分钟时间,看一看你们到底学到了多少知识。刚才,我在黑板上写了三个题目,大家可以选择其中的一个题目回答一下。"

当学生们书面解答黑板上的题目时,A女士把几个困难学生叫到一张桌子边上。她向这些学生介绍这些展品,并且回答这些学生提出的各种问题。下课的铃声响了,A女士请学生下课,把没有完成的课堂作业带回家去做。

例二　　小学课堂观课的记录

[说明:×××小学是一所城市小学,共两个年级。学校管理良好,走廊里和教室内的布置引人注目。评价者将去观课的教室同样引人注目。C先生是一位具有三年教龄的教师,担任这个班级的教学工作已经第二个年头。全班27个学生,其中6个少数民族学生,4个来自巴基斯坦,2个来自加勒比海地区。学生们比较吵闹,但是总的来说,与教师配合得不错。有一个叫吉米的学生例外,他总是破坏课堂秩序。在学生的评价报告中,已经提到这个问题。学校安排了两次时间对C先生进行课堂观课。这是第一次课堂观课的记录。]

一、授课计划

教师:C先生

年级:五年级

课程:跨学科课程(科学、艺术、语言)

这是一堂观察课。我们将使用显微镜和放大镜。一方面,帮助学生进行具体的观察,另一方面,教会学生如何使用这些仪器。我也希望学生更多地了解色彩。

在上一堂课，我运用了棱镜，谈论了前一天早上看到的彩虹。

为了鼓励学生的观察能力，我将要求学生进行绘画，同时学习一些新的词汇，使得学生能够运用这些词汇描述他们所观察到的东西。

1. 介绍：保养和使用显微镜；水果和蔬菜的名称。

2. 口头作业：要求学生解释他们正在观察的东西。

3. 活动一：使用肉眼和显微镜进行观察，并进行对比。

4. 语言作业（口头）：描述水果和蔬菜。

5. 语言作业（词汇）：学习黑板上的重要词汇。

6. 活动二：画水果，并在图画下面注上水果的名称。

下一堂课，我们将继续学习水果和蔬菜各个部位的名称，要求学生对水果和蔬菜进行描述性的或富有想象力的写作。

二、课堂观课记录

C先生（评价对象）和我（评价者）在教室里等待学生们晨练后回到教室。C先生已经准备了画纸、颜料、画笔、水罐以及各种各样的水果。有的水果一分为四，有的水果切成片。他还从理科储藏室取来了一批放大镜。

学生走进教室的时候，争先恐后地打探这堂课的内容。C先生鼓掌请学生安静下来。接着，他请学生坐下来。学生吉米迟到了，C先生和全班学生等他坐到座位上安静下来后，才开始上课。

C先生告诉学生："这是一堂观察课。谁能告诉我什么是观察课？"有几位学生举手发言，其他学生很快就明白观察课的任务了。C先生继续对学生说道："今天上午，我们将仔细观察桌子上的水果。首先，你们应该用你们的肉眼进行观察，然后，你们通过放大镜进行观察。"他请两位学生站起来，按照教师的要求，向其他学生演示了放大镜的使用方法和保护方法。

C先生对学生说："你们每两位组成一对。在你们仔细观察的时候，一位学生把用肉眼观察到的景象画出来，另一位把用放大镜观察到的景象画出来。你们应该认真观察，注意每一个细微处。×××女士（评价者）今天也来了，她想亲自看看你们干得怎样。"

C先生首先把各种水果展示给学生看，告诉学生各种水果的名称。他把有些水果的名称写在黑板上。有一位来自印度的女学生，说英语时带着口音，其他学生都"咯咯"地笑了起来。这位女学生也笑了起来，她害羞地用双手捂住脸，但是，她过了一会儿对C先生说："C先生，我再也不这样说话了。"C先生帮助这位女学生矫正这些水果的发音，直到发音完全准确为止。

学生们相互比较着他们观察的水果。喧闹声逐渐大了起来。C先生请大家安静下来："我还没有告诉你们该做什么，等你们静下来我再告诉你们。"学生放下手中的水果，看着C先生，安静下来。C先生等待几个捣蛋学生安静下来，其中包括那个一贯破坏课堂秩序的吉米。

C先生问学生："现在请你们告诉我，我究竟要你们观察什么？"学生们七嘴八舌地争着回答说：水果的颜色、水果的质地、水果的污损、水果籽的构造、水果的形状等等。C先生把几个主要的词汇写在黑板上，进一步提了几个问题。好几位学生问C先生，他们是否可以吃这些水果。C先生笑着回答："我想谁也不会喜欢吃生的柠檬吧！不过你们可以触摸这些水果，这有助于你们把它们画下来。下课以后，我想请你们尝尝一种你们从来没有见过的水果。"全班学生哄堂大笑起来。

几位学生拿起了笔。C先生说道："不要马上动手画画，先花点时间观察一下。将你们用肉眼观察到的东西与你们用放大镜观察到的东西比较一下。"学生们遵照C先生的要求干了起来。喧闹声逐渐大了起来。这是正常的喧闹声，课堂秩序并不显得混乱。C先生关心着每一组学生，鼓励他们。我（评价者）也是如此。

突然，有人哭叫起来，"C先生请过来，吉米不让我进行观察。为什么让他做我的搭档？"吉米露齿笑出声来，做了一个动作，否定了他人的告状。C先生用手将吉米拉到另一张空余的桌子边上，给了他一个放大镜和一半苹果。C先生花了几分钟时间与吉米呆在一起，让他注意仔细观察星状的苹果核。

C先生请学生们放下手中的放大镜。他挑选几位学生描述观察到的景象，问了几个有关苹果颜色和质地的问题。然后学生们开始进行画画。C先生提醒学生注意色谱的知识以及配色的方法。他告诉学生离下课还剩余多少时间。他在课堂内到处走动，鼓励学生，有时候向学生提出几个问题。

突然，课堂里又出现一阵骚动，吉米把颜料甩到了其他学生的身上。C先生把吉米的颜料收了起来，换给他一盒过去使用的蜡笔。C先生站在吉米的身边注视着他的举动。学生们都在埋头画画，C先生偶尔走过去给予他们一些必要的帮助。

还有三分钟就要下课。C先生请学生停止画画，将完成的作品和没有完成的作品收起来,请两位自告奋勇的女学生负责清理教室。下课以后,几位学生要求尝尝外国水果的奇异风味,然后做了一番鬼脸跑开了。

思考题

1. 观课记录应看成教学实践研究中最原始的真实素材。以上观课记录的一些技巧,对于研究性听课活动有什么重要意义?

2. 如果将观课时的详细记录再作些修改,这对执教者与评价者开展进一步研究具有什么价值?

第五节 校长怎样观课

学校以教学为中心,抓好教学工作是校长的本分工作。校长抓教学不能只停留在教学管理这一层面上,要深入课堂,每学期安排一定的时间听教师的课。苏霍姆林斯基说:"只有日复一日地深入到教育和教学过程的精细微妙之处,只有不断地发现塑造人的灵魂这门艺术的新境界,你才能成为真正的领导者。"倘若一名校长长期不观课,那么就难以对本校课堂教学的现状作客观性评价,这也势必影响校长实施教学改革的主动权与发言权。

校长怎样观课?主要内容介绍如下:

一、确定观课的目的和计划

校长要把观课纳入自己的日常工作计划之中,不仅要确定开学初、期中和复习阶段的观课日程,而且要参与学校教导处、科研室安排的重大教学研究活动、课题研究活动。有的校长还亲自主持区级、校级课题研究,其中就有着大量的观课评课任务。

校长的观课目的大致有如下几种:

(一)了解本学期教师教学的基本情况,以全面掌握学校教学发展态势,从中获得第一手教学信息。

(二)总结研究教学经验,分析、探究带倾向性的问题。

(三)指导和帮助青年教师熟悉教学业务,提高教学能力,和学校骨干教师一起探索培养青年教师的基本规律和最佳途径。

（四）组织教学骨干教师并邀请区教研室教研员参加，对本校教学经验丰富、教有成效、有独特教学风格的教师作专题研究，跟踪观课，总结经验积极推广。

二、观课类型

校长要根据不同的观课目的确定不同的观课类型。

（一）了解检查型观课

这类观课是经常性的、随机的，一般不必过早通知任课教师，但事后要和任课教师作适当反馈；如果作深层次的探讨，发现有比较突出的倾向性问题时，不宜很快作出结论，要进一步了解情况并和教学骨干共同研究后，再和任课教师交流。

（二）研究实验型观课

研究实验型课一般要与课题研究相结合，要有长计划、短安排，要为承担研究任务的教师创造良好条件，尊重其创造性劳动。

（三）示范型观课

示范型观课具有很强的导向性。校长在此类观课活动中要充分把握当前教师的发展趋势，将先进的教学模式、教学策略引进示范课之中，以便帮助青年教师掌握现代课堂教学的基本功。

（四）跟踪专题型观课

这类观课是以推广某位教师的教学经验而安排的。某位教师的经验是否具有推广价值？怎样推广？事前要作认真研究和慎重考虑。一旦确定之后，还需要和教学研究部门的人员一起制订一套跟踪观课的计划，以便总结出具有该教师教学风格的教学经验。

三、校长观课记录的一般要求

校长观课时，要注意观察教师在教学内容、教学方法、教学语言、教学组织、教态和板书等方面的科学性，要看学生听课的情绪的稳定性和思维的活跃性，要通过观察、记录等手段及时测试一下教学的应急效果和教学目的的达成度。除了完成上述观课记录的基本要求外，还要在课后抽查一下学生的随堂作业、回家作业，以便分析学生对教学内容的理解程度和教学质量状况。当然也可以召集部分学生座谈,了解观课效果。

思考题

1. 校长观课的目的有哪些?

2. 校长的观课计划怎样和学校教学科研计划相配套?

第五章 评 课

评课是用教学理论评价教学实践,用教学目标评价教学过程。评课活动主要解决这样教好不好、为什么、该怎么教、为什么这样教等问题,共同为授课教师提高理论层次,发扬长处和优势,克服缺点,从而达到提高水平、改进教学的目的。因此,评课既不要就事论事谈现象、谈细小枝节问题,也不要脱离实践谈理论。评课教师要善于分析,从现象看本质规律,为授课教师课堂教学导向指航。

评课是一种评价、评估,有科学的评判标准;当评课以口头形式来表达时又是一种艺术,是说理、说服的艺术。

第一节 评课的意义

评课是一种课堂教学评价。它对课堂教学成败得失及其原因作切实中肯的分析和评估,并且从教育理论的高度对课堂上的教育行为作出正确的解释。可见,评课是教学活动的重要环节,从学校教育教学的实际情况看,评课的意义主要有如下几方面。

一、评课是提高学校教育质量的重要保证

教学工作是学校教育工作的核心,它产生的教育作用最全面、最深刻、最系统,占用的时间也最多。开展评课活动是加强教学过程管理与监控的重要抓手。评课从设置教学目标入手,并以此为依据,对教学全过程和教学效果进行评估,无论用什么方法进行评估,对任课教师都会起到不同程度的促进作用,都会提升教学效果。

课堂教学过程一般是一位教师与几十位学生之间的教学交往活动,若不介入第三

方的评价者,就难以深层次地发现教与学过程的成败。观课和评课能促进教学的快速反馈——矫正,使教学组织各环节较好地实现良性循环。

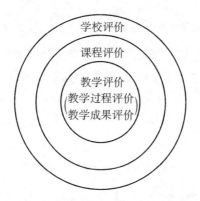

图5.1　教学评价与教育评价的关系

二、评课是完善教学系统的重要环节

教师的备课——说课——上课,是从计划到实施、从"蓝图"到"施工"的过程,这个过程若没有评价介入,就不能说是一个完整的系统。

钟启泉教授在《教育与评价》专论中指出:"评价是查明已形成和已组织的学习经验在实际上带来多少预期结果的过程;同时,评价过程总是包括着鉴别计划的长处和短处。这有助于检核已组织和已编制的教学计划的基本假设的效度;同时也检核了特定的手段——也就是教师和用于实施教学计划的其他条件——的有效性。"在某种意义上说,教学评价是教学过程的结束,也是新一轮教学过程的起始。

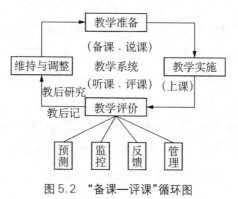

图5.2　"备课—评课"循环图

三、评课是推动教师教学活动"升格"、"增值"的重要手段

评课的最终目的不是给某堂课作量化评级或作定性的评判,更重要的是使教学活动趋向理性化、科学化,以达到"增值"的目的。通过评课活动,教师和学生都可以得到反馈信息,从而有效地调整教与学的活动,促使教学目标得到最大化实现。评课使学校教学工作的改革决策有了可靠的依据,便于学校行政领导出台更有实践依据的教学改革举措。

思考题

1. 在开展校本研修的背景下的评课,其意义将会更加丰富而深远,你认为评课对教师团队的专业共同成长有何重要作用?

2. 评课活动和整个教学活动之间存在着怎样的关系?

第二节　评课的原则

课堂教学评价是教师评价制度与体系中重要的环节,课堂教学评价也是学校管理活动中不可缺少的组成部分。目前绝大多数中小学将教师的课堂教学评价作为学校管理的一种手段,定期地对教师的课堂教学实施某种形式的评价。

一、确立发展性教师课堂教学评价的理念

长期以来,学校管理者往往注重结果性评价,而忽视过程性评价;将学生成绩作为对教师评价的主要标准,忽视教师课堂教学过程的评价;以"面向过去"的"结果"(此结果也许是暂时性的)作为奖惩的标准,而忽视"面向未来"的"发展"(此发展不仅包括教师的发展,也包括学校未来的发展)的激励、导向性评价。

现在各中小学开展观课、评课的面较广,由于评价标准难以统一,加上评价者类型不一、层次不同,各人把握的标准也难以统一,因此评课的结果就较难纳入教师评价的系列制度之中。这样观课、评课的作用就大为削弱。

《发展性教师评价制度》一书中介绍了英国中小学发展性教师评价制度的本质和特征：

发展性教师评价制度是一种新型的、面向未来的教师评价制度。它不仅注重教师个人的工作表现，而且更加注重教师的未来发展和学校的未来发展。在实施发展性教师评价制度的过程中，让教师充分了解学校对他们的期望，培养他们具有主人翁精神。它根据教师的工作表现，确定教师的个人发展需要，制定教师个人发展目标，向教师提供日后培训或自我发展的机会，提高教师履行工作职责的能力，从而促进学校的未来发展。

发展性教师评价模式的主要特征：

- 学校领导注重教师的未来发展。
- 强调教师评价的真实性和准确性。
- 注重教师的个人价值、伦理价值和专业价值。
- 实施同事之间的教师评价。
- 由评价者与评价对象配对，促进评价对象的未来发展。
- 发挥全体教师的积极性。
- 提高全体教师的参与意识和积极性。
- 扩大交流渠道。
- 制定评价者和评价对象认可的评价计划，由评价双方共同承担实现发展目标的职责。
- 注重长期的发展目标。[1]

观课活动是教师教学过程评价的重要抓手。评价不仅要有鉴定功能，还应有激励功能和发展功能。

借鉴英国中小学教师评价制度，我们的发展性教师课堂教学评价的理念，可从如下几点加以认识：

1. 发展性教师评价能促进教师需求和学校需求的融合，促进教师心态与学校氛围的融合，促进教师现实表现与学校未来发展的融合。

---

[1] 引自王斌华著：《发展性教师评价制度》，上海：华东师范大学出版社，1998年10月第一版，第114—129页。

2. 为使教学评价能真正促进教师的发展,使课堂教学的实效真正体现在学生身上,必须建立评教评学的联动机制。可以通过座谈会、问卷调查、测试等办法,让学生结合自己的学习对教师的上课作评价,这种评价既有客观性又带有一定的片面性。学生主要是从个体的学习角度评定教学,缺乏对教学目标、教学内容与教学方法的总体了解,他们的学习方法、学习成绩甚至师生关系都可能成为对教师评价的影响因素。因此,学生评定应与其他评定相对照。学生评定的内容可参见下表(引自施良方、崔允漷主编:《教学理论:课堂教学的原理、策略与研究》,上海:华东师范大学出版社,1999年11月第一版,第356—357页)。

表 5.1　课程教学学生评定因素和项目举例

> 1. 教学的组织、结构或清晰程度
>   - 教材的讲述很有条理
>   - 教师对每一堂课都充分备课
>   - 课堂上的时间能得到很好的利用
>   - 教材组织得很好
>   - 讲课教师清楚地说明需要学的内容
>   - 宣布的教学目标和实际的教学内容相当一致
> 2. 教师与学生的交流或人际关系
>   - 教师能随时和学生讨论问题
>   - 教师知道学生何时不懂所学内容
>   - 学生遇到困难时,教师能积极帮助
>   - 教师关心学生是否学懂这门课
> 3. 教学技巧、表达和讲课能力
>   - 教师用举例方式来讲清内容
>   - 教师讲话学生听得见,声音清楚
>   - 教师对讲授内容阐述清楚
>   - 教师能总结(或强调)讲课(或讨论)中的重点
> 4. 总评定
>   - 这位讲课教师的教学工作属于:(优到差)
>   - 课程的总价值是:(优到差)
>   - 这位教师讲课的总的质量是:(优到差)

评定等级可分"非常赞成"、"同意"、"一般"、"不同意"和"反对"等五项。

3. 既然评课的目的是促进教师的发展,那么评价的指标就要因人而异、因类型而异。现在通用的课堂教学评价表包括目标、过程、方法、基本功与效果五大类十几项指标。如果每次评课都用它就显得十分麻烦。"家常课"用这种"表"来评估,评价者若都严格按照指标打分,那么许多人得分是偏低的。只要不是鉴定式的观课评课,可采用

集体讨论式评课与书面评议式评课相结合的办法,集体讨论式评课能集思广益,吸取各方意见,书面评议式评课可让评价者有更多的时间深思熟虑,避免拘于情面不说真话的情况发生。

4. 公开课、观摩课不宜在准备阶段反复"操练",也不宜过多地"参谋"介入和左右执教者的备课活动,否则此类公开课就会掺假失真,不利于任课教师的自身发展。

二、评课的原则

评价者应以课堂素质教育的目标为指导,以促进教师自身发展为宗旨。结合当前中小学评课中存在的问题和评课的需要,评价者在评课时应遵循如下几个基本原则。

(一) 实事求是原则

实事求是是指评课时应以课堂教学的真实情况为依据,以科学的理论作指导,客观公正地对执教者作出评价。

实事求是原则要求评价者在评价时既要坦诚又要中肯,成绩说够,缺点说透。对执教者的教学优势、教学创新之处要深入剖析,帮助执教者找出教学优势的过程表现、脉络结构以及教育效果;对执教者的不足之处要指出原因,寻找克服不足的方法。

(二) 激励性原则

激励即激发鼓励。评价者充分肯定执教者的成功之处,能使执教者产生愉悦感。评价者科学的艺术性评价能激发教师继续钻研教材,研究教学,努力克服自己的不足。评价者应用激励导向原则,做到观一堂课促进多堂课,观一人课激励一批人。

评课时不论是教师还是学校领导都要把握好这个原则。具体的方法是:目标激励——以执教者成功之处为基点,指出今后提高的方向或研究方向;闪光点激励——对执教者在教学中的某一环节、某些教学行为的独到之处、创新之处,要充分给予肯定;榜样激励——应用教师群体中教学有成效者的各种成功的教学经验,作为评价的"参照物",激励大家学习教学典型;条件激励——评价者本着互相帮助、共同提高的宗旨,主动为执教者提供教学参考资料、提供各种信息资源。

(三) 差异性原则

被评课的教师情况不同,课堂类型不同,开课的目的不同,评课的侧重点也应有所不同。不能用统一的标准去评价所有的课。到底怎样的一堂课才是标准的符合素质教育的课?恐怕谁也说不太明确,因为大家都在探索,何况不同类型的课又有不同的要求。教龄在 1—2 年的青年教师开课，在评课时就只能用课堂教学的基本要求作为评价标准；如以研究一种新的教学方法的运用为目的的公开课，就要以是否掌握和灵活应用、是否应用得法作为评价主要指标，而其他方面的评价，则可以适当降低标准。

（四）兼顾整体原则

一堂课是一个完整的教学过程。评价者在评析时应以完整的教学目标与教学全过程作对照，对全局要有总体认识，然后在此基础上对教学的局部或教学某一主线作出整体与局部的关联性评价。要科学地处理点与面、局部与整体的关系。对执教者的评价也要以一堂课状况与平时多堂课状况联系起来综合考虑，尽量避免仅凭一两节课就给执教者的教学水平下结论的片面做法。

（五）导向性原则

观课评课应确立发展性教师评价的思想，评析"现在"面向"未来"，以最终调动教师的积极性为根本宗旨。常规的检查性评课活动，要以教学常规性要求基准来评价，研究性听课评课活动，要以课题研究目标为导向开展评课活动。整个观课评课活动要纳入学校整体办学目标的运行轨道之中，充分发挥教师评价的导向功能。

思考题

1. 发展性教师课堂教学评价是很新颖的概念，引入学校评价系列是否具有很强的现实意义？

2. 正确把握评课原则对提高评课活动的效益有什么重要意义？

第三节　评课的形式

由于观课评课的组织规模不同，目的不同，执教者的水平又各异，评课形式也应多样化。

一、个别交谈式评析

观课活动结束之后，评价者应当尽快给予执教者反馈，这一点极为重要。实践证明,用个别交谈式评析效果最佳,这是因为集体讨论式评析容易造成从众心理、表面化。在观课人数较少情况下更应采取这种形式。

个别交谈式评析有很多优点。其一,双方朋友式的平等交谈使得气氛宽松和谐,双方开诚布公地交换意见,能够深层次地研讨课堂教学中的许多问题。其二,因为时间安排比较充足,没有众人在场,双方交谈沟通的机会很多。它既可避免评价者因没有全面了解情况而造成的评价偏颇,又可以倾听执教者解释、反思教学的全过程,从而达到双方互助共进的预想效果。

采用个别交谈式评析应尽量注意如下几点:

● 评价者与执教者的交谈应安排在安静的办公室或会议室,两张椅子放在一起,呈30度左右角度。这样执教者与评价者都可以看到对方的观课记录和教案,产生亲近感。评价者此时应表现出高兴、轻松和积极的神态。

开始交谈时,评价者不要急于发表意见,最好先让执教者有足够的时间表达自己的感受和体会,让执教者先作自我评价,谈谈自己的优点和存在的问题,解释组织教学中学生的各种反应。这样做能较快地消除执教者的紧张心情。此时评价者应该仔细聆听对方的发言,作适当的记录。在聆听中作出思考与判断,分析对方可能对听课记录会作出如何反应,调整反馈的内容和语言表达方式。

● 在反馈评价信息时,评价者应引导对方一起回顾上课时的情景过程。评价中的事实、过程要求实求真,评语与建议要中肯。评价过程中可适当用实例加以说明。

● 要允许执教者对评语与建议提出意见,发表不同的看法。双方可共同回忆课堂上的某些情景,探讨某些教学行为的合理性或不妥之处。

● 评析过程中应当做到双方共同认可,达成共识。如果能达到这样的要求,这对执教者来说将获益匪浅,因为执教者可能获得了长期以来未曾明白的真知灼见,可能清醒地看到已经成为习惯的毛病。

二、集中讨论式评析

目前各中小学公开课、观摩课或教学竞赛活动的评课大多采用这种集中讨论式评析。

(一) 区(县)级教研活动中集中讨论式评析

这类评课活动一般由教育行政部门或教学研究部门作总体安排,由学科教研员具体操作。第一步,由执教者作 10—15 分钟的说课,介绍自己的教学设计方案,谈教材处理、课程结构、教法的选择以及理论依据等。第二步,评价者根据会议主持者的要求、观课中的记录以及执教者的介绍,发表各自看法,并进行讨论。第三步,由教研员或领导综合众人意见,对公开课作出一个基本的评价。有时在第一步之后或之前,由教研员介绍有关这次观课评课活动背景性内容或指出活动的目的意义等。

这类大型的集中讨论式评析应注意如下几点:

● 主持者要善于把握全局,善于启发、引导、归纳,努力营造和谐、轻松的学术性研讨氛围。

● 主持者在众人发言时要引导大家围绕主题和中心,开展探讨时少作定性式结论。注意营造一种学术争鸣式的研究气氛,允许评价者发表有争议性意见或独特的创见。

● 为了使集中评课达到较好的效果,主持者事前应适当对执教者作出暗示,使其以健康的心态、求知探究的心理参与评课活动;也可以事前安排几位评价者作中心发言,但不宜作出某种制约或超越规范的要求。

(二) 学校集中讨论式评析

学校集中讨论式评析,视规模大小,可分别由校长、教导主任或教研组长主持会议。若由教研组长或教导主任主持,则校长应以学校中的普通一员参加评析会议。

学校集中讨论式评析的程序,大体上与区(县)级集中讨论式评析一样。但对评价者中的同学科同年级的教师,应当提出更高要求,要让这些教师在评析活动中起主导作用。

三、书面评议式评析

个别交谈式评析与集中讨论式评析最大的优点是反馈及时。集中讨论式评析尽管能集思广益,但因时间短暂,探讨的教学问题可能不够深透。而书面评议式评析则可让评价者有充分的时间,用可靠的理论作指导,结合自己的教学经验写出较有质量的评析意见。

组织者安排书面评议活动时应注意如下几点:

● 要提出具体的操作要求;如有表格式评析表、问答式评价题,应按时收回。

● 要从教学研究的角度,对参加评价的教师提出诸如"要有理有据、客观公正"等要求;要对有真知灼见、有创新建议且行之有效的评价者给予表扬激励。

思考题

1. 请你参加一次本书所倡导的个别交谈式评析活动,谈谈你的体会。

2. 书面评议式评课有其特殊的价值,请你实践一次。

第四节　评课的方法

课堂教学既有科学性又有艺术性。一堂课中教师教的行为与学生学的行为是大量的、系统的,评价者要综合课堂教学中的各种信息,运用相对统一的、稳定的评价标准作出判断是很不容易的。想较好地评价一堂课,评价者要采用相对科学的评价方法。

根据发展性教师评价制度的思想和教学评价的基本原则,现将几种主要方法介绍如下。

一、常规性评课方法

(一) 分析性评价法

评课、分析课一般有如下两种方法:

1. 以局部的好或差为果,对照"评课标准"探源寻根,对具体表现作具体分析,归纳优点、缺点,尔后探究"为什么"或"该怎样"。运用这种评价法进行评议,具体明确,教师易于理解接受,但缺乏整体感,重点不突出,不能概括出整节课的特征。作为平时一般性的观课,这样分析还是可行的。

2. 以整体的成或败为果,探源寻因——从完成教学目的,评价教学效果出发,衡量整节课成败与否,由果追因。分析教学目的是否明确、是否从属并服务于单元的、学科的教学目的,所有教学环节、手段、方法是否都围绕这一目的进行,推动这一目的的落实。从现象到本质、从表现到规律,丢开枝节,抓主要的实质性问题,概括出教师教学突出的特点或主要的问题,揭示规律,提炼和推广已有的成功经验或提出需要集中研究解决的问题。这是一种比较理想的分析法,尽管操作难度较大,我们仍须重视它、应用它。因为观课是从局部到整体的感知，评课应是从整体到局部的分析，这是教学人员特别是教学管理人员的一项基本功。何况，教学目的在教学中的统帅性、决定性，在评议中是至关重要的。我们常说，课堂教学要实，就是指教学目的要落实，最忌脱纲离本、不讲实效。教学实践中，我们往往看到，"许多课（甚至有些有多年教龄的教师的课）的重大缺点之一，就是没有明确的目的"（苏霍姆林斯基）。课堂教学过程中的随意性、盲目性、虚浮性还是比较严重的。我们分析课时，要注意这种倾向性问题。

（二）发展性评析法

1. 一分为二

评课的着眼点要放在教学的改进和发展上，评课要反对那种一味恭维，只讲好话、不讲问题，只唱赞歌、不提希望的"捧教"，这只会使人沾沾自喜，固步自封，调动不起教师的积极性；同时也要反对那种求全责备，不谈优点、只讲问题，吹毛求疵、一无是处的"批教"，这只会使人灰溜溜地抬不起头，极大地挫伤教师的积极性。即使是成功的课也难免有毛病，问题较多的课也会有可取之处。教师主观上总想上好每节课。每节课总有其独到的长处，也会有其短处。因此，评课要从教学实际情况出发，坚持一分为二，要恰如其分地既肯定优点和主流、探寻成功的原因；也要指出主要问题，探讨不足的根源；还要提出改进的办法，探寻努力的方向，力求评一堂课促进多堂，评一人激励一批人。

2. 因人制宜

评课要看对象、分层次、看教者的年龄特征、教学水平，在标准和要求上因人而异，让不同层次的教师在各自的基础上都有提高，都有发展。对教学能力较强的教师，联系多次观课，捉摸出他的教学特点，并在理论的分析上达到一定的深度，引导他逐步形成个人特有的教学风格。对勇于创新的教师要倍加赞赏，发现经验，要帮助总结；如受挫，只要方向对头，也要扶植，鼓励继续探索。对教学能力一般的教师在否定某些做法的同时，要谈自己解决这一问题的具体设想和建议，使教者学得着、做得到。对教学能力较差的教师，如问题较多，要分轻重缓急，抓住主要问题，逐步解决；要善于发现优点，哪怕是微小的，也要肯定鼓励，帮助其树立信心。评课时，经验丰富的教师对新教师、青年教师要满腔热情地给他们出主意、想办法；指明方向，介绍有关信息资料，甚至亲自示范、言传身教，最要紧的是使他们尝到成功的喜悦，扬起风帆、奋勇前进。

（三）差异评析法

1. 突出"导"，倡导"帮"

评议青年教师的课，应突出一个"导"字，倡导一个"帮"字。青年教师缺乏教学经验,需要指导和帮助。评课时,首先要充分肯定成绩,激励他们进取。其次,对教学中出现的问题,要分清主次,每次帮助执教者解决一两个教学中存在的主要问题,尤其是那些在教学中处理不当而又感到棘手的问题,促使他们不断提高教学能力。

2. 突出"实",倡导"促"

检查教学工作的观课评议,应突出一个"实"字,倡导一个"促"字。评课时,一定要实事求是,在充分肯定优点的同时,还必须开门见山、一针见血地指出问题,让执教者晓其得失,心中有数,但考虑到检查教学时可能出现的复杂情况,评课形式应该灵活多样,做到既指出存在的问题,又照顾教师的心理承受能力。

3. 突出"研",倡导"争"

对教改试验性的观摩课评议,应突出一个"研"字,倡导一个"争"字。对教学改革研究课应采取一支持二保护的态度。评课时要求大家从共同提高的愿望出发,紧紧围绕教改课研究的课题,充分发表意见,进行讨论、争辩。一方面总结教改经验,另一方面研究教改中存在的问题,提出改进办法,使试验不断完善。

4. 突出"比",倡导"学"

对竞赛课或评优课的评议,应突出一个"比"字,倡导一个"学"字。评课前要制订出切合实际的评课标准,统一标准进行评价。在评比中选优,在评比中总结教学经验,并将评优与推广先进经验结合起来,推动教学改革的发展。

评课者的评价要具体实在,不死搬教条,应根据教师实际和教材的具体特点,提出切实可行的指导意见。在否定执教者的某些做法的同时,还要谈自己对解决这一问题的具体设想和意见。所提的意见和设想要符合实际,使教师学得着,做得到。另一方面,评课还要看对象,分层次,要考虑学校的类别,执教者的年龄、教学水平等诸多因素,在要求上因人而异,让不同层次的教师在各自的基础上都有所提高。

二、研究性评课方法

评课是教师之间以教学"实然"行为为内容的教学研究活动。苏霍姆林斯基指出:"系统地分析课之所以必要,是为了看出和理解各种教育现象的实质及因果关系。"评价者要科学地评好一堂课,没有一定的教育理论基础和教学的实践经验是不行的。科学的评课方法要建立在哲学思维和教育科学的理性思维的基础上,只有这样评价的表现(语言或文字)才具有更高的价值。根据评课活动积累的经验和有关资料的提炼,研究性评课方法有如下几种。

(一) 综合评析法

综合评析法是一种以课堂教学的整体结构为视野,以教学基本要素的构成原理与理论为依据,经过综合分析、归纳之后作出整体性综合评价的方法。应用综合评析法的评价者要求有纵向系统和横向系统组合和分析的能力,要求有把握主线、善于自建结构和精确的语言表达能力。

进行综合分析和评价,须从教学全过程需要把握的七个方面入手,围绕教学目标、教材处理、教学程序结构、教学方法手段、教学基本素养、教学效果和教学个性化等方面进行高度概括性的分析评判。这种全方位评价要求较高,难度较大。优点是全方位整体性强,缺点是各方面无法详细深入。

另一种综合评析法是从七个方面中挑出某一个或几个单项作全面分析。如对"教学目标"作综合分析,分析思路是教学目标确定是否科学、准确,教学目标分解与构成是否合理、合适,教学目标是否明确地体现在教学每个环节,教学目标是否在教学重点中显现,教学手段是否紧密地围绕目标、为目标服务,重点突破、难点化解的程度与目标达成度关系如何,知识巩固、思维的发展、技能的训练等方面是否紧紧围绕目标展开。

再如对"教学方法和手段"作综合分析,可从如下几点展开评析:1. 教的方法与学的方法是否同步、和谐;2. 是否一法为主,多法并用;3. 教学手段应用是否能使教学方法应用更加有效;4. 教学方法和教学程序安排是否紧密结合;5. 教学方法的使用中是否有所改革与创新;6. 现代化教学手段运用中是否注意发挥其独特的、综合性的性能和教学效果。

有些专家对课堂教学各因素与教学质量关系作过统计分析,"教学内容科学准确、重点突出"权重最大,占第一位,"教学方法灵活"占第二位,以下按顺序分别是"教学目标具体全面"、"教学手段运用恰当"、"教态自然规范"、"寓德育和美育于学科教学之中"。这些知识对作综合评价的评价者有一定的参考价值。

(二) 专题评析法

专题评析是指评价者选择一个角度、一个侧面或课题研究中的专题切入进行评课。这种方法可以避免评价者之间在评价内容上交叉和重复。综合评析法十分注重整体与面上的分析,即使作某一单项综合分析,也要将此单项与教学全过程的方方面面结合起来分析。而专题评析是单项内容的纵深化、细化。

专题的选择可先从执教者在课堂教学中的成功之处、独创之处入手,其次可从评价者自身的优势和擅长入手。这样做既可帮助执教者加深认识,也可使评价者自身找到有生动事实材料的研究课题,双方都有较大收益。

如果执教者在导入新课的设计上有独创之处,评价者可以就"导入设计"作专题评价。大体内容是:1.执教者导入新课所运用的信息材料和方式方法是什么?为什么比较成功?符合怎样的教育规律与心理学原理?2.导入的过程是否流畅、合理?3.是否与新课的知识点紧密衔接、转换自然?4.是否符合再建新的知识结构和发展学生思维能力的要求等。

如果执教者在板书设计上有较大特色,评价者就以"板书设计"为专题作评价。大体内容是:1.执教者板书的基本特点是什么?具体内容是否简炼,是否形成结构化、网络化?是否既有利于教师的教,又有利于学生的学?2.执教者的板书呈现的方法是什么?具体内容是整体一次呈现,还是依次逐步呈现?是教师把握全局逐步呈现,还是师生共同探究下逐步呈现?这种呈现方法有什么教学效果?3.这堂课板书最大的优点是什么?还有哪些地方需进一步探讨等。

现代教学中,许多中小学教师十分注意创设良好的课堂教学情境。情境能引发学生联想,激发学生情智,催动学生的灵感……如果执教者在教学中擅长创设良好的教学情境,那么评价者不妨对情境教学作专题评析。大体内容是:1.阐述执教者使用何种类型的情境(主要类型有生活展示情境、实物演示情境、音乐画面情境、故事小品情境、表演体会情境、设疑设问研讨情境、语言描述与音像放映结合式情境等)。2.执教者应用情境的方式方法是什么?过程安排有何技巧?3.这种情境教学有哪些教育功能?实际效果怎样?是否需要进一步修正?

(三)以果追因评析法

课堂教学追求实际效果,教学效果与课堂教学设计、教学过程息息相关。以果追因式评价体现评价的求实精神,体现执教者和评价者追求与寻找课堂教学规律的共同愿望。通过这种方法,可以从教学现象中看到本质与规律,可以丢弃不必要的教学行为,突出和强化有效的教学行为。

这种方法的操作大体上有如下程序:1.验证一下当堂教学效果。一是利用观察法收集学生上课的注意力、情绪、神态和学习气氛等有关资料;二是让学生回答一些重要的知识点,也可以设计一些简答题让学生测试一下。2.将上述反馈的资料与教师上课时的教学程序结构、教学方法与学法指导、教学手段的运用等联系起来,作出分析判断。3.总结归纳。找出教师成功的教学行为有哪些?哪些比较符合规律?哪些做法不妥当？最后作出总体评价。

下面介绍一个评课案例，供读者参考。

结论轻易下不得

（李慧君）

在我校举行的一次数学课公开教学活动中，我和全体数学教师一同观摩了路老师和王老师讲的同内容的课。课中，路老师为了讲清"一个工厂用 3 辆汽车运煤，运了 9750 千克，一共运了两次，每辆汽车每次运多少千克"这道题，先用小黑板出示这道例题，学生很快列出算式，写出答案。接着，路老师又加上一个条件，题目发生了变化。"一个工厂用 3 辆汽车运煤，每辆运了 3250 千克。一共运了两次，每辆汽车每次运了多少千克？"学生也很快列出算式并写出答案。在此基础上，路老师方出示本节课重点例题："一个工厂用 3 辆汽车运煤，运了 9750 千克，一共运了两次，每辆汽车每次运了多少千克？"路老师只让学生自读两遍而不作分析就让他们试着做了。大约过了一分半钟学生纷纷举手，老师请一名学生说出正确答案后，这道题就过去了，接着讲起另一例题。

王老师在课上也讲了同一例题，和路老师相比，王老师缺少了铺垫的步骤，而是直接分析讲解，并且她的讲解显得思路清晰，表达准确、兴趣盎然。她那洋洋洒洒足有四种解法之多的一大黑板板书，着实令所有观课人钦美。同学们"是、对……"等富有激情、整齐划一的应答把整个课堂气氛烘托得热气腾腾……

评课开始了，老师们对王老师的课大加赞赏，认为王老师讲得透彻，思路清晰，逻辑性强，语言富有感染力，课堂气氛好。尤其是对她讲的四种方法赞叹不已，认为这样下去，学生将从王老师那里学到很多解题思路，学到很多数学知识，甚至有的还表扬王老师学识渊博，思路开阔等。而对路老师的课却不大接受，认为路老师一节课几乎没有讲什么，而且没把几种思路告诉学生，他们怎么能会呢？这样下去岂不越来越差，把学生给耽误了吗？……

面对教师们众说纷纭的评价，作为业务校长的我没有轻易下结论，而是决定评课暂停 20 分钟，现场来个小测试，让事实来说话。随后便和主管主任一起利用课间操时间对这两个班进行现场测试。所用题为"一个农场用 5 辆汽车运大米，运了 750 千克，一共运了两次，求每辆汽车每次运了多少千克？"（该题目听起来不太合乎实际，但是比起原例题简单多了。）两个班同时开始，同时收卷，并且对学生提出同样的要求："能用几种算法就写几种算法,看谁做得又对又快。"10分钟之后的测试结果令人震惊:路老师的班,原有63人,写对一种算法的有20人,两种算法的有17人,三种算法的3人,错误23人。王老师的班,原有66人,写对一种算法的10人,两种算法的4人,错误的有52人。当我再次来到评课会场,把这一测试结果告诉大家时,教师们大都惊呆了,如果不是铁的事实摆在面前,他们是绝对不肯相信的。

这时,我请大家安静,并针对路老师、王老师的课,作了如下分析。

路老师上课:

1. 尽管没对例题作太多的分析、讲解,但她了解学情,抓住了所教新知识的难点和学生理解的关键点,并且层层铺垫,减缓了坡度,降低了学生理解的难度。因此,突破难点实现教学目标就显得水到渠成。

2. 路老师利用课堂上的宝贵时间,让学生主动参与学习活动,让其读,让其想,让其练,让其亲自进行学习实践和学习新知识的尝试活动,老师没有包办代替,学生的主体作用得到了充分发挥。

3. 当然,路老师如果将练习反馈的面再扩大一些,对后进生出现的问题,有针对性地指导点拨一下,恐怕她的班出现错误者就会远远少于23人。

王老师上课:

1. 王老师重讲解、重分析、轻训练、轻反馈(更谈不上及时校正),即只重视了基本知识教学,而忽略了基本技能训练。所讲的几种做法,表面看上去是在培养学生的扩散思维能力,而实际上是教师对整个教学过程包办代替、抱住不放,是教师替学生想、替学生说、替学生写(板书)的,整个课堂教师成了主角,学生成了看客,成了容器,这就严重影响了学生求知的积极性,阻碍了其主体作用的发挥,从而出现了事倍功半的教学效果。

2. 王老师教学效果不佳的另一个原因是没有抓住教学重点,没有找准突破口,所以就没有做十分必要的铺垫练习,学生根本没有读懂题意,理解起来困难重重,所以效果不佳。

(选自《中小学教师培训》(小学版),1999(2))

(四) 诊断式评析法

这种评析是以问题为中心,围绕提出问题——研究问题——解决问题三个方面来进行的。提出的问题来自教学实践,而"诊断"就是对问题进行分析,分析时主要围绕得与失、利与弊、因与果之间作探讨,围绕是否合理、合适、适时、适度等问题展开。最后提出改进意见与建议。

现介绍一个教学诊断案例供参考:

小学思想品德课"教学诊断"案例

课题:妈妈的相册

执教者:金州区园艺小学 傅华东

诊断者:区教研员 任桂凤

一、主要优点

本节课教学目的明确,环节、层次安排得当。尤其是为了突出思想品德课情理交融、知行统一的特点,傅老师对教材的处理有几处独具匠心:

1. 教材人称的处理。课文是用第一人称写的,为使教师讲故事更具情感色彩,同时提问回答讨论更加方便,改为第三人称——小红,实践效果好。

2. 教材插图的处理。教材中第一幅图的图意是,小红和妈妈在看相册。这个图意不能说明本课重点。傅老师把图意改为"小女孩周围的每张照片下面都写着一行小字"。经这一改,突出了妈妈的相册和别的相册不一样的特点,对突出妈妈"取长补短"的品质起到了强化的作用。

3. 教材阅读的处理。先由教师语言直观范讲,然后学生自读课文,再重点理解最后一个自然段,"如果每个人都能从全班同学身上学习优点,那每个人会有多大的进步啊",突出了重点。

二、主要问题

在授课将结束时,有的同学提出:"老师,雷锋有缺点吗?"教师停顿了一会儿说:"这个问题,老师还没有想好,待向别人请教后再回答同学们。"如果从深化本节课教学,使学生对"人各有所长,也有所短"的理解更加深刻的目的出发,教师这样回答学生的问题是不够妥当的。

三、原因分析

造成教师这样回答问题可能有两方面的原因:

1. 对"人各有所长,也有所短"的观点,教师尚未认识到它是一条普遍的客观规律。所以,运用到特殊人物的身上时,就不能得出肯定性结论。

2. 教师能够得出肯定性结论,但不知如何贴切地给学生解释。课后,执教者自己说:"学生提完问题后,我想,毛主席都提出'向雷锋同志学习',说他有缺点,那不是对他的否认吗? 所以,就没有给出肯定性回答。"

看来教师之所以没正面回答学生的原因,主要是第一条,但第二条也不可忽视。

四、改进意见

如果课堂教学时间允许,教师可让学生们讨论。教师依据学生的回答,整理自己的思路,采取恰当的处理措施。

如果课堂教学时间不允许,教师可把这个问题留给学生课后思考讨论,并表明自己愿与学生们一起研究的态度,无论采取哪种方式,都应对提出问题的学生予以充分的肯定,因为他动了脑筋,并敢于提出很有个性的问题,这样就能调动学生敢于质疑的积极性。

(摘自徐世贵著《怎样听课评课》,沈阳,辽宁民族出版社,2000 年第 1 版 111 页—112 页)

思考题

1. 各种评课方法的侧重点不同,请你说出它们各自的优点。

2. 以果追因式评课法的应用,需要怎样的教育基础理论作支撑?

3. 专题评析法怎样与课题研究的主题相结合?

第五节　评课的标准

课堂教学的评价需要定性与定量两方面结合进行,这样才有助于课堂教学评价走向科学化,增强课堂评价的操作性和实用性。

一、定量评价指标制订的指导思想

课堂教学评价离不开价值观和整体的指导思想。要对教师课堂行为作全面的、科学的评价,首先必须有正确的指导思想和科学的教学价值观为指导。现代教学观对教师、学生和教材这三大要素有了全新的定位和认识,对教学过程和育人方向也有更科学的判定。我们认为在量化评价和指标设定中必须充分注意课堂教学全新的特点,并以此为评课的基本价值取向。

1. 充分重视教学目标确定和教学目标分解的适切性。课堂教学是实施学校素质教育的主渠道,教学目标决不能仅仅停留在应试教育的框架内,而要向情感、技能、个性和智力发展延伸。

2. 充分重视以学生为本,以学生发展为本,淡化以教材为本的思想。教师不是教教材,而是用教材教,教材只是多种教学材料的主体部分。在评价指标中,对"教材处理"的理解应以学生适应性与需要为前提。

3. 充分认识教的过程和学生学的过程的同步性和并重性。教师教学过程中要坚持目标导向,更要注意学生的学习行为与变化,并根据学生的反应随时调整自己的教学,反对只重结果、重分数的做法。

4. 教师应充分重视课堂教学中的信息多向交流,体现学生主体意识的思维发展训练活动。现代教学要求教师主动地去改变学生被动学习的状况,使教学成为一种有效的,多方位、多层次的,主动的信息交流过程。

5. 充分认识从以陈述性知识为重,转向陈述性知识与程序性知识同等重视的必要性。这是教师认知观的一种革命,也是教学目标从知识走向能力的一种标志。即从单纯教知识是什么,转变为不仅教"知识是什么",还需要教"关于怎样的知识",而且后者比前者更重要。

二、定量评价指标制订的原则

所谓定量评价,就是将课堂教学评价的内容确定成具体的量化指数,然后按照指标说明打分,通过测算,统计得出分数,参照分数和查阅图表等方式作分析和判断,得出基本结果。

由于定量评价量化作用明显,它对教师在整个课堂教学的行为进行归纳、分项、分等、赋值,所以更能显现教学的个性与特长。定量分析与以语言分析评述为主的定性评价相结合,各有优势,从而能更科学地对课堂教学作出评估。

课堂教学量化指标的制订是一项十分复杂的工作。目前许多评价工作者主张使用一套综合性课堂教学评价方案,以此对不同学科、不同年级的教学质量进行评价。在设置评估表时主要遵循如下几个基本原则。

（一）整体性原则

课堂教学是一个多因素、多元化、可变性的自适系统,因此,评价指标的确定要有系统性、完整性观念。只要是教学活动,就具有许多共同之处,它包括教学目标、教学内容、教学过程结构、教学方法手段以及教学效果、教师素养等方面。我们把这些相互区别又密切相关的各种因素作为一个整体考虑,来制订各项指标,就能把握课堂教学的全局。

（二）科学性原则

课堂教学是一门科学,制订评价的量表也必须遵守课堂教学的科学结构和规律。如课堂教学内容、程序结构与方法是主体,那么其权重至少应占 50% 左右。教学目标起着教学的导向作用,它的确定以及在教学中的实施也很重要,一般"教学目标"项目均占 10% 左右。"课堂教学效果"体现教学的实际效率,置入评价表中显然十分必要,一般占 20%—25% 左右。

（三）创新性原则

教育的最高宗旨是创造。课堂教学是学校工作的核心,它在贯彻素质教育理念时,自然要把创新作为重点。在制订指标项目和设置权重时,我们应当体现传统的常规教学与现代教学的结合,对教师实施课堂教学时的创新给予适当关注。许多改革型的课堂教学评估表中的一些项目,能够不同程度地起到构建新的课堂教学模式的导向作用。

（四）操作性原则

课堂教学评估项目中的"说明"应具体、鲜明,要便于理解和接受。赋值分的核算要既科学又简便,便于评价者掌握和操作。

第六节　课堂教学评价表设计与使用

20 世纪以来,几乎在所有正式的教师教学行为评定中都采用了评定量表的形式,这种量表根据评价的需要和教学改革发展的现状,设计了多种维度、多个项目的一览表。目前中小学课堂教学评价表种类多样,其质量主要受到三种因素的制约,一是列出哪些教学方面的内容;二是每项说明或定义是否清晰;三是评价者对每个维度与项目的感知与理解的程度。

现将几种不同的课堂教学评价方案介绍如下。

表 5.2　课堂教学评价表(A)

指标	序号	评价标准	评价等第			
			A	B	C	D
教学目标 16%	1	符合教材要求,切合学生实际	8	6	4	2
	2	能体现认知、技能、情感三方面的要求,有利于学生身心发展	8	6	4	2
教学过程 40%	3	内容正确,设计合理,重点和难点处理恰当	12	10	8	6
	4	面向全体学生,激发学生求知欲望,学生能积极参与教学活动	12	10	8	6
	5	训练思维有方,因材施教,教学方法趋向于个别适应	8	6	4	2
	6	课堂气氛民主、和谐、活跃	8	6	4	2
教学效果 24%	7	反馈及时,不同层次学生学有所用	12	10	8	6
	8	学生学习的意识强、方法科学、习惯良好	12	10	8	6
教师素养 20%	9	专业知识和教学基本功扎实,知识面广,有驾驭课堂教学的能力	8	6	4	2
	10	教学自信心和育人意识强,能起表率作用	12	10	8	6
整体 评价	A　B　C　D	说明	总分			

根据素质教育的课堂教学原则,该表设置"四维度"、"十项目"、"四等第",设计依据与使用说明如下。

1. 教学目标评价。课程标准是各学科教学的依据,评价课堂教学首先要看教师是否完成了课程标准所规定的教学任务、内容,是否有超过课程标准的内容和要求,加重学生学习的负担。

在传统教学评价中,教学目标也是评价的重要内容之一,但过去我们往往只注重学生外显行为的变化,即学生"会不会"。也就是把着眼点放在行为目标记忆、理解、掌握、应用上。现在从素质教育的要求来看,仅仅满足于这一点是不够的,还必须重视学生心理的变化,即学习兴趣、态度等情感的变化。为此,我们在教学目标一栏里设置了"能体现认知、技能、情感三方面的要求,有利于学生身心发展"一项,目的是要在教学目标中体现全面性原则。

2. 教学过程评价。教学过程包括教学内容、方法,教学原则遵循的情况以及学生在教师启发、诱导下自主学习的情况。

教学内容的正确性、教师把握重难点的程度以及教学过程设计的科学性、合理性和教学方法选择的适切性等等,均是传统评价课堂教学必然设立的指标。我们认为要体现素质教育的目标,除了上述评价指标外,还应着重评价教师的教法能否吸引广大学生学习,能否激发学生的学习兴趣和学习动机,是否有利于学生在教师指导下自己去获取知识、练就能力,是否面向全体学生。为此我们特意设立"教学方法趋向于个别适应"这一指标。但就目前大班授课的实际情况看,要做到个别化教育难度颇大,故而我们用"趋向"一词,恰如其分地提出努力的方向。另外,还要看教师是否发扬民主,是否能主动活泼地进行教学等等。

3. 教学效果的评价。教学效果的评价是测定和诊断学生是否达到教学目标以及达到目标的程度。评价教学效果主要从"双基"的掌握、能力的提高、情感的培养和个性的发展等四个方面去衡量。

素质教育强调面向全体学生,让每一个学生在原有的基础上都能得到相应的发展。因此,在评价课堂教学效果时,要特别注意增强每一位学生的学习意识、培养学习习惯、不同层次学生的发展这几方面。为此,我们在评价指标中设立了"学生学习的意识强、方法科学、习惯良好"这一指标。

4. 教师素养的评价。教师的素养包括文化知识素养、思想道德素养和教学能力素养等三个方面。

过去,传统教学评价比较注重文化知识素养和教学能力素养,而对思想道德素养评价不够重视。我们认为,在实施素质教育过程中,教师的思想道德素养尤为重要。思想道德素养包括事业心、责任心、民主性和进取性四方面。而在课堂教学中教师的自信心和表率作用最为重要。因此,在评价指标中,我们设立了"教学自信心和育人意识强,能起表率作用"这一指标。

课堂教学评价表(A)共有四个维度十个项目,评价标准的语言表达比较简练,"教学效果"的评价所占比重较大,十分注重学生的学习意识和学习习惯的养成,从这个意义上说比较符合素质教育的宗旨。但"学生的学习意识强、方法科学、习惯良好"难以在一堂课的教学中充分体现,教师也较难在一堂课中采取很多办法来使学生养成这种习惯。因此此项评价有一定难度。另外"教学目标"一栏的权重似乎偏高了。

表 5.3　课堂教学评价表(B)

教者		学校		班级		时间		项目得分
课题				课型		课时		

评价项目	现代教学观	评估内容	权重分数	评估结果		
				A	B	C
教学目标	(一)目标意识	1. 教学目标全面具体明确,符合大纲、教材和学生实际。	10	5	3	2
		2. 重点难点的提出与处理得当,抓住关键以简驭繁,所教知识准确。		5	3	2
教学程序	(二)主体意识	3. 教学过程思路清晰,课堂结构严谨,教学密度合理。	30	5	3	1
		4. 面向全体体现差异,因材施教,全面提高学生素质。		5	3	1
		5. 传授知识的量、训练能力的度适中,突出重点,抓住关键。		5	3	1
		6. 给学生创造机会,让他们主动参与、主动发展。		5	3	1
		7. 教学民主,注重培养学生的创新能力。		5	3	1
		8. 体现知识形成过程,结论由学生自悟与发现。		5	3	1
教学方法	(三)训练意识	9. 精讲精练,体现思维训练重点,落实"双基"。	20	5	3	1
		10. 教学方法灵活多样,注重培养学生学习的能力。		5	3	1
		11. 教学信息多项交流、反馈及时,矫正奏效。		5	3	1
		12. 从实际出发运用现代化教学手段。		5	3	1
情感教育	(四)情感意识	13. 教学民主,师生和谐,课堂气氛融洽,尊重学生。	8	4	3	2
		14. 注重学生动机、兴趣、习惯、信心等非智力因素的训练培养。		4	3	2
教学基本功	(五)技能意识	15. 用普通话教学,语言规范简洁,生动形象。	20	4	3	2
		16. 教态亲切、自然、端庄、大方。		4	3	2
		17. 板书工整、美观、言简意赅,层次清楚。		4	3	2
		18. 能熟练运用现代化教学手段。		4	3	2
		19. 应变和调控能力强。		4	3	2

教学效果	（六）效率意识	20. 教学目标达成、教学效果好。	12	4	3	2	
		21. 学生会学、学习主动、课堂气氛活跃。		4	3	2	
		22. 信息量适度，学生负担合理，短时高效。		4	3	2	
教学个性	（七）特色意识	23. 教学有个性，形成特点与风格。	加分	5	3	1	
综合评价				总分			

评课人_____

注：此表引自徐世贵著《怎样听课评课》，123 页。

　　课堂教学评价表(B)共有七个维度二十三个项目，分为三个等级，评估内容的语言表述比较简练，七个维度权重分数的比重比较合理，能较好地反映现代课堂教学应具有的特征(如素质教育对课堂教学的要求、教师教学的个性化等)。若用此表来全面评估一般教师，又要严格把握评价标准的话，那么总分似乎总要偏低。其次，一堂课之后要求评价者在众多的项目中，迅速作出抉择，会有很大的难度。

　　但是该表有较强的科学性和全面性，在开展专题研究、开展示范性公开课时使用，让评价者有较充分的时间全盘考虑、综合分析之后逐项打分，则此表的评估分就有较高的价值。若将七个维度的定性评价用文字加以说明，就能成为更有价值的教学方案。

表5.4　课堂教学评价表(C)

时间：				年　月　日（周）　　午第　　节		
学校：		年级		（　　）班学科		课题
教师姓名：　男　　女　　老年　　中年　　青年　　中高　　中一　　中二						
评价要素	A	B	C	D	评价意见	
1. 目标要求						
2. 认识教材						
3. 容量节奏						
4. 过程质量						
5. 方法手段						

评价要素	A	B	C	D	评价意见
6. 教学准备					
7. 教学策略					
8. 教学素养					
9. 师生交流					
10. 学生反映					
总体印象：					

评价人：_____

注意：有示范性的为 A，较好的为 B，基本合格的为 C，欠缺较差的为 D。35 岁以下的教师为青年；36—49 岁教师为中年；50 岁以上为老年。

《课堂教学评价表》中"评价要素"A 档的要求说明如下：

1. 目标要求：教学目标要求明确、集中，符合学生实际。

2. 认识教材：正确理解教材，无科学性差错。

3. 容量节奏：教学内容适量，教学进度适当。

4. 过程质量：教学程序合理，逻辑严密，进行顺畅。

5. 方法手段：采用适合于教材、适合学生的教学方法和手段。

6. 教学准备：备课既备教材又备学生，认真、充分；如需要演示、实验，器具、材料或其他教学设备齐全、完好，能正常使用。

7. 教学策略：在教学中体现以学生为本、尊重教育规律、渗透德育、培养学生创新意识和实践能力、因材施教等。

8. 教学素养：教师的教学水平和能力俱佳（知识面广、思维敏捷、语言能力强、教态仪表好、书法工整）。

9. 师生交流：师生互动，教学相长，师生共同讨论的问题有质量。

10. 学生反映：从学生回答和作业中反映学生具有较高的水平。

A 档为最高评价，B、C、D 逐档次之。

课堂教学评价表（C）是教育督导部门提供的。该表共有十个评价要素，将现代课堂的主体的特征性项目都列入其中,分四个等级,每项均要求有简短的评价意见,最后为"总体印象"。此表优点很多,如项目与内容十分简练,便于操作;将被评价者的性别和年龄层次体现出来,便于区别对待,区分度较高。此表适合于大面积听"家常"课时使用。若用于示范性公开课,则要进一步在定性评价上给予细化。

表 5.5　课堂教学评估表(D)

学校:＿＿＿＿＿＿＿＿＿＿　　　　年级:＿＿＿＿＿＿＿＿＿＿

学科:＿＿＿＿＿＿＿＿＿＿　　　　课题:＿＿＿＿＿＿＿＿＿＿

执教老师:＿＿＿＿＿＿＿＿＿＿

评估指标	好 5分	较好 4分	一般 3分	较差 2分	评语
目标要求					
教学内容					
教学结构					
教学策略					(可附页)
学生参与					
教学效果					
教师素养					
总体评估					
附:学生反馈测试情况	旧知识巩固(好　　较好　　一般　　较差) 新知识掌握(好　　较好　　一般　　较差)				

主要经验与问题简析:(请根据评估表内的各项指标情况作具体分析。)

课堂教学评估表(D)是教学研究部门提供的。该表共有九个要素,评估指标要点反映了现代课堂教学的主要项目,分四个等级。该表最大特点是对学生反馈与测试情况也作了等级式评估,注重教学效果的评价,尤其重视旧知识的巩固与新知识的掌握。但是从教学评价的基本原理来看，"总体评估"的分值应是上述七个项目评估分的总和，而表中却与上述分项目赋予一样的分值。这就削弱了评价的区分度。况且如果用现代课堂教学的观念作指导，教学效果的反馈的衡量不仅仅是知识巩固与掌握。

在使用各类课堂教学评价表时应注意如下几点。

1. 任何一种课堂教学评价表，都不可能涵盖所有的教学评价功能。不同的评价目标与要求，可产生不同类型的评价表。各种评价表既有个性，也有共性。

2. 学校管理者在使用课堂教学评价表时，要根据听课的类型和评价要求的价值取向，作出选择。最好不要长期使用一种评价表去评价各种类型的课，若这样做将会削弱评价表应有的使用价值。

3. 课堂教学评价是一门科学。以研究性为主的听课活动，必须与课题相结合，将课题研究的内容体现于课堂教学之中。为了较科学地使用评价表，参评人员最好作一次培训，以便更好地统一标准，达到对评价表中各项目内容的共识。在此基础上再加上对各维度的定性评价（指文字表述）和总体评价（用文字作评价总结）。这样的综合课堂教学评价就会产生更高的研究价值。

思考题

1. 教材中提供的四种类型的评价表各适合于哪些类型的公开课？

2. 观课时，请使用其中一至两种评价表，并和同行讨论一下如何准确地把握评价标准。

第七节　与评课标准相关的问题

评课是一种评价、评估。它既强调以正确的教育理念为指导、以科学的教学论为依托，又要从实际出发，以人为本地以执教者的教学目标为切入点，才能客观、公平地对课堂教学作出评价。评价者仅仅熟悉评课的原则与方法，似乎还不够，还应当全面认识在素质教育理念指导下，课堂教学的特征是什么，课堂上教师的行为要如何转向，评价者自身的基本教育理论是什么，所有这些都需要我们作必要的探索。

一、素质教育的课堂教育特征及相关的评价

十分完美的课在现实生活中难以找到，即便是一位十分有名望的特级教师，也不敢狂言"我的课是最优秀的"。这是因为现实与理想总存在着一定的差距，教学基本功比较扎实的教师群体之间也存在着教学风格的差异。课堂教学既有科学可言，又有艺术可论。在仍然是班级授课制的教室里，课堂教学中仍然是教师的个体劳动，人际之间的差别也必然存在。

但是，我们遵循素质教育的理念，用现代教学论的理论作指导，仍然可以勾勒出素质教育课堂教学的基本特征。

（一）有较明确的符合素质教育要求的教学目标

美国教育家布鲁姆和他的学生们认为，教学目标包括三个主要方面，即认知目标、情感目标和技能目标。其中认知目标包括知识、理解、运用、分析、综合、评价；情感目标包括接受、反应、形成价值观念、组织价值体系、形成价值情绪（意即渗透到个性心理之中）；技能目标包括观察、模仿、练习、适应。对一个学科来说，其教学目标又有三个层次即学科目标、课程单元目标和课时目标。一节课的课堂教学评价自然是以课时目标作主要依据。

评课活动中，评价者往往疏忽了执教者在"教学目标"上的意识与行为。评价者首先要从教学目标的合理性和明确性上作出评价，然后对照执教者如何在课堂教学中，以目标为导向，以目标为激励，采用有效的教学方法和手段，为达标服务。其次要分析执教者在教学设计中，尤其是文字表达中，是否采用可观察、可检验、可操作的句子，并在执行教学任务中得以呈现。再次，目标的分解和目标的层次性上，执教者是否充分体现学科自身特点和学生实际，也应纳入目标评价之列。

李秉德主编的《教学论》中指出："优秀教师的教学经验和教学论研究都表明，合理的教学目标能够最大限度地调动学生的学习积极性，积极地促进教学活动朝产生最大成效的方向发展。"

评课中衡量教学效果的尺度，就来自于执教者既定的教学目标。在教学效果的检测和评价中，教学目标的标准作用是显而易见的。教学检测就是以既定的教学目标为标准，用可靠的数据显示教学效果是否达到或在何种程度上达到既定的教学目标。

（二）最大限度地追求学生的成功

面向全体学生和对每个学生负责，这是素质教育进入课堂教学的一个重要标志。执教者要深信每一个学生都有成功的愿望，每个学生都具备成功的潜能，每一个学生都会在不同方面取得成功，并在言行、表里各方面流露出一种真挚的情感。

从教学目标上看，一个难度适中的目标能够激发学生强烈的学习动机，引起持久的学习积极性，激发学生为实现目标而不懈努力。从心理学上讲，就是要把教学目标确定在学生的"最近发展区"之内。

从施教内容上看，课堂教学要尽量做到层次性。不仅要将施教的知识点、能力级别和实验类别分层，而且还要将本学科的研究方法和学生的学习方法排序，把握好教学内容的序、量、度与节奏，因人而异、分层推进。

在教学方法上，教师应做到：第一，努力和善于激发学生的求知欲和学习兴趣，培养学生学习动机和责任感，以增强非智力因素的内动力；第二，积极鼓励学生独立思考，勇于探究，要留给学生空间与时间的"空白"，让他们在观察、讨论、思考与练习中提高学习能力；第三，要善于发现并鼓励学生在学习活动中表现出来的创新意识，使学生体会到成功的喜悦。

（三）学生主体地位得到充分确认与显示

学生在课堂上表现适宜的主体性是成功地实施素质教育的最重要标志。对学生主体地位的确认，评价可从如下几方面作分析：第一，教学中，教师是否把学生作为接收和信息加工的主体；第二，学生在教师引导下，能否不断完善自我的认知结构，不断构建新知识的框架和体系，从而实现自身主体性。学生主体地位的显示主要表现在：第一，课堂教学必须体现学生主动参与的积极性，既包括全体学生的共同参与和人人参与，又包括学生个体的身心全面参与。所谓全面参与的内容既指身体生理感官和心理要素的参与，又指通过多种教学活动的动态参与。第二，学生主体地位的显示，还表现在课堂教学中，是否生动地体现师生平等的、互动共进的教学过程。师生、生生之间在课堂会话情境中，是否在不断地促进知识的生长、智慧的发展以及人际交往的和谐。

（四）充分开放学生的思维空间

著名科学家钱学森曾说过，"教育工作的最终机理在于人脑的思维过程"。发展智力、培养能力是现代课堂教学的主线。智力的核心是思维。教师要将活的知识"播种"在学生的"思维沃土"之中。

开放学生的思维空间,要求教师具备启迪智慧的艺术,主要包括:

1. 设疑问难,启迪思维
2. 把握过程,启发思维
3. 设计提问,训练思维
4. 指点方法,教会思维
5. 培养品质,发展思维
6. 激励求异,深化思维
7. 激发多思,砥砺思维

目前,执教者与评价者可能仍会过多地关注学生与教师的互动状况,注重外显行为的变化,其实内在的心理变化、思维的变化才是主要的。不论教什么学科,教师都可以根据学生学习心理中的矛盾心理、求果心理、求异心理,给学生留足充分参与的机会和时间,暴露学生的思维,纠正学生思维过程中出现的偏差。暴露思维不是以显示教师的智慧为目的,而是以引发、开启学生思维为宗旨。此外还要采取各种尝试训练与探索演变等办法加深与拓展学生的思维。

(五) 进行学法指导,学生学会学习

学法指的是学生掌握知识形成技能的方法和能力。它既包括大的方面如学习策略,也包括一些小的方面如学习习惯。

课堂教学中,教师如何显现教法对学法的指导,这是现代教学中十分重要的环节。这是因为学生的学法具有很强的师承性,学生的学法往往得益于教师的教法,尤其是那些符合学生心理特点的教法,往往被学生内化为自己的学法。

评价者在对执教者实施各种教法的评价时,应当注意如下几方面的分析:第一,教师的激情和思维的活跃是否对学生具有较强的感染力;第二,教师的教法是否与学生学法运作过程同步,即两种方法都有一个激发兴趣—探究—构建体系—升华与评价过程,通过教法升华学法;第三,教法应与学法的发展水平同步。如起始阶段如何让学生获得知识的指导(包括:观察方法、记忆方法等);在掌握一定的学法之后,还要教会学生进行学习的自我管理(如订计划、定目标、评价学习结果的方法等);学法的高级阶段,应重视培养学生的元认知能力,指导学生对学法进行反馈、监控、调节。

(六) 教学民主,建立和谐、平等的人际关系

"亲其师而信其道",学生把教师当做自己的良师益友,教育才能达到最佳效果。建立新型的课堂教学中的师生关系,要求尽力做到情感的交融、心灵的沟通、气氛的和谐。

教学民主的创设中,一种有效的办法就是创设课堂情境,这样教师就能很自然地跳出说教者的角色,融入和谐的师生关系之中。江苏南通市小学语文教师李吉林,创设了六种途径向学生提供情境事件:一是生活展现情境;二是实物演示情境;三是图画再现情境;四是音乐渲染情境;五是表演体会情境;六是语言表述情境。这样的教学能使学生情绪上受到感染,情感上产生共鸣,从而达到加深理解课堂教学理论、熟练掌握教学内容的目的。

评价者在评析课堂教学中师生的人际关系时,主要应从如下几个方面进行:一是教师在课堂中是否起着较好的学习的促进者、合作者和激励者的作用;二是教师教态的亲和力和教师情感投入与生成的感染力;三是师生与生生之间的心理距离、心理交往的状态是否达到理想的程度等。

二、评价者的基本教学理论和理念

评课活动中,往往出现两种倾向,一是为了不得罪人而尽量说好话,唱赞歌;二是仅凭第一感觉从细微的局部和枝节,作教学技能方面的评价。出现这种状况,也许是因为评析时间的短暂,也许是因为组织者本身对评课的目标要求带有较大模糊性和不确定性,总之原因是多方面的。

要提高评课活动的质量,包括执教者、评价者和组织者在内的全体人员,都应加强基本理论学习,正确把握现代教学理念。其中的道理很简单,就是"评课是用教学理论评价教学实践,用教学目标评价教学过程"。作为教师,尤其是骨干教师和教研员,至少对下列专门知识应有较深入了解,甚至有自己的专门研究:

(一)教育学、心理学基本原理和规律

袁振国教授主编的《当代教育学》一书吸收了当代教育思想与当代教育研究成果,该书可以作为教师理论学习的主要参考书。教师课堂教学行为是一个相当复杂的过程,评课活动中不可能对每一微格和具体的过程作出精细的分析与评价,而只能沿着课堂教学一般的过程结构进行评价。这就需要评价者有较扎实的教育学理论功底。《当代教育学》从中国与世界教育的现状、特征与发展入手,论述了当代学习理论、课程理论、教学理论和教学策略。此外该书对当代教育的一些热点问题也作了专题论述,如教育的功能说,教育与个性发展,教育与经济、文化、科技、社会的可持续发展等都作

了精辟的阐述。

本教材在第一章第二节中对现代教学观已作出具体介绍。本节仅对教育的本质与教师职业本质作以下要点式介绍：

- 教育是一种通过经验和知识的传递来引导和促进人的发展的活动。
- 教育被看成人类特有的遗传方式和交往方式，是人类自身的再生产和再创造。
- 教育的全功能论是指促进人的发展功能，促进人的社会化功能，促进人的个性化功能，促进社会发展功能。
- 教育功能的关键，是引导学生主动发展，帮助学生形成发展机制：①目标与理想的牵引机制；②能力与方法的自动机制；③反馈与总结的调控机制。
- 教育的本质是启迪思维。教育工作的最终机理在于人脑的思维过程。
- 教师职业的本质是创造人的精神生命，要面向学生生命发展的未来。

关于心理学的基础知识方面，对教师的备课和评课活动有直接指导价值的是《学与教心理》与《教育心理学丛书》。《学与教心理》目前有两本书，一是邵瑞珍主编，华东师大出版社 1988 年版的《学与教心理》；二是皮连生主编，华东师大出版社 1997 年版的《学与教的心理学》。由张楚廷、母庚才主编，警官教育出版社 1998 年版的《教育心理学丛书》，共有十一本。其中《教育心理学概论》、《教师心理学》、《现代认知学习心理学》、《学习心理学》等对教师从事教学研究都有较好的指导作用。

（二）教学论基础知识

教学论就是研究教学的一种理论，教学活动是教学论研究的出发点和归宿。教为学而存在，学又要靠教来引导。

目前，我国教学论的专著已有多种版本，上世纪 90 年代初出版的《教学论新编》（吴也显等编，教育科学出版社出版），内容比较详实，该书共有五大部分，其中"教学过程论"、"教学构成论"、"教学实施论"、"教学艺术论"这四个部分，对教师尤为实用。

教学过程论部分，从系统观、模式观、信息观和社会观四个不同的侧面对教学过程进行分析，旨在揭示教学过程的实质及特点。

教学构成论部分，分别对构成教学系统的四个基本要素：教师、学生、课程和教学物质条件进行剖析，以说明它们自身的结构和特点以及各自在教学系统中的功能。

教学实施论部分，主要阐明教学目标、教学方法、教学组织、教学评价在教学过程——教学系统运行状态中的功能以及它们自身发展的变化及其特点。

教学艺术论部分，主要探讨在教学过程中教学艺术方面的功能和特点。

(三) 学科教育学专论

现代教师面对新课程改革时,不能仅仅是新课程的"接受者",还应当成为"审视者"和"创造者"。一个承担一门或两门课程教学的教师,如果能经常阅读一些该学科的教育专著,那么他就会逐步具备"审视与创造"的双重角色,评议他人的课堂教学时,就会"独具慧眼","令人钦佩"。

终身依赖于学科教学参考书,而从不或极少阅读该学科的教育专著,就不可能成为一名真正的优秀教师。现在书市上有许多这样的专著,可供有志进行自我研究的教师选读。例如,一位语文教师把朱绍禹主编的《中学语文课程与教学论》作为他的案头书后,他的备课能力便大大提高,说课、评课的话语系统也进入较高的境界。

(四) 教学生命价值观与动态生成观

华东师大钟启泉教授在多篇论文中,对教育的未来性和生命性作了多角度论述;上海师范大学谢利民教授于2001年在《课程·教材·教法》杂志中也发表了《课堂教学生命活力的焕发》的论文,这些理论都体现了现代教学以人为本、以发展为本的理念。

钟启泉教授在有关论文中作出如下论述:"提出基础教育的'生命性',是为了改变现在中小学教育中存在的重学科知识传授和技能训练价值,轻学生个体生命多方面发展价值的弊病。""要使每一个教师都强烈地意识到我们的工作直接面对生命,关系到人类最宝贵的财富——生命的成长。在一定的意义上可以说,教育是一项直面生命和提高生命价值的事业"。

谢利民教授认为:"对教师和学生而言,课堂教学首先是他们生命活力和生命价值的体现;课堂教学的知识传播过程的实质是知识生成与生长过程,在这个过程中,教师的重要责任之一就是激活知识和播种知识,学生是在自己主动积极的思维和探索活动中生成和生长知识;在上述理念之下,今天的课堂教学应建立'共同参与,互助合作'的师生关系,为此,教师和每个学生都要发挥自身的主体作用。""对教师而言,课堂教学是他们职业生活的最基本的构成。教师每一堂课的质量,都会直接影响他们对职业的感受和态度,每一堂课的教学水平,都是教师专业水平和生命价值的直接体现。""课堂教学应该关注在生长、成长中的人的整体生命。对智慧没有挑战性的课堂教学是不具有生成性的;没有生命气息的课堂教学也不具有生成性。从生命的高度来看,每一节课都是不可重复的激情与智慧综合生成过程。"(引自《基础教育课程改革纲要(试行)》解读)

(五) 系统论、控制论和信息论

系统是指由若干相互依存、相互制约的要素(或成分)为达到一定目的而组成的有机整体。而教学系统是由师生共同活动组成的旨在提高教学质量（实现教学目标）的管理系统。

系统科学在教学中的运用，主要是掌握系统方法的实质，这就是整体性、综合性和最优化。整体性就是把对象始终放在完整的、系统的形式中加以考察；综合性就是要着重从整体与部分、整体与环境以及部分与部分的相互联系中去考察对象；最优化就是在完整地、综合考察分析的基础上，得出解决问题的最优方案。

从教学系统构成的要素上看，主要有四大要素即教师、学生、课程（信息要素）、条件（物质要素）。而四大要素要优选优用，优化结构。"教学过程最优化"实际上是指指导教师有效组织教学活动的理论体系和工作体系。教师通过对教学系统的分析和综合，通过对最优教学方案的选择和安排，争取在现有条件下用最少的时间和精力去获得最大可能的结果，这就是最优化。

联合国教科文组织曾于近年出版一本题为"教学过程的系统方法"的指导书，书中列出一些问题，指导人们思考教学的最优化：

1. 现存教学中有哪些导致不满意的东西？
2. 系统的目标是否恰当？
3. 结果与目标是否一致？
4. 是不是所有的资源都得到了利用？
5. 利用的所有资源都是必不可少的吗？
6. 关键的问题是什么？
7. 可以在什么样的系统水平上加以干预？
8. 成功地进行干预的标准是什么？
9. 进行干预需要哪些资源？
10. 系统的哪些成分受到干预的影响？
11. 在变动的环境面前怎样才能保证有效性的获得？
12. 实现预定目标的成功步骤是什么？

从信息观点看教学过程，可以得到如下的认识：教学过程是有序的开放的信息系统；教学过程是"人——人"构成的耦合系统；教学过程是一个合目的的可控过程。在教学过程中，控制作用是通过反馈信息的环节而实现的。教师正是通过信息的反馈来及时掌握现状与目的的差距，解决教学中的难点和关键，进而改进教学方法，促使教学信息过程的指向性更加明确。

教学信息的内容包括以教材为主要信息源的知识信息、以师生主体为信息源的教学状态信息以及来自教学过程中的自然环境信息。教师对教学信息的编码变换和学生对教学信息的译码变换都会影响教学过程和教学效果。

三、评价者对一堂好课的把握

课堂教学是多元化、非线性的复杂的过程。用现代教学观为指导，树立起现代教学的过程意识并付诸行动的教师，其课堂教学应当说是不错的。但是我们在实际评课活动中，可能仍然有许多值得深层思考的问题。

例一：某重点中学教师有意识地应用各种先进的教学设备，对学生的导学、设问和指点尽管不甚具体，但学生学习积极性高，思维敏捷，不少内容并不需要教师详细讲解，学生已能较好地掌握。后来这位教师调到一所初级中学，用同样的方法授课，学生却经常处在盲然状态。

例二：一位准备上区（县）级公开课的教师，为了能体现课堂教学的现代化，花了大量的时间制作多媒体软件，几乎把平时板书的内容都用屏幕显示。然而教师的讲解缺乏层次与深度，师生之间的交往活动减少了，而现代化教学手段本身的辅助作用却变成了主导作用，反而限制了学生的想象力和深入探究的热情。

可见，一堂好的课堂教学还要建立一种各教学要素互为适应的自适系统。好课应该因人因地因时而异，有最适合的教学内容，有与教学内容、与学生认知水平相吻合的教学阶段，有适合全体学生的接受能力的教学方法（教师不仅教知识而且教方法）。从上述两例中，我们可以看出：此时此地的好课在彼时彼地可能就是一堂并不成功的课。

教无定法。在课堂教学实践中，没有一种现成的模式可以套用于所有的学科。一种好的课堂教学策略，一位高明的教师在应用时，也会变换手法并与自己的长处、优势结合起来，达到运用自如的效果。

应用任何一种教学设备的教学手段，都不可能尽善尽美。我们在制作教具和应用先进的教学设备时，首先要弄清其功能与作用，扬长避短，用得其所。

此外，教师的人生观、人格的魅力，对本学科知识的追求，对学生的热爱以及情感的体现、感染力等，都可以在课堂教学中，营造一种和谐的学习氛围，使学生的各种非智力因素处于最佳状态，为教学的顺利展开铺平道路。

总之，评价一节课是否成功，应从各教学因素以及它们之间的相关性进行综合评估,从中寻求一个最佳的结合点,找到各方面都适宜的平衡区域。

四、重构课堂和对一堂好课的理解与认识

(一) 重构课堂

1. 从"预设"的课堂到"生成"的课堂

- 课堂不仅在教室。

- 教师不仅是教教材。

- 课堂不是教师主宰下的动态过程。

2. 从"教"的课堂到"学"的课堂

- 以教材为中心必然导致以"教"定"学"。

- 课堂不是教师表演的舞台,而应是师生互动交互的过程。

- 教法的先导性与学法的制约性。

- 教法应和学法的内化同步同向发展。

3. 从"知识课堂"到"生命课堂"

- 是传递知识还是"播种知识"。

- 知识是认识的结果,更是认识的过程。

- 学习不仅是识记、传承、模仿,更是思维的发展与创新。

- 课程是开放的、多元的、生成的。

- 课堂上师生互为主体:参与者在智力活动、情感活动、人际交往活动中实现着自己的多种需要,是师生生命价值的体现。

(二) 对一堂好课的理解与认识

1. 教的状态

- 能带给学生经验分享。这种分享不是单向的教师的"告知",而是让学生通过深刻的体验而获得;这种分享不仅是教师有声有色、有情有理的自我满足,而且更有学生广泛而深刻的共鸣和感受。

- 要带领学生作"理智的挑战"。就是要给学生认识上的"冲突"、制造"悬念",不要"喂"学生,要问"真问题",以促进学生获得认识上的洞见。

- 要有一个知识重构的过程。要求教师设计真实、复杂、具有挑战性的开放的学习环境与问题情境,提供机会并支持学生对学习内容与过程进行反思与调控。

2. 课的显性状态

● 教学语言生动活泼,富有启发性、激励性,教师情感真切而丰富。

● 教学程序结构严密,既有科学性,又有艺术性。

● 学生学习专注、投入,思维活跃,参与面广,主体性突出。

● 师生交往,积极互动,共同培育情感,并生成知识。

● 形成一种全新的"学习共同体"——"教师式学生,学生式教师"。教师不仅去教,而且通过对话"被教";学生在被教的同时也在教。他们共同对自身的成长负责。

思考题

1. 素质教育的课堂教学特征,可以从不同层面和角度进行分析与归纳,请从"面向全体"、"全面发展"和"主动发展"三个方面作一些具体分析。

2. 从兼顾相关因素出发,谈谈你对一堂好课标准的看法。

第八节　教后记与教历研究

教与学之所以能"相长",贵在教学后能及时反思和总结。教育研究者认为教学后会不会反思、是否善于反思是优秀教师与一般教师的重要区别。

其实教案的价值不仅仅在于它是教学的准备,教案作为教师教学思想的轨迹和教学设计的记录,是教师认识自己、认识自己教学实践的重要资料,而教后记是依据教学过程中的成败、变更或感悟而写成的书面材料。也就是说,教案是教师教学的原始资料,而教后记是教学后的总结性资料,两类资料组合进行研究,对教师自我提高有很大的好处。

一、教后记的特点及作用

教后记是指教师上完一节课(或某一单元)后,及时把成功的经验或失败的教训写成书面材料,作为日后教学的参考,以便不断促进自己教学能力的提高。

有的教师在上完课后,把授课中的成功之处、精彩之处写成教后感已成为一种习惯。教后感是有感而发,是反思性、总结性的经验总结。而教后记一般则是要点式的记录与反思。

（一）教后记的基本特点

教后记的基本特点：一是及时。教学后记贵在及时，刚上完课，教师对教学行为和教学情景历历在目，如果把教学的实践行为与教案作对照、与原有教学构想作比较，往往有不少感触，这时立即提笔作些必要的记录是大有裨益的。如果过了一段时间再写教后记就难以落笔了，因为真情实意已淡化，教学中的灵感也难以再显现，写教后记的真正目的就难以达到。

二是精练。教后记一般以要点式记录为主，适当穿插一些评述与议论，不宜庞杂冗长。一般情况下教师不可能花大量时间写教后记，也不必写长篇大论式文章。教后记贵在点滴积累，集腋成裘。

三是升华。教后记尽管是记录点滴的教学行为，它不仅是陈述性记录，更是对自己教学实践后理性的回眸，是践行后的总结和反思。可见，要提高写教后感、教后记的质量，还要提高自己的理论素养，提高自己观察问题、分析问题的能力。

（二）教后记的作用

1. 总结与提高。教师从备课到上课是单向结构，上课之后的反馈一是靠学生学业状况的反馈，二是评课教师的反馈，如果再加上任课教师对自己教学实践的反思，有了反馈与总结，整个教学过程就构成一个良性循环。著名特级教师魏书生有"白日执教夜间思"的习惯，他每天晚上10点到11点这段时间是留给自己思索的。他的教改成功经验，也正是这些思索的结晶。

教后记既是教学实践后的积累，又是实践后的再认识，它具有承前启后、继往开来的作用。

2. 提炼与升华。教师的课堂教学活动，不是一种简单的周而复始的脑力劳动，而是认识与实践之间循环与提升的过程。这种过程需要"催化剂"，这就是教师行动研究，而教后记和教后感的撰写则是这个行动研究的"初级产品"。尽管教后记的内容似乎较肤浅，但它是真实的第一手资料。如果将这些资料累积起来，一点体会、一丝感悟、一则教训汇集起来就有规律可循，就会产生有价值的科研资料。

3. 促进思维，提高写作能力。写教后记的基本要求是及时、简练，这就要求教师要优选教学实践行为，分析与整理教学过程中的素材。如为什么要对教学计划作变动，施教时的灵感是什么，遇到学生特殊的反馈言行如何处理等，都需要自己作深层次的思考和分析。这些思考最后都要落笔成文，长期如此，写作能力就会逐步提高，

二、教后记的内容和形式

教后记的内容包括教师的"教"、学生的"学"以及师生之间的交往活动等。

（一）记教学成功的过程

用教学日记或教学案例的形式记载教学过程中的精彩环节或成功的教学方法。写作时，要回忆当时真实的情景、行为过程，可以夹叙夹议或在结尾作自我点评。

（二）记教学失误之处

教学上的失误有时是教学计划不周到引起的，有时是因为预见不到而产生的。教师不是圣人，教学不能保证不出一点差错，问题是要正视它，尽最大的努力避免失误。写教后记的一个重要内容就是记录教学不妥之处，以便总结教训，走向新的成功。

记教学失误之处，可以写宏观的教学程序结构的安排，记教学策略的谋划等方面存在的问题，也可以记录微观的如教学板书、教学中的语词表达问题以及写错字、读错音等等。对失误之处要作适当分析，以便今后改正。

（三）记教学精彩的片段

板书设计得意之笔，教学方法成功之处，设问答疑奥妙之处，组织学生讨论热烈的场面都可以成为教后记的内容。记教学的片段要尽量用"白描"的手法写真，记过程的阶段、记人物的对话、记情境与氛围，这都是进一步开展今后的教学行动研究的第一手资料。

例如，一位小学语文教师在一次作文教学后记中写道："写作就是把生活中的故事经过自己的感悟、体会以后写下来。学生的写作素材无处不在，班上一个学生出水痘后，班级其他孩子被'隔离'，不让他们下课后外出活动，气氛有点紧张。我布置带有若干问题的家庭对话作业，同学们竟然打开了'话匣'，从不同角度写认识、写态度、写告慰语，甚至有的学生用诗配画的形式来表达。可见，低年级作文尤其要走进孩子的心灵世界，才能让学生在不经意中快快乐乐写作文。"

（四）记学生学习中普遍存在的问题和学生的建议

教学中会经常出现学生普遍存在的问题，对这些问题作些记载和分析，有利于教师在今后教学中抓住这些共性问题。

教学要体现学生的主体地位，发扬教学民主。对学生合理的建议教师要认真对待，并作适当记录。

三、教历研究

教历是从"病历"（病案、医案）引出的。病历是医疗部门记载病情、诊断和处理方法的记录，每个病人一份，其运用价值在于医疗与科研的作用、在于总结治病经验和检查医疗质量等。当然教历与病历是有很大区别的，不过从病历的作用中，我们可以得到启示：教师的备课设计与实施教学过程的记录、评课记录与教师教后记同样是一种经验的总结、原始资料的积累。它完全可以为当前以及以后的教学提供重要参考，这就是开展教历研究的基本意义。

那么怎样收集教师的教历呢？

华东师大施良方、崔允漷主编的《教学理论：课堂教学原理、策略与研究》一书中的第十章第二节详细阐述了具体的内容。现将其中主要内容整理如下。

1. 一般项目。包括教师姓名、记录时间、科目与专题、任教年级班级、学生人数、记录所包括的时间跨度等。

2. 课前计划。主要是教案的内容，包括：目标、材料与设备、内容与方法等。

3. 课堂教学过程实况。教案是预想的方案，而教学过程的实案是实际行为的具体表现。虽然教学过程相关因素很多，但作为教历研究至少应由四部分记录组成，一是过程实录。可以从教师本人和听课者的记录中整理而成，还可以通过录像、录音资料的整理获得。二是记录教学各环节的时间。三是调整记录。教师根据教学进展情况，临时改变计划，对教学内容、教学方法、教学步骤等所作的调整及其原因。四是有关课堂教学管理与辅助教学行为的记录材料。这部分内容十分重要，我们往往重视教学内容、教学过程的记录，而忽视了教师随堂的管理行为、教师教学手段应用以及动机激发、师生交往、教师期望的表达等教学辅助行为的记录。

4. 教后记或教后感。教后记是教师教学后的反思与总结。这种总结从基础层面上看，教师只要个人对教学实际情况作反思就可以写出；从更高的要求上看，教后感应当在观课评课后，教师获得了评价者的反馈之后写出。

5. 学生听课后的反馈信息。学生的反馈信息包括习题状况、课堂上学生的学情状况以及课后的座谈、个别交流所获得的信息。

应当指出的是，一份完整的教历的收集整理的确费时费力，但它具有很高的研究价值。教历研究是教学案例研究的一种，它是教学基础性、行动性研究。尤其是开展课堂教学改革,把课堂教学作为某项课题研究的重要环节,教历研究所积累的材料与经验具有很强的依据性和说服力。

教历根据需要可分为详教历与简教历两类。

现将一份教历摘录如下:

教　历

一般项目:

　　课题:《难老泉》(高中语文第一册第一单元)

　　任教者:唐江澎

　　任教班级:江苏省锡山高级中学高一(1)班

　　学生人数:52

　　教时:一课时

　　记录时间:1998 年 9 月 11 日

课前计划:

　　目标:

　　① 了解本文如何围绕中心来组织材料(内部心理描述)

　　② 依次找出课文中选用了哪些材料(外显行为描述)

　　③ 找出体现文章意旨的句子(外显行为描述)

　　④ 说出这些材料对表现中心的作用(外显行为描述)

　　⑤ 用自己的话说出"难老泉"文题的含义和作用(外显行为描述)

　　⑥ 说出对本文行文顺序的评价(外显行为描述)

主教行为:

　　讨论

　　(其余内容略)

　　过程描述:(根据听课教师记录整理)

　　师:我们今天学习《难老泉》。读后请回答,本文写景的重点是什么?

　　生:难老泉。

　　师:作者是从何处落笔一直写到难老泉的?

　　生:从山西到太原到晋祠,最后再写到难老泉。

师:从景物与立足点的关系来看,本文和《雨中登泰山》一样属于移步换景,但这两篇文章的写法又有很大的不同,区别何在?

生:《雨中登泰山》写景是一个景点接着一个景点写,本文是由远及近、由大到小地写景。

师:好,《雨中登泰山》的移步换景从一个景点写到另一个景点,可以用□→□→□→□(板书)来表示,我们姑且称之为线性结构吧,那么《难老泉》一文的景与景应是什么关系呢?

生:好像是包含关系。

师:用圆形来表示,我们姑且称之为层围结构。

师:那么,如果我们写一篇《鼋头渚》,可不可以从江苏写到无锡再写到太湖再写到鼋头渚呢?

生:(笑)不可以,这么写绕得太远了。

师:可《难老泉》为什么可以绕这么远写呢?

生:(讨论)

师:如果能解答这个问题,就找到了打开这篇文章的钥匙。我们暂时把这个问题搁置起来。我现在要提的问题是"难老"包含哪些含义?

生:难老就是不老吧……

师:那么,你看看像老师我这样的中青年能不能称"难老"呢?

生:(笑)不能,因为您并不老呀。

师:你的意思是只有老才能说其难老,这样看来"难老"应包含两层意思——

生:一是老,二是难老。

师:再来问,在本文中"老"的具体含义是什么?"难老"的具体含义指什么?

生:我想"老"是指历史悠久,"难老"指虽然历史悠久但还很年轻。

师:不错,"老"是指历史悠久,"难老"用文中的话说是——

生:青春常在。

师:接下来,我们来看本文是如何表现这两层含义的,从山西开始。

生:(齐读第一句话)

师:当铺、钱号、窄轨道都是山西带有时代特征的意象。与徽商齐名的是晋商,山西人很会做生意;而窄轨道是军阀阎锡山发明的,他建造的铁轨比其他地方窄,对外封闭,用现在的说法是严重的地方保护主义。

师:这里还要说的是用排列意象的方法很容易显示特征。突出的一个例子有马致远的《天净沙·秋思》,"枯藤、老树、昏鸦",排列的这些意象显示出一幅黯淡凄冷的画面。那么,当铺、钱号、窄轨道这些意象显示的特征是——

生:都是老而腐朽的东西。

师:再看煤炭、汾酒、老醋,这里如与上文相对,最好加上个字以谐和音节。"老陈醋",这几个意象排列显示什么特征?

生:历史悠久,散发着热力和芳香。

师:这些都是老而难老的东西,还有什么是老而难老的呢?

生:革命感情依然炽热。

师:(板书)   老   难老

山西   历史悠久,革命传统悠久   热力,芳香,炽热

师:我们一起来看,山西的省会太原是个古老的城市,文章里写了旧城的高墙深巷,几进的庭院;也对比着写了在新建设中,太原焕发了青春活力,一派繁荣的景象,欢乐的气氛。

(边指导学生圈点边板书)   太原   古老   繁荣,欢乐

师:到晋祠了,看"桐叶封弟"这个材料有什么作用?

生:(读后答)写晋祠的"老"。

师:那难老又表现在哪里呢?找出能表现难老的句子来。先读一绝"宋塑侍女"。

生:(读指定内容)

生:走近去,你仿佛会听见她们说笑的声音,会感觉出她们呼吸的温馨。

师:从"说笑、温馨"能让我们感觉到这些宋塑侍女青春依然。

(板书)   宋塑侍女   说笑,温馨

师:再看二绝"古柏齐年"。这两株柏树是西周初年栽种的,可谓古老,但至今古柏生机勃勃。齐读"剩下的一株,……披覆在圣母殿左侧"。

生:(齐读)

师:"横卧如虬龙"、"披覆"分别说的是什么?

生:"横卧如虬龙"指树的姿态有力,"披覆"指枝叶繁茂。

师:对,这古柏自以其枝干的苍劲和枝叶的繁茂显示其青春活力。

(板书)   古柏齐年   枝干苍劲   枝叶繁茂

师:三绝是"难老泉"。难老泉有着千年或万年的历史了,但至今充满活力。

文章是怎样写泉"难老"的？

生：（读"水的流量不小……满目江南田"）

师：用自己的话概括——

生：难老泉是永恒的、造福万世的。（板书）

师：另一个景点"不系舟"同样如此，一起来看——

生："冬夏常一色"。

师：以难老泉为源头的晋水促进了工农业的发展，所以课文最后归结为四个字"永锡难老"。

（板书）　永锡难老

师：读完这篇课文，大家再想想，本文是记难老泉的游记吗？

生：不是。好像是借难老泉来赞扬祖国难老。

生：应该是赞颂难老精神。

师：那么，文题又有何意义呢？

生：我想有两层含义：一是地名，一是精神。如果把"难老泉"这个题目换掉的话，可以是"难老精神赞"。

师：大家好眼力，看出作者实际是借题发挥。是借题极力赞颂江山不老，人民不老，民族的精神不老。所以，贯穿本文所有材料的一条红线是——

生：难老精神。

师：这样看来作者从山西写起可以吗？

生：我认为是可以的，体现出作者的老谋深算。（众笑）

师：有意思，请具体说说是哪方面的"谋算"呢？

生：是组织材料方面的，作者借难老泉之名，把那么多的史料、传说、见闻都组织到文章里，又都能用来表现中心。

生：对我来说，觉得最大的启发是写景时要经常想想写的是否与中心有关。

生：要用中心来统率材料。

师：好，暂且打住。再来看，如果写鼋头渚，要从江苏写到无锡写到太湖写到鼋头渚，那么我们所要表现的可以是什么呢？

可以是无锡的旅游广告，充满——

生：温情和水。

师：写无锡时需要写些什么呢？可以写写纵横交错的水道，船只，木桥，船上的人家,只是不要忘了用什么来贯穿全文、组织材料?

生:温情和水。

作业(任选一)

① 结合初中学习过的两篇写景文章,举例具体说明所选材料对表现中心的作用。

② 结合本单元某一文章,举例具体说明其所选材料对表现中心的作用。

(板　书)

(借)　题　(发挥)　中心

难　老　泉　　赞难老精神
／　　　＼
老　难老

山西	历史悠久,革命传统悠久	热力,芳香,炽热
太原	古老	繁荣,欢乐
晋祠	桐叶封弟	引人入胜
三绝 宋塑侍女	宋代作品	说笑,温馨
古柏齐年	周初栽植	枝干苍劲,枝叶繁茂
难老泉	柳氏坐瓮	恒流,泻玉

永锡难老

教后反思:

一、自我反思

这节课在目标确立和达成方面的进展,主要收获是:

1. 明晰目标,关键是陈述学生的行为变化

明确目标,有的放矢,本不是新课题,而现实却不乐观;有时援弓而射,而"的"呢,渺然在水一方;有时流矢如蝗,却无法万箭穿"的",徒然亡矢遗镞;有时打一枪换一个目标,在东奔西突;至于引挽"雕弓如满月"而"射天狼"者,除了让学生观赏"神射手"的架势,天晓得射中了哪颗星星。令人焦虑的是,凡此目标设定方面或不明晰、或不集中、或散乱、或高而落空的现象并不少见。这里重要的一个原因是目标陈述的技术问题,我们常用的什么"深刻理解……"(概念规则理解)、什么"掌握……方法"(技能形成)、什么"培养……的精神"(德育渗透),基本上是一笔糊涂账,不曾具有现代意义上的"明晰度"。传统的教学目标,站在"教师本位"的立场上,选用描述内部心理的词语来陈述,只说清了"教师做什么",至于学生的能力是

否因之切实发生变化,能否测量,则没有设定,因而这样的目标是含糊的,很可能要落空的。而现代的教学目标,应确立"学生是学习主体"的观点,应主要选用反映外部行为变化的词语来陈述,说清学生通过一定的学习活动后,其内在的能力或情感的变化,并尽量使这种变化可观察可测量。

查《难老泉》的旧教案,按传统方法有这样的目标陈述:

① 使学生理解本文如何围绕中心来组织材料。

② 使学生进一步掌握写景状物散文"意蕴其中"的特点。

③ 提高学生写景的基本能力。

④ 培养学生对祖国悠久历史、灿烂文化的热爱。

分析:且不说目标③、④多半只是空话而已,就还较具体的目标①、②而言,现在看来,问题就不少。在此,"理解"、"掌握"都属于"内部心理状态",怎样才算达到目标,怎样才算达到"理解"了、"掌握"了甚至"进一步掌握"了,我们都无法知道。

要按马杰(magef, R. F.)的行为目标陈述法修改使之明晰化,实在不是容易的事,况且如目标③、④也不是一节课所能达到的近期目标,要立竿见影地测量更无可能。

基于这些考虑,我对本课的教学目标作了修改(见"目标"部分)。

作为实践者,我们无法在熟稔了庖丁的技法后再解牛,只有在操刀中提高。在目标设定时,觉得可以用两个问题追问自己:是陈述学生学习后的变化吗? 如何观察、测量这种变化呢? 这不一定科学,但至少可以使笼统、模糊向具体、明晰靠近。

2. 达成目标,关键要集中、选准突破点

就集中性和达成的可能性而言,一教时内达到目标①已经不错,目标②可以删去;如果要保留,目标②用外显行为可以表述为:

A. 能结合初中学习过的两篇同类文章,具体说明所选材料对表现中心的作用。

B. 能结合本单元其他文章,具体说明其所选材料对表现中心的作用。

C. 阅读所提供的新篇目,准确概括中心和材料的关系。

将这一目标转化为作业,通过课后的练习来达成。目标③可转化为作文题,并通过作文来评定写景能力问题;至于目标④属通过长期培养才能达到的高级目标,可以转化为某个具体活动,只要求学生完成而不必精确规定通过活动培养什么。比如:参观家乡的一处古建筑,写一篇周记,主要写出其历史渊源和现实价值。

这节课切入点设计比较好,分析"难老"的两层意思,底下都扣紧这两方面,思路清,易理解。从课堂反应和作业反馈来看,目标达成度比较高。

二、同行评价

● 扣住一点,巧妙设计,使学生真正理解了文章谋篇布局的妙处。

● 娓娓谈来,看似平易,实则精心设计。"难老"两层文意的分析,"借题发挥"的归结、"鼋头渚"写法的比较,尤其精到。

● 选点准确,目标集中,落实到位。

(选自《教学理论:课堂教学原理、策略与研究》,第409—415页)

思考题

1. 写教后感或教后记,对教师教学技能的提高非常有益。累积于日常、反思于过程,能把成长的足迹留下。阅读本节后请你就教后感或教后记的价值谈谈自己的看法。

2. 请你做一份反映你教学特色的教历。

第九节　公开课的组织与评估

公开课是一种常用的教研形式。它对于指导教师课堂教学,促进课堂教学改革,推广先进的教学经验以及鼓励教师相互切磋教艺有重要的作用。公开课主要是由教育行政部门或教学研究部门组织的,学校年级组、教研组也承担着较小规模的公开课组织工作。

一、正确认识公开课

目前,中小学校开展观课评课活动十分频繁,应当说大多数公开课能较好地起着推动教学改革、活跃教师教学研究的气氛。但是,我们不能不看到公开课活动中出现的种种误区。

● 目标不明,效果不佳。由于公开课的目的不明确,一学期开公开课的人次过多,观课者众,真正参评者寡;观课时十分热闹,观课后的反思、交流、总结往往受到冷落。

● 追求形式,华而不实。为了给众多听课者留下更深印象,某些教师过分追求各种教具、学具的使用,平时较少使用的"现代教育技术"不管是否真正需要,如"满汉全席"般全盘托出,其教学效果不见得达到了最优化。

● 反复操练,真假难分。货真价实的公开课、观摩课总给评课者深刻的印象,给人以回味,这种课确实很多。但弄虚作假的也不少。彩排一次又一次(在不同几个班级上同一教材有之,同一教材在同一班级重复上的偶尔有之),学生表现几近"完美",这样的教育效果会好吗? 对学生是否会产生负面影响?

上海教科院副院长顾泠沅博士在《中小学教育》杂志上撰文指出:"必须防止演出性包装的观摩评优活动,采取大兵团作战方法进行层层准备,每一环节都有专人把关,一旦大规模听课活动结束后评课都不了了之,这不利于对青年教师的培养。课堂教学是一个丰富的非线性过程,而我们的教学评价往往把它局限于线性量化指标的衡量,从而影响了课堂教学健康发展。"

著名教育家吕型伟先生对当前的教改发出了"返璞归真"的呼唤。

著名的特级教师于漪在谈到公开课时说:"我上公开课的时候,从来不作任何彩排,哪怕教育部长来听课,也是铃响就上课,原来怎样上,公开课也一样上。"

教育界的名人名家的评论与呼唤值得我们重视。以上之种种误区及其评论也时时见于报端,并非笔者之偏见或捏造。

二、公开课的组织

(一) 明确目标,正确引导

教师上公开课最终的目的是改革课堂教学,提高课堂实施素质教育的能力与水平。公开课是一种改善课堂教学的过程形式,形式要为内容服务,以教学的目标为导向。因此,管理者必须明确:不能仅仅为上公开课而上公开课,也不能为了某教师是代表学校去参赛而要众人过多地参与、干预,甚至改变了参赛教师固有的教学特色。

为此,我们必须适度淡化公开课的竞争意识与评优意识,返璞归真地让执教者静心思考、精心准备,再配以别人的适当帮助,让执教者以"本色"去参加评比。

在准备阶段,领导要做好心理疏导工作,减轻执教者的心理压力;要善于发现执教者的教学个性,鼓励其走创新之路;要给以适当的物力、财力的支援,为其创设良好的备课与上课的条件。

(二) 科学组织,合理安排

首先要制订计划,提出目标要求。上公开课要与学校课改、课题研究以及青年教师的培养结合起来,通过统筹安排,列入学校教学工作计划之中,落实到各年级和教研组的日程之中。年级组或教研组内组织的公开课,以教研与经验交流为目的,校长可参加也可以不参加。列入培养计划的青年教师公开课,应以训练教学基本功为主要目的,委托带教老师跟踪听课,本学科教师一起听课,校长、教导主任可以有选择地听课。

所有的校内公开课上好之后,都要开展评课活动,其规模与方式方法,可自行掌握。

其次要精心备课。公开课的备课以执教者的个体行为为主,将学校的总体要求或课题研究的需求告诉执教者。要组织教研组教师参与集体备课,集思广益。如果有充足的时间,要让执教者在备课基础上作一次说课,征求他人意见。比较重要的公开课可以作一次试讲(选择不上公开课的班进行),试讲的目的是尝试一下教学方案的可行性程度,了解一下同年级其他班级学生的学情和学生配合情况,然后对教案作进一步修改。必须避免在2—3个班试讲,否则就会淡化公开课本身的意义。

校内公开课一般不宜过多。有的校长为了推进课堂教学改革,要求"每人一课"各显特色。最好以一学年为周期,如上学期以备课、说课为主,下学期则以听课、评课为主。

(三) 双向交流,促进发展

公开课活动中要特别注意双向交流。评价者要有准备,发言要实,既要充分发挥优点,又要对存在的问题善意地提出自己的见解,坦诚磋商。执教者在上课前最好为观课者提供一份教案(简案、详案均可),重要的观课活动,组织者还要为听课教师提供一本教材(教材的复印件或油印件)。

公开课活动不应当是单向的线性过程,而应当整合成双向互动共进式教学研究活动。执教者有承担开课、说课的任务,有虚心向他人学习的要求;评价者有观课前准备、观课中的记录以及口头评价或定性评价的要求。公开课的组织者应在讲、评、议系列活动之后作出小结,以便留下有价值的业务档案。

三、公开课的评估

公开课具有观摩示范性、探索试验性、专题研究性和课改导向性等功能,在评估中要根据公开课的规模、类型和具体要求,进行各有侧重的评估。

主要类型的校内公开课评估要求可用下表归纳。

表 5.6　各类型校内公开课评估要求

公开课类型	评估要求	组织者要求
青年教师"亮相课"	以评估教学基本功为主要项目,使用较为详细的评估表打分,配以适当的定性评价。	由带教教师与年级组长或教研组长组织、管理公开课全过程。
青年教师提高性公开课	以执教者优势与特长为扶持方向,使用较为详细的评估表打分,配以专题内容的定性评价。	除带教教师、教研组长外,校长、教导主任要参加全过程指导与管理。
研究性公开课	以课题研究目标为导向,以研究项目需要为内容,设置专门的评估表,进行定量与定性相结合的综合评估。	课题负责人与有关学校领导要参加全过程管理。
示范性公开课	要重视典型性和示范的作用,对执教者特色与专长作重点评估。	加强听课者前期培训,重点指导评估的要求,课后可多次组织执教者与评价者双向交流,共同总结出典型经验。
"家常式"公开课	以评估教师是否正在改变传统教学模式为主要评估意向,用较为简化的评估表打分。	学校领导与中层干部做好分工,广泛参与听课、评课活动。

思考题

1. 执教者与评价者应当怎样正确认识公开课的性质和作用?

2. 如果你是评价者,应当以怎样的积极心态参加观课评课活动?

3. 走出公开课的误区需要建立新制度的保障,更要参与者的研究意识的提高。你认为在公开课进行中应怎样提高质量和效率?

第十节　校长怎样评课

前苏联教育家苏霍姆林斯基说:"听课和评课——这是校长最重要的工作……"改革课堂教学,整体推进学校的素质教育,这是当前中小学校长最重要的工作职责。校长听课之后,如果不介入评课的领域,那么听课的价值就大为丧失。校长评课具有较强的权威性、导向性,因此研究校长的评课具有重要意义。

一、把握评课目的

评课的根本目的是优化课堂教学,促进教师发展,提高师资水平。校长要对观课对象作分门别类的分析,并结合学期各阶段的教学要求来确定不同的目的要求。

开学初的观课、评课要与检查教案相结合,重点评析教师执行学期教学计划的情况;期中观课,可选择不同类型教师为对象,重点评析教有成效的教师和教学上有所偏差的教师,通过评课做到鼓励先进,纠正偏差,全面熟悉各类教师教学的基本状况;期末评课,校长可选择一些教师作跟踪式观课、针对同一课题观多人的课,然后召集教研组教师集体评议,以全面提高教学质量。

校长观其他各种类型的公开课时,要根据各类课的目的参加评课活动,并在其中起宏观指导作用。

二、做好评课准备

校长观课要做好心理准备和学识准备,观课后要尽快汇总各种教学信息,然后根据观课的目的构思评语、提出导向性意见。

校长应当收集执教者开课前、教学全过程以及课后来自师生反馈的各种信息,经过梳理再作判断与鉴定。信息越全面,越能够作出客观的评价。

评课前的构思,要以正确的教学过程观作指导,抓住课堂教学的关键点、学生活动的兴奋点作出有理有据的评价,不宜对细微的教与学的某些行为作过多的评析。

校长提建议时要注意执教者的基础条件,在扬长避短、纠正偏差或失误上,提出导向性建议。

三、注意评课方法

一是充分肯定执教者的教学成功之处,鼓励教师创新。校长要十分敏锐地发现教师在教学中的点滴长处,将感性的实践经验,提升到一定的理性认识上来。对教师超越规范式的教学行为,只要符合素质教育要求,要给予充分肯定,支持教师继续探索。

二是对课堂教学中的失误与偏差,要全面分析,设身处地地剖析原因,以使教师心悦诚服,努力改正。

三是要从教师的实际条件和教学水平出发,用与其相适应的评价标准去衡量,看主流,看发展。客观地评价他们临场发挥的状况,有进步要鼓励,有问题要提醒。

四是校长评课要注意场合。在众人面前对执教者作评价,要估计对方的心理承受力,言语不宜过激;在面对面作评价时可以直抒己见,坦诚磋商,注重情感交流。

四、讲究评课艺术

一是要及时评课。平时观课要当天作适当反馈,系统性跟踪观课要集中评课。校长不能以工作繁忙、会议多为由不与教师交换意见。

二是寻找规律,正确导向。不少教师评课往往只注重现象不求本质,只注重问题所在,找不出原因。校长评课应当高屋建瓴,立意全局剖析深入,善于找出本质特征和规律。对教学成功之处的升华要适度,问题剖析要中肯、贴切、"解渴"。切忌就现象谈现象,更忌不结合教学实际,单谈理论、空谈认识。

三是实事求是,谦虚待人。校长评课要克服个人的虚荣心理,对不熟悉的学科不宜就学科知识的本身作过多评论,不能有意识提高自我,掩饰自身的不足;对教师难以接受或暂时无法接受的观点,不要强加于人;对执教者教学中的教学行为,若自己不甚明白一定要虚心求教,加强双向沟通。

校长用自身的行为引导教师以正确的态度参加评课活动。要努力克服如下不良倾向:其一是文不对题,空洞乏味;泛泛而谈,言之无物。其二是怕得罪人,影响学校声誉,于是讲成绩高唱赞歌、谈问题言不由衷,蜻蜓点水。其三是对人高标准、严要求,求全责备、强加于人。其四是内容重复,陈词滥调,情面观点谈虚不谈实。

总之,校长要在评课过程中以求实求新的态度,重过程、讲实效,做到备课、说课、上课、观课、评课系统化、多元化,促使广大教师敬业爱教、乐学会教、创新优教,从而促使学校走上可持续发展之路。

思考题

1. 有的校长说,"观课易评课难",本节提供的材料可否为你化难为易?

2. 校长的评课角色应当如何定位?

第六章　基于"四课研究"的教师专业发展

袁振国教授认为："教师专业发展是一个持续不断的成长过程,其专业内涵的持续改变,包括三大内容,即专业知识、专业技能和专业情意的发展。"而这些内容又都植根于教师实践场所——课堂教学。一个教师在探索自己如何走向成功时,可以从教育专家的"教学反思"、"教科研"、"教学合作"、"教历研究"等多种途径与方法中获得指点,而这些途径与方法却没有一项不基于课堂,不扎根于教学。可见,基于"备课、说课、上课、观课、评课"的实践研究,将是教师专业成长与发展的最基本的载体和形式。

第一节　备课、说课、观课、评课的内在机理

备课是教师加强教学预见性和计划性,实现教师主导作用的先决条件。它是教师从事教学活动的第一步,除了集体备课之外,大量的备课时间为教师个人所把握。说课是备课的理性提升的一种延续,把备课时的隐性思维作一次再现。当下说课已成为教师个体与其群体(领导和同行教师)交往的新形式,它带有一定理论化的学术研究的性质。

观课是一种具有现场知觉性的手段,通过现场观察,学校管理者和教师可以了解上课教师的教学状况,了解学生的学习情况。观课之后的评课,它能帮助教师、指导教师改进教学,提高课堂教学质量。

所谓"机理"即机制,《现代汉语词典》其中一种解释是:"机体的构造、功能和相互关系。"显然,上述备课、说课、观课、评课,从教学的系列化活动和功能上,都明显存在"有机性"与"关联性"。

一、备课、说课、上课、观课、评课活动的内在关系

（一）备课与说课的关系

备课与说课都是教师上课前的准备工作，是教师教学和专业成长的"基础工程"。备课是教师认真、刻苦地钻研教材、课程标准或学习教学大纲和了解学生，弄懂弄通教什么，怎样教，怎样指导学生学，并在此基础上发挥个人的创造性，设计出目的明确，方法适当，手段有效的教学方案。而说课则侧重说教的原理、缘由，对备课作一定的理性解读。

两者的区别在于：一是备课，尤其是传统的备课，其功能指向是上课；说课是面向同行教师，功能指向是上课技能的理性提升。二是备课的职能上，从构思、资料准备到教案的形成，回答的是怎样教，上课将做什么、怎么做等；而说课则是在备课的基础上再上升为理性化认识，用口头向同行或教育行政领导介绍有关课的理解、分析和设计，集中回答为什么要这样教、这样做。

从两者的衍生关系上看，没有备课的基础，便难有说课的成功；没有说课的理性梳理，备课与写教案的行为，便会陷入"不知所以然"的窘境；有了备课后的说课，教师的教学行为便会有更坚实的理性支柱。

（二）备课与上课的关系

特级教师斯霞说："要上好课，首先要备好课，""只有踏踏实实，认认真真地备好课，才能取得应有的教学效果。"可见，教师要上好课，就必须认真备好课。

备好课是教师教学活动走向良性循环的起步环节。上课是备课后的教学实践延伸，精心备课，才可能有精彩的课堂。有效备课，会出现有效教学。从传统备课走向研修型备课，才会有新型的课堂。

其实，影响课堂教学因素很多，教师要上好课，备课只是基础，是预设，还要有教师上课时现场的组织教学的能力，面对学生学习中状态和生成的灵感和机智等本领。

（三）说课与上课的关系

说课是对上课中教与学行为的理性思考，它不仅要解决教什么，怎样教的问题，而且还要说出"为什么这样教"等问题。说课是备课后的提升，自然对上好课有着更高层次的驾驭作用。

说课与上课的对象不同，前者的对象是教育行政领导和同行，后者的对象是学生。

由于对象不同,说课可以不受时间和空间的限制,不受教学进度的制约。上课是以教师消化教材、运用教材的过程,以学生的学习效果为评价标准;说课除了运用教材外,还要有相关的教育学心理学的理论运用,它以教师整体素质为评价标准。

(四) 观课与评课的关系

观课是观课者的课堂现场的所有观察活动的总称。评课是评价者在观课后的课堂教学评价。观课需要通过评课或议课,才能使观课的延续功能得以实现。加强观课前期培训,进行心理准备、专业职能准备和具体的技术准备,才能产生预期的评议效果。

备课、说课、上课、观课与评课的内在关系可用下列图示建立关系:

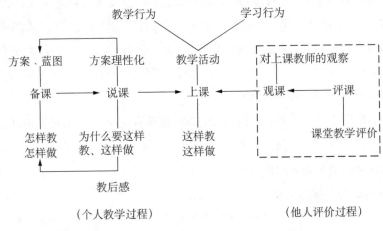

图6.1 备课、说课、上课、观课、评课内在机理图

二、备课、说课、观课、评课研究的意义

(一) "四课研究"是校本师资培训的基本途径

英国和美国分别于20世纪80年代与90年代提出"学校本位"师资培训,并建立相应培训模式。为适应当前全面实施素质教育需要,以及师资培训的重心下移,校本师资培训已成为当务之急。师资培训中存在的一个突出问题是与学科教学、课堂教学相结合不够紧密,因而许多学校领导都在努力构想,希望以"指导教师自身有关问题研究"作为校本培训的主体来抓。要让教师在日常教学中从备课开始到观课、评课等过程中,较好地做到常抓常新、常教常新,就要坚持开展个体与群体的备课、说课、观课、

评课活动。

许多事实也证明教师理论进修、观念更新最终都要归结到教师的教学行为上。因此,抓备课、说课、观课和评课是"一线化"的培训,它能较快地产生应急性教学新效果。

(二)"四课研究"是教师"以人为本"自我更新、自我完善、自我发展的必由之路

一个呼唤人的主体精神时代需要"新人"来创造,时代呼唤教师要不断地更新教育观念不断学习,不断培训。终身教育观念的提出,也要求教师不断进行学习。从教师自身的角度出发,从自己的"四课研究"的实践入手,开发自己的生命潜能和创造力。

教师从专家教授的专题讲座、教育行政领导的全新要求、理论专著和有关他人的教育经验中获取营养,最终都要演化为自己的教育教学行为。而备课、说课、观课和评课活动是这种教育行为的具体表现。当然,这种教育行为的转化还有一个关键点,即对自己传统理念的反思与否定,然后才能在教学实践活动中克服传统的思维定势,使自己的教育行为真正纳入素质教育的轨道。

不同年龄层次和不同教学经历的教师,尽管各有所长,但在现代教学观指导下,他们的备课、说课、观课和评课都有着相对统一的方向性理念,目标是一致的,只不过不同类型的教师起步点不同、角度不同、要求不同而已。

(三)"四课研究"是学校开展教学改革和课堂素质教育的基础抓手

学校全面推行素质教育,可以从学校发展规划、探索办学模式和营造办学特色等方面作出宏观决策;教学改革可以以课题研究和相应的教学管理为抓手,所有这些都要通过每一个教师在班级里,在课堂中予以落实;无论从完成教育任务上,从占有教育学生的时间上,从教育的内容上,课堂教学的主渠道地位已经为人们所共识。

课堂教学是教师教学活动的主阵地,教师观念更新后的教学行为的变革,对自己教学行为反思后的再实践,也要到备课、上课、观课、评课活动中去进行。可见"四课研究"确实是学校开展教学改革和课堂实施素质教育的基本抓手。

(四)"四课研究"是区(县)级教研室开展教研活动的重要形式

区(县)级教学研究室具有指导中、小、幼学校教师开展教研工作的业务指导职能,在全面推进素质教育的背景下,各校的课堂教学改革,既需要区域性整体推进,也需要按学科特点分头并进;既需要以点带面,用典型引路,也需要教师的群体与个人在教学实践中去实施。这样备课、说课、观课、评课活动仍然是教学研究活动的重要形式。

不少专业研究者指出,区(县)级教研室在业务指导上要牢牢把握素质教育的大方向,传统的"教材教法"研究只能为应试教育推波助澜。当然备课、说课、观课、评课这些传统的教学活动,不论从理念、理论、管理与评价上都要注入现代教育思想,只有这样,这些活动才会有新的生命力,新的效果。

思考题

1. 请说出备课、说课、观课、评课的异同点。

2. 备课、说课、观课、评课的功能和意义各不相同,但其内在关系却十分密切,教师经常性开展"四课"研究有哪些现实意义?

第二节 教师专业发展中的"四课研究"

教师专业化发展的概念性认识是:"教师专业化发展是指教师作为专业人员,在专业思想、专业知识、专业能力等方面不断发展和完善的过程,即是专业新手到专家型教师的过程。"

教师专业发展的基本内容主要包括专业理想的建立,专业知识的拓展与深化,专业能力的提高和自我的形成。另外,教师专业发展还应当是一种"过程",它包括教师专业成长的过程,促进教师专业成长的过程(即教师教育)。

新课程改革已进入全面实施、全面推进的阶段,中小学教师只有努力于新课程的实践,在其过程中不断完善更新自我,提升自己的专业素养,促进自身的专业发展,才能与新课程同行,适应新课程的需要。

(一) 关于促进教师专业发展的基本认识

关于促进教师专业发展的论述观点众多,内容丰富。本章着重强调如下观点:为了促进教师专业发展,必须建立教师教育,教师在岗的职务培训制度和运作机制,要把教师教育的层级的重心,前移到学校与教研组。

为了促进教师专业发展的实效性还必须强调"基于学校"、"基于教育实践"的理念,因为实践是教师发展的基础与生命。

为了促进教师专业发展的厚实性,必须提升教师专业理想和教师学习文化的品位,因为只有这样才能把"发展"定位于"实践",提升于"课堂",内化到教师自身的素养。

(二) 基于课堂的教师专业发展

有人说:"教室是检验教育理论的理想的实验室。"谁来检验? 自然是教师,教师是将教育理论践行于课堂的执行者,也是课程理论的现场的践行者。这种"实验室"的功效,长期以来我们往往偏重于"教"与"学"的效益的验证,却忽视了教师在教室里的成长与提高。如果我们突出强调教师的主动参与和全身心体验,强调对教学活动的意义、价值运作方式的不断解读、选择和再创造,那么教师便会和学生一起成长、成熟。这种立足于"课堂"的专业发展是实实在在的,成长的轨迹印证在课堂,发展的心路历程谱写在众多的"教育案例"之中,这个过程中,发展的"脚手架"构件是"经验与反思"、"自主与合作"、"专家引领与同伴互助"。

1. 教师专业成长在"备课中"

课堂是教师专业发展的根基,备课是课堂教学预先的设计。当备课活动被赋予教师自身发展的意识时,备课"场"的作用与功效便会显现出来。

教师专业成长在"备课",需要"配备"如下基本思维:

一是确立课程特征、课程目标导向下的课堂教学目标。"课"得一节一节地上,每节课的具体目标不是教师的主观臆断,而是课程标准框架内的,基于教学内容的具体化。同时,教师"有权"修正基于教育对象的、更为适应性的具体目标。如果一个教师能以上述思维为指导,并长期坚持,不言而喻,他的授课设计的能力,便会在这准确的轨道上不断提高。

二是建立既有新课堂所追求的,又有自身特点的,课堂信息"呈现"系统,并用这样的"系统"来设计教学。当教师把"教教材"逐步改造成"用教材教"时,当众多的、被同学科教师广泛采用的教学策略与方法,被自己"内化"时,当新颖的教学技术手段,被自己所准确选择时,那么,教学的预设及其教案的呈现,就是这位教师创造性的备课成果。

三是建立有"合作"、有"反思"的备课运作机制。现代教师的专业成长,必须走出封闭的经验积累,必须进入众人合作交流的领域,只有这样才能有成长的"台阶",有锤炼的过程,从而走向成熟。把"反思"引入备课,不仅是个人"再备课"前的反思,还应当是群体共议共研中的集体反思。

总之,备课活动只有跳出传统的,以完成教学任务为唯一宗旨的构思与运作时,把教师个体与群体的自我发展意识介入其中时,教师的专业成长与发展才能发生。

2. 教师专业成长在"说课"中

说课的说理、说"为什么"的最基本特征,决定了它具有很强的驱动教师对课堂教学技术手段的理性提升,因而它是教师从教学的执行者转向教学研究者的重要手段。

教师专业成长于"说课中",也需要有下列基本思维：

一是正确解读说课内涵和基本特征。说课不是空谈理论，不是制造一种虚拟课堂，创设一种教学前的演练，而是要把教学设计全面提升到理性的架构，显现备课中的真实的隐性思维。当一个教师面对自己的教学设计，不仅能知其然，而且能说出"所以然"时，其专业素养便会有种质的飞跃。

二是建立说课研究的"话题"系统，从中营造个体与群体的合作研究氛围。如果说，教师成长在课堂已成为共识的话，那么，教师专业发展更在于课前与课后的"说课课堂"。把说课看成"课堂"，说课教师的"说"和观课教师的"议"，都是一种独特的研究性"话语"组成：找依据、解意图、议方法、寻因与探果等活动，会使教师群体进入研究者的境界，扮演研究者角色。说课，对于教师专业发展的促进与提升，不仅是这些"话语系统"生成的本身，还有赖于话语的主题、专题的设计，有赖于自建一种包括"听、说、读、写"在内的研究活动系列的坚持与安排。

三是加强说课与备课，说课与上课之间的相关性探究，以便形成理论与实践、经验与反思的逻辑的演绎关系。说课的功能与作用的发挥，不仅依托于说课活动单一形式之中，而且浸润在备课——说课——上课的系统之中。预想与预设的课堂，既要从理性角度去审视，更要在上课的实践中去验证，并建立"三课"之间的良性循环，只有这样，教师基于课堂的专业成长，才能"落地"并在教学行为修正中产生效果。

说课中如何促进教师专业成长，学校管理者需要针对教师实际状况，建立一套以说课为基本内容的驱动机制，以便提高教师对教学行为的设计与解读能力。下面引用上海市明园村幼儿园园长韩文秀，在总结本园教师说课活动的一篇文章片段，予以说明：

> 幼儿园教师在说课的过程中有着比较明显的职业特点，归纳如下：
>
> 1. 语言生动，善于结合幼儿年龄特点比较生动地阐述自己的教学构思。
>
> 2. 重视环节设计，善于创设情境并通过用儿童化的语言表达让人理解和接受。
>
> 3. 对教学过程的过度重视、精心设计会导致影响了对教学设计的缘由和意图的思考，产生感性的内容多于理性的思考的现象。
>
> 4. 注重创设游戏情境的快乐氛围，却冲淡了对活动目标的真正指向，使活动设计的价值得不到有效的体现。

基于这样的分析与认识，我们在教研组研课过程中、日常教育管理过程中开展了基于说课的系列活动：

一是研课前的说课：凸显教师的个人设计能力

教研组的实践课通常是在某个教师的个人设计前提下进行再雕琢、再加工的。因此，这个承担实践课的教师的设计能力、说课质量就给教研活动的开展奠定了因人而异的、高低不一的基础。从目标的定位、斟酌，到活动环节的设计、铺垫；从师幼互动的方式、频率，到提问设计的推敲、定夺，从重难点的把握、释疑，到后续活动的延伸、拓展，都是考量设计者智慧与能力的筹码，前期的思考深度与质量给说课活动注入了不同的生命力。因此，我们要求执教者的课前说课必须是有完整的设计、充分的思考、合理的安排、有效的互动，以体现执教者的设计能力和专业水平。

在大班主题活动"我是中国人"中有一个语言教学活动——故事《月亮船》，要把这一个大家耳熟能详的故事教出新意，也是不容易的。在青年教师说课的过程中，我们明显感到：该青年教师的教学经验不足，且创新能力有限，活动设计中缺少生动的交流与互动，作为中国人的自豪感难以被激发。这样的说课状态就需要教研组在研课的过程中注重体现生动性、趣味性、互动性的手段，以渲染和激发幼儿对祖国的热爱及自豪感。

二是研课后的说课：彰显教师的即时反思与调整能力

如果说课前说课有可能滑向"纸上谈兵"，那么课后的说课就是真枪实弹的演练与验证，此时考量教师的不仅仅是课堂上的驾驭、回应能力，还有课后的即时反思能力，即执教者要在说课中对自己的教学设计的实施情况、教学互动的状态质量、教学目标的达成度有一个客观的评价，并对活动中存在的问题有即时的反映，思考解决的方法和策略，这对于执教教师而言是更有挑战性的要求，也最能实实在在提升教师专业水平。

在大班主题活动"我自己"的开展过程中，我园一位教师构思了一堂教学活动——"挺起胸来直起背"。尽管在活动的设计过程中、在课前说课研课的过程中，教师们尽可能围绕教学目标去思考，用形象、生动的多媒体教具让幼儿感知骨骼是支撑人体的支架，是会生长、变化的，同时也让幼儿了解一些保护骨骼的方法，但是在课后我们却依然明显感到教学活动的指向不够明确，有为互动而互动之嫌，看似热闹，有些环节、有些教具的价值并不大。如何紧扣目标，让幼儿了解人体骨骼的基本构造和保护骨骼的方法,在环节设计和教具运用中有必要进行删繁就简的处理,让整个活动节奏紧凑,指向明确。通过课后说课,我们实现了为活动的有效实施进行改良的目的,提高了课堂教学的有效性,为后续的实施者提供了有价值的建议和参考。

3. 教师专业成长在"观课、评课"中

教师之间的观课、评课活动,是建立在"民主的、建设性的、对话的伙伴关系的融合的氛围上的,有了这样的关系,教师的经验可以分享,智慧可以出"彩",教学的个性化艺术也可以适度传播。

教师专业成长于"观课、评课中",需要教师共同营造如下氛围:

一是执教者与评价者要正确理解与扮演好各自的角色定位。观课者不是旁观者,应当是课堂教学的主动参与者,需要"上位思考",也要"移位思考"与"下位思考"。有这样的思维系列,观课者在倾听、观察、思辨中,才能产生基于课堂现场的专业提升。

二是建立正确而全面的课堂教学评价观是教师基于评课的专业成长的关键。课程观、教学观和质量观都不同程度地体现在每一堂课的进程中,从"观念"看"行动",从"行动"发展其背后的"观念",能让教师专业素养水准获得较为彻底的映衬,从中找出亮点和困惑,有助于教师了解教学功底,提高专业素养。

三是寻找基于不同研究类型的评课活动的目标指向,才能在不同层面上促进执教者与评价者共同成长。如示范式观课评课,能给处在不同的教师专业成长阶段的教师以启示;互助式观课、评课有利于相互学习,实现优势互补;专题式观课评课能促使教师,对具体教学现象作出理性思考,有利于成熟课题研究的实践性和案例性的发展。

思考题

1. 听教育专家的专题报告,不可能从根本上提升教师专业化水平,而基于教学实践研究,并从中提升理性感悟和技能、技巧却很实在。请结合自己的教学实践,谈谈学习本节后的新认识。

2. 许多教师都有备课、说课、观课、评课的经历,但各人的收获与发展却有很大差异,你认为症结在何处? 学习本节后,你的"四课研究"应当如何改进?

第三节　有效教学与"四课研究"

有效教学的"有效",主要是指通过教师一段时间的教学后,学生所获得的具体进步与发展。而教学的效益不以教师的教学任务的完成或教学认真与否来判定。如果学生不想学,或者学了没收获,即使教师教得再辛苦也是无效教学。

关于有效教学所涉及的教学理念,在钟启泉、崔允漷等主编的《为了中华民族的复兴,为了每位学生的发展——〈基础教育课程改革纲要(试行)〉解读》中,曾作了五个方面的归纳,现整理如下:

- 关注学生的进步与发展。要求教师要有学生意识,教是为了学。因此,必须树立"一切为了学生的发展"的思想。其次,要求教师有"全人"概念,了解学生发展是多方面的,还是某一方面或某一学科的发展。

- 关注教学效益。必须以时间与效应为前提,努力提高单位时间内学生学习结果与学习过程的综合效应。

- 关注可测性和量化。如果教学目标空泛,又无可测可检的量化指标,那么教学现场及延续性效果便难以检测。教学目标要定性与定量兼备,拒绝量化或过于量化都是不妥的。

- 应具备教学反思的意识。教学反思意识和行为要贯彻教学活动的全过程,也包括备课、说课、观课和评课中的反思。尤其要反思"我的教学有效吗"、"怎样的教学会更有效"等。

- 努力探索本学科的有效教学策略。教学策略是基于理性架构的大的教学方法,它源于适切的教育教学理论,又以实践中成熟的经验为依托。学科教师应当掌握本学科相关的策略性知识,以便于自己面对具体情景做出判断和决策。

由于教与学的环境、因素与条件都是动态的和变化的。因此,各种教学策略与方法都不是万能的。教学理论中提出的教学最优化,决不单指教师教或学生的学,而是各种教学方式和学习活动的有机与良性的结合。

(一)有效教学的基本原理

根据有关专家的研究,有关有效教学的原理共有 12 条,以下除了作简要介绍外,编者还作适当解读:

这12条原理分别是:(1)建立支持性的课堂气氛;(2)学习的机会;(3)课程一致性;(4)建立学习定向;(5)连贯一致的内容;(6)深入细致的对话讨论;(7)练习与应用活动;(8)支持学生参与学习;(9)学习策略指导;(10)合作学习;(11)聚焦学习目标的评估;(12)成就期望。

气氛与氛围影响人的心态,教师洋溢关爱,学生有浓浓的兴趣是有效教学的先决条件。只有在这样的气氛中才能建立教与学双向互动的学习共同体,并出现教师式的学生和学生式的教师。由于教学具有明确的目标指向,所以必须在有限的时间内,给学生更多的学习机会,集中精力全神贯注地投入学习。帮助学生明确教学目标或要求还可以是:关注具体的学习目标,概略介绍要点或主要步骤、预先检测将要学习内容的要点,实现提出问题以引导学生思考等。

课堂上教与学的交往,很大程度上要借助师生话语的沟通,有了对话并沿着问题的序列就能产生启示与独立思考,形成"知识链"和思维系统,从而达到知识的巩固。

有效教学最终要促成学生学习目标的达成,因此,教师的学习策略的指导极为重要。有的教学研究者提出如下策略,值得教师学习与应用:一是"复诵策略"(通过重复加深记忆);二是"精细加工策略"(用自己的话来理解内容并且将他们与原有知识联系起来);三是"组织策略"(梳理内容、清理结构和加深记忆);四是理解监控策略(努力运用适当的策略帮助理解、确保达成学习目标);五是"情感调节策略"(维持注意力、专心致志,尽量减少焦虑和失败的忧虑)等。

当然,这些策略不应当仅仅是教师的"赋予"或"输出",还应当在学习过程中,去发现学生自己生成的学法,并进行优化指导。

有效教学的课堂不能缺少学生之间的互动与合作,人数少的小班更要推进"小班化合作学习"。可以让学生在小组中担任不同的角色,承担不同的学习任务,在教师的引导下,还可以开发认知和元认知的潜能,实现彼此之间的学习经验分享。

积极的态度与成就的期望是实现有效教学的精神支柱。教师要相信:学生是有能力学习的,教师也有责任和能力教好。对待学习困难学生,教师首先要学会诊断,发现问题,再用心理鼓励,激活其期待成功的内在心理,还要进入他们的认知领域,加强导学才能产生明显的教育效果。

(二) 基于"有效教学"的"四课研究"

教师备课、说课、观课与评课的系列活动,在实施新课程、新课堂的背景下,都是新课程理念向实践转化的具体行为,也与"有效教学"的追求相吻合。其实"四课研究"可以承载多项研究内容,发挥多样化工作效能,如果把"有效教学"的追求目标,作为"四课研究"中的主旋律,那么"备课、说课、观课和评课"还应侧重关注什么呢?"四课"中的有效教学研究,可以从如下几方面重点推进:

1. 有效"备课"的三个基本要素

其实有效"备课"所要考虑的要素是多方面的,指导思想、思维方式、组织形式和各种技能性备课等,都涉及备课的有效性。但是对学科的课堂教学本身来说,最主要的是学习者即学生、学科内容及其结构、教学目标及其教学方法的优化。

(1)关于学习者　有效教学的关键是学生的"学",尤其要关注学生的"需要"与不同学生的"差异"。而这种"需要"与"差异"往往并不限于知识水平,而在于求知的热度。有效备课仅仅构思"我将怎么教,教什么,讲什么知识?"是不够的,还应当构思如何以学生之需,激活学生学习情绪,把求知的热情贯彻在整堂课之中。另外,关注学生的差异并实行差异教学、因材施教是教师备课中容易被忽略的。经验证明,教有成效的教师不仅有适切于学生的教法,而且他还始终关注学习困难学生的学习,不断创造各种激活他们学习的自信心情境,并以学法指导为核心,才能取得教学的成功。

(2)学科内容及其结构　关于"教什么"的问题,似乎在课程与教材中已有明确规定。从备教学内容上看,要提高其有效性,关键是教师的责任意识和创造意识,教材的分析与处理,不是单凭如何教的思路进入,而是从学生的实际水平和情绪状态切入,进行"教材"的"再创造、再开发",进行适切性选择、组织和排序。

当一个教师确立了从"教教材"到"用教材教"时,教材就"活"起来了。教师能驾驭教材、处理教材,并以学生实际组合教学内容时,教学的有效性便会大大提高。当然这种备课中的课程资源的开发和利用,也应将学生的资源纳入发现与开发的程序中,进行"校本化"、"生本化"处理。

(3)教学目标及其教法　优秀教师的教学经验和教学论的研究都表明,合理的教学目标能够最大限度地发挥学生的学习积极性,从而促进教学活动朝着产生最大成效的方向发展。

少数教师在备课时,并不看重教学目标,习惯性地搬运教学参考资料中所提供的教学目标,有时也仅仅作自我解读式改写。其实,教学目标至少有三大作用:一是指向性作用;二是激励性作用;三是标准化作用。这三大作用体现在教师教的过程,也作用于学生学的过程。若目标抽象或模糊,教师教的行为导向不明,学生学得肤浅,习得不扎实;若目标过寸细化,学生有可能在琐碎的环节中不得"要领"。教学目标设定在学生的"最近发展区",又形成于三维目标的内在机理中,那么,学生就会有较高的学习热情,进而掌握更丰富的知识。

目标设定之后,还需要有机匹配的教学方法。成功教师的教法,也应该是成功的。其实,好教法对好教师来说,是在其正确的教学思想指导下的"复合体"。也就是说其教法呈系列的、多样化的、组合式的方式展现在教学过程中。

高慎英、刘良华著的《有效教学论》中,有一段生动的描述:"也许有效教师特征之一,就是他们具有多种教学方法或者策略的能力。像那些扮演大量角色、广受欢迎的男女演员一样,优秀的教师也是复合型天才。某一天,他们可能将班级卷入到一场讨论中。在另一天,你可能观看到一个示范,做了一个学术性游戏,听取一场口头报告,或者使用了某一个性化的学习模块。他们的班级总是富有变化、充满活力,而单个的因素并不能确保教学有效性,虽然它确实对教学有所帮助。"

2. 有效"说课"对有效教学的影响

初次接触"说课"活动的教师,往往以为说课只是对教案作出解说,因而会把说课写成"说明书",说出"解说词"。如果这样理解,那么说课的功能就大为丧失。有效"说课"不仅在于说课内容的本身,而且还在于说课的组织结构和目标追求。

说课,重理思考,重整体构思,重在回答"为什么这样教","这样做"。从这个核心蕴意上看,它虽然不会直接作用于"教师说课后的下一节课",但是不断地将备课的操作性机制思维,上升到对应的理性思维,再到"全面了解学情"、"强化学法指导"、"优选教学方法"、"探究现代信息技术与课堂教学的整合"等思考与行为,这些都会在备课中发生,教学的有效性也就水到渠成了。

说课组织结构的优化也很重要,从个体到群体、从经验分享到合作共研、从超然的理性构思到实然的理性思考,都将发挥说课的作用,从三个维度上促进教师专业发展:一是说课——明理后的教学反思;二是说课——交流后的团队发展;三是说课——研究后的基于课堂实践的教师专业成长。

如何将新课程转化为新课堂、新教学是有效教学的首要任务。当说课思路与对象,作这样的定位时,说课的功效就会综合性抬升。郑金洲教授编著的《说课的变革》中,提出了"要关注以下几个方面"。

(1)课程理念转化为教学理念;

(2)教学理念转化为教学行为;

(3)教学行为转化为教学品质;

（4）教学品质转化为教学智慧。

郑金洲教授所倡导的上述"四个转化"，为中小学教师的备课、说课活动，打开了新视野，拓展了一片新天地。当说课成为教师日常生存方式和生活状态时，当说课成为教师文化活动的"新构件"时，说课对课堂教学的优化的综合效应和潜能，便会自然生成，教师的专业发展也会进入良性轨道。

3. 观课、评课对有效教学的影响

著名的教育家苏霍姆林斯基非常倡导教师之间的观课、观课活动，他把观察课堂分为三类：一是诊断性听课。主要针对教师在课堂上的信息传递，尤其是根据课堂语言的表达提出自己的见解。他认为"教师的语言素养决定了学生在课堂中脑力劳动的效率"。二是专题性听课。他对听课中发现的问题，提升到课题研究层面进行跟踪研究。如教师的语言素养、学生的课外阅读和学生脑力劳动的效率等都是他长期研究的专题。三是个案观察式听课。苏霍姆林斯基还长期对"学习困难生"进行课堂观察，他有大量的"入微、入细"的个案式观察记录，而且经常分析他们的"思维觉醒过程"。

从上述苏霍姆林斯基的课堂观察三个类别来看，他十分关心教师的"教"与学生的"学"的状态，把听课宗旨指向教学的效果和效率。

从当今的有效教学核心内涵——"追求教学效果、效益、效率的教与学的活动"来分析观课或听课，也就是说，为促进有效教学，在观课活动中我们应当更关注什么？

（1）观课，应更关注学生的"学"，关注学习的参与性

有效教学最终要落在学生学习的时效性上，它包括学生学习过程的思维活跃性和学习结果的效益性。因此，观课必须从侧重观察教师的"表演"转向观察学生的学习过程，即观察学生的言语、行为、情绪，以及透过外在言行来体察学生与教师互动过程中的情感和态度的变化。还要观察学生活动的时效，每节课是否有 1/3 至 2/3 的时间促成学生主动学习，是否给更多的学生主动学习空间，包括提问权、评议权，有否发表感受、提意见建议的机会等。

（2）关注教学内容的生活性和实践性

从教学内容上看"有效教学"，不是仅仅观察教师教学内容的正确性与丰实性，更要观察教师教学内容的生活性和实践性。课程来源于生活，又要回归生活。教师只有用学生的生活经验处理教材，从社会生活与学生生活密切相关的日常生活中寻找课程资源和教学内容，才便于学生理解和接受。可见，教学内容的改造与处理，首先是生活性与实践性的处理，只有这样有效教学才能落实在学生掌握知识与能力的有效性上。

（3）关注教学方法的适切性与灵活性

新课堂若仅仅采用传统的教学方法显然是不够的。新课堂倡导师生互动，角色多样，倡导在寻找学生的生活经验中，推进学生的探究性学习。观课时，如果过多地关注教师运用教学方法的意识、行为和能力，而忽略教学方法的适应性效果，忽略了这些教学方法的运用能够在多大的程度上，促进学生学习，促进学生知识与技能的提高，那么观课就会陷入刻板的"观教不观学"的传统模式。

（4）关注教学评价的多元化

教学评价的功能仅限定在检测与鉴定上是远远不够的，观课更要以促进教学质量的改进和师生共同成长为最高宗旨。以多元化评价作引领的观课活动中，尤其要重视《基础教育课程改革纲要（试行）》中指出的"了解学生发展中的需求，帮助学生认识自我，建立自信。发挥评价的教育功能，促进学生在原有水平上的发展"。也就是说，不仅要观察与评析教师教的言行与效果，不仅要观察与评析从学生角度出发的教学效果，还要把学生在课堂上的显性的言语与行为，以及隐性的情绪、心态、心境也纳入观课与评析的范畴。

课堂教学评价是教师评价制度与体系中的重要环节，要使课堂教学评价中的导向功能正确地指向"有效教学"，必须建立执教者与评价者的导向机制，将有效教学内涵和基本要领转化为各自的教与评的意识，然后形成有关有效教学重点突破的专项课题，并将它们纳入评价指标中。在这过程中，尤其要关注如下几方面：

（1）关注"发展性教学评价"理念，并将它作为学校发展与教师发展的重要指导思想

发展性教师评价关注教师的未来，它把眼前的教师个人的工作表现与学校及教师的未来联系起来。英国中小学教师发展性评价制度中关于"制定评价者和评价对象认可的评价计划，由评价双方共同承担实现发展目标的职责"。值得我们借鉴和推广。当我们把课堂教学评价活动以"有效教学"为主课题研究时，似可将学校制定的专题细化到教师班组及个人，建立执教者与评价者（由骨干教师、学科带头人或专家组成）互为认可的发展性评价指标，然后进入评课——反思——总结的工作序列。

（2）关注评教评学的联动机制

教师教的效果体现在学生的学习上，而不是教师自身与评价者的主观感觉。除了加强现场教学中的学生学习状态、行为和情绪的观察外，还要适当开展面对学生的座谈会、问卷调查、测试等方面的信息反馈。由于学生个体对教学理念认知的缺失，甚至

师生关系都可能对教师评价造成影响。因此,学生评价应与其他评价相对照。

（3）关于学业质量"绿色指标"评价

2011年9月,上海市教委与教育部基础教育课程教材发展中心共同研究,提出了一系列影响学业质量的关键因素,构建了以关注学生健康成长为核心价值追求与发展的最高宗旨,以促进学生身心健康与学业进步为主要指标的评价系列。显然,其包含了有效教学的各方面特征和要求,引进或消化"绿色指标"的项目于课堂教学评价活动中,必然会有效改善传统的重教学结果的课堂评价。

学业质量评价"绿色指标"的内容主要包括以下十个方面:学业水平、学习动力、学业负担、师生关系、教师教学方式、校长课程领导力、学生社会经济背景对学业成绩的影响、学生品德行为、学生身心健康以及上述各项指标的跨年度进步。

分析上述各项指标,我们可以归纳出它的四个特点:一是"绿色指标"是宏观层面对学业质量的综合分析,而不是微观层面对个体学业成绩的诊断;二是"绿色指标"的学科测试是基于课程标准的水平测验;三是"绿色指标"的评价指标从单一走向多维,从静态走向动态;四是"绿色指标"的评价结果应用于改进教学。

从课堂教学评价层面而言,由于上述评价的综合性和动态性,因此,它不可能仅对某学科的一堂课或几堂课评价。但是,当我们开展"有效教学"研究和评课、议课活动时,必须知晓并领会"绿色评价"的内容、特征和意义,将"绿色指标"的构建意识,运用在评课、议课中,必将大大促进教学质量的整体提升。

思考题

1. 本节所阐述的"有效教学"对你构建学科有效教学有何指导作用?

2. "有效教学"不是名师的"专利",不同层次的教师在设计与方法上的变革,都应看成"有效教学"的实践尝试。学习本节后,你是否找到自己"有效教学"的切入点或途径?

附 录

1. 教案选

春

（于漪）

教学目的:

一、领会文中描写景物的委婉细致,用词的准确、生动,比喻的形象鲜明,学习抓住特征描写景物的方法。

二、朗读、背诵。

教学时数:两课时。

教学步骤:

一、 复习旧知识,展现春的意境

今天,学习朱自清先生的《春》。一提到春,我们眼前就仿佛展现出阳光明媚、东风荡漾、绿满天下的美丽景色,就会觉得有无限的生机,无穷的力量。古往今来,许多文人用彩笔描绘春天、歌颂春天。

同学们想一想,诗人杜甫在《绝句》中是怎样描绘春色的?(同学背诵:"两个黄鹂鸣翠柳,一行白鹭上青天。窗含西岭千秋雪,门泊东吴万里船。")王安石在《泊船瓜洲》中又是怎样描绘的?(同学背诵:"京口瓜洲一水间,钟山只隔数重山。春风又绿江南岸,明月何时照我还?")苏舜钦在《淮中晚泊犊头》的诗中又是怎样写春的呢?(同学背诵:"春阴垂野草青青,时有幽花一树明。晚泊孤舟古祠下,满川风雨看潮生。")

二、 进行比较，激发兴趣

以上背诵的古诗都是绝句，容量有限，是取一个或两三个景物来写春的。今天学的散文《春》写的景物可多了，有山、水、草、树、花、鸟、风、雨等等。作者是怎样描绘的呢？再说，春就在我们身边。现在我们就欢乐地生活在阳春三月的日子里，文中写的这些景物的姿态、色彩等等你注意到没有呢？让我们细读课文，领略大好春光，寻找与作者观察的差距。

三、 学生朗读全文，要求：

1. 提出预习中不能解决的问题。

2. 文中从迎接春天写到描绘春天的美丽景色，再写到歌颂春天。读后分分看，全文可以分为几节？各节写什么？

注意正音：

巢 cháo 应和 hè 迷藏 cáng

酝酿 yùn niàng 晕 yùn

第 1 节 迎接春天。（第一段）

第 2 至 7 节 描绘春天。（第二段）

第 8 至 10 节 歌颂春天。（第三段）

四、 讲读体会

1. 第一段 迎春

（1）作者以怎样的心情迎接春天的到来？哪个词明确地告诉我们春天还没有来到？

"盼望着，盼望着"。为什么要连用两个呢？这样叠用，更能表达作者向往春天的急切心情。"近"用得十分准确，告诉我们春天还未来到。

（2）轻声读第 1 节，体会四个词尾的作用。两个"着"，两个"了"，给我们以非常柔和、亲切的感觉。

2. 第二段 绘春

春终于盼来了，大地回春，万象更新。作者满怀喜悦的心情先用一句话对春回大地作了概括和形象的描绘，然后再分别作细致的描绘。

（1）齐读总写的一句话"一切都像刚睡醒的样子，欣欣然张开了眼"。

"一切"说明什么？没有一个例外。

"然"，是词尾，表示状态、样子的意思。

（2）朗读第 2 节。总写春回大地后，先分别描述了哪些景物？怎么描述的？

山、水、太阳的脸。

朗润:明朗,润泽。"朗润"是怎样一幅情景呢?出示月历上山景彩色照片;再叫学生看外语课发的《Look and say》里第一百四十幅"hill"这幅画,那个山就是润泽的样子。

水涨　zhǎng。

"朗润"、"涨"、"红",非常准确地描绘了春天的山、水、太阳。

背诵第 2 节。

(3) 第 3 节写小草,写得很细。从哪些方面写的?哪些词用得特别好?

"钻"是写生命力。"嫩"是写质地。

"绿"是写颜色。……"满是的",写范围。

"软绵绵",写姿态。

"钻",用得非常好,写草的旺盛的生命力,人盼望着春天,草也从泥土里钻出来,盼望春天。

草好,人欢乐。

朗读、背诵。

(4) 第 4 节写什么呢?先写什么?后写什么?再写什么?一派怎样的景象?

树、花、蜜蜂、蝴蝶、野花。

眨 zhǎ。

赶趟儿:争先奔赴目的地的意思。

写花儿争春,花的色彩,花的甜味,结的果实。

花下是怎样的情景呢?有一个词用得特别好,哪个词?"闹","红杏枝头春意闹"的"闹"。

为什么野花会像眼睛,像星星,眨呀眨的?没有明写风,但风寓在其中;没有明写太阳,但太阳寓在其中。比喻用得形象生动。

细笔描绘了一幅繁花似锦、昆虫喧闹、春意盎然的美景,色彩鲜艳,层次分明。

朗读背诵。

(5) 第 5 节写风、写鸟、写牧童的短篇。怎么写的呢?

背诵僧人志南的诗句:"古木阴中系短篷,杖藜扶我过桥东。沾衣欲湿杏花雨,吹面不寒杨柳风。"

写风的"抚摸",风的芬芳馥郁,鸟的呼朋引伴——叫朋友,引伙伴,短笛的嘹亮。

鸟儿清脆的声音,轻风流水的声音,牧童短笛嘹亮的声音应和着,构成了一首非常动听的春天交响乐,和谐优美,此起彼落。

朗读。

(6) 雨中的景色同样描绘得十分动人,先写雨的形态,再写雨中的景色。找两个词把雨的形态讲出来。

"细"和"密"。三个比喻形象生动。接着写雨中屋,雨中树,雨中草,雨中人,怎么写的呢?

朗读第6节,展开想象。

"绿得发亮"、"青得逼你的眼",把树木、小草经春雨沐浴后的鲜艳色彩描绘得十分逼真。"逼"什么意思呢?可以在王安石的《书湖阴先生壁》诗中找一句话来形容。"两山排闼送青来",两座山好像把门推开,把青送到眼前。灯光给人以温暖的感觉。雨中景是静的,但静中又有动,笔笔紧扣春天。

(7) 第2到6节着重写景,第7节着重写人。寥寥几笔,天上地下,城里乡下,家家户户,老老小小都写到了。

一年之计在于春:"计",计划。一年中要做的事,一年的计划,在春天要好好地打算打算。

工夫:时间。

朗读第7节,体会:寥寥几笔,有景有人,勾出了春光无限好的美景。

(8) 小结:

这一部分绘春是全文的重点。细笔细描,绘声绘色绘态,绘动绘静。语言非常生动。比如说,写草的生命力,用"钻";写热烈的气氛,用"闹";写小草的青,用"逼"。细致的描绘来源于什么?细致的观察。观察以后还要怎样呢?表达出来。要仔细读书,积累词语,描绘起来就会形象生动了。

3. 第三段颂春

(1) 朗读8、9、10节。

(2) 在绘春以后,作者满怀喜悦的心情来颂春,用了什么手法呢?

用比喻手法。三个比喻有联系有区别,使春意越来越浓。先喻为娃娃,再喻为小姑娘,最后喻为健壮的青年,从不同角度写,写春的成长,把春天的生意益然、千姿百态、青春活力描绘得十分动人。

五、作业

1. 诵读全文,仔细体会本义用词造句的妙处。体会那些像小河里的水流淌一样的词句是怎样从笔端流淌出来的。

2. 下周去长风公园春游,仔细观察春景,领略大好春光,写一篇《春天的歌》,也可自己命题。

板书设计:

迎春　盼望着

总写　一切

山、水、太阳的脸(远)

绘春　草:钻、嫩、绿、满、软绵绵

花:开满,红、粉、白,甜味

分写　儿(树上、花间、地上)

风:抚摸、酝酿

雨:细、密

人:赶趟儿

颂春　生意盎然　千姿百态　青春活力

教后:

1. 接初一下学期班级后,自选了这篇教材作为补充读物。第一次教学生写景的散文,着力于细,让学生体会用词的准确、生动,培养学生想象的能力。

2. 学生十分喜爱这篇课文,两节课教下来,学生已能背诵。

3. 兼带教"百花争艳"、"繁花似锦"、"芬芳馥郁"、"大地回春"、"万象更新"、"红杏枝头春意闹"等词句。

4. 兼带教"买、卖";"胀、涨"。

5. 有些地方过于细碎,要改进。

又记:

第二次教《春》时,吸取了前次教得细碎的教训,重点放在朗读训练上,内容只作了粗线条的分析。学生读得比较流畅,但在写作上反映的效果反不及前次。第一次抓住细笔细绘的特点引导学生仔细品味,学生在习作上明显地进了一步,写景不是大而化之、笼笼统统,而是平时注意细致地观察,下笔具体得多,生动得多。要注意:纠正教学中缺点时,不能把长处也甩掉。(教案略)

又记:

第三次教《春》时,又作了较大的更动。一是加强了单元教学,把《春》、《海滨仲夏夜》、《香山红叶》和《济南的冬天》结合起来考虑,除抓住特点,比较异同外,引入课文也重新作了设计。设计是这样的:法国雕刻家罗丹曾这样说,美是到处都有的,我们的眼睛不是缺少美,而是缺少发现。我们生活在大自然之中,大自然的美可以说是无处不在的。它不同于巧夺天工的工艺美,也不同于绕梁三日的音乐美。然而,它似乎是各种美的综合。尤其是我们祖国壮丽的山河,真是美得令人陶醉,在春、夏、秋、冬不同的季节,不同的地方,现出不同的美姿。现在我们要学习的就是一组描写四季景物特征的情文并茂的散文,通过反复诵读,咀嚼推敲来领会它们精彩的写法所表现的情境美。二是加强思维与语言的训练。先给学生做样子,就春草的描绘进行分析,明确写了些什么,从哪些角度描绘的,哪个词或哪些词用得特别精当,描绘时主要运用哪些方法。然后帮助同学自读课文,有条理地进行分析。学生把理解、口述、朗读结合起来,学习的效果比较好。(教案略)

(本教案选自特级教师于漪的《于漪教案选(1)》,第42—48页。)

《我的母亲》(胡适)备课及教学反思

(吴乐琴)

教学目标

1. 有感情地诵读课文,整体感知文章内容。

2. 学习细节描写的手法,理解文章主旨。

3. 体味母亲的真诚、宽容、善待、体谅的品格。

4. 联系生活实际,谈谈自己对母亲的理解。

教学重点

1. 通过有感情地反复诵读,感知文章内容。

2. 学习细节描写的手法,理解文章主旨。

3. 联系生活实际,谈谈自己对母亲的理解。

课前准备

1. 学生:

(1) 自读课文,自学字词,把握文意。

(2) 阅读有关胡适的传记,更好地理解文章内容。

(3) 查询、搜集有关歌颂母亲的诗歌、名言、故事和歌曲等。

（4）试着思考自己是否像胡适那样理解自己的母亲。

2. 教师：

① 搜集整理好古今中外有关母亲的故事，如《血色母爱》等。

② 理解并帮助学生完成课前准备的各项内容。

课时安排：两课时

第一课时

教学内容

1. 有感情地诵读课文，整体感知文章内容。

2. 学习细节描写的手法，把握文章主旨。

教学设计

整体感知

1. 导入

① 可以由名人的故事导入，如老舍的《生命的教育》、高尔基的《给儿子的信》。

② 可以由诗歌导入，如《游子吟》。

③ 可以由歌曲导入，如《懂你》。

同学们，著名作家老舍先生在纪念他的母亲的时候曾说："从私塾到小学到中学，我经历过起码有百位教师吧。其中有给我很大影响的，也有毫无影响的，但是我真正的教师，把性格传给我的，是我的母亲。母亲并不识字，她给我的是生命的教育。"老舍先生高尚的品格中渗透着母亲给予的深刻影响。母爱是人类歌颂的永恒主题，每一个人都沐浴着母亲给予的爱的阳光，母亲是我们人生的第一位老师，她往往深远地影响着我们的一生。我们能理解母亲吗？今天我们将跟随作者胡适一起走近一位可亲可敬的母亲，再次感受一位母亲那无比深挚的爱子之情和优秀的性格品质。

出示目标并板书课题。

课题：我的母亲

教学目标：

① 有感情地诵读课文，整体感知文章内容。

② 学习细节描写的手法，理解文章主旨。

③ 体味母亲的真诚、宽容、善待、体谅的品格。

④ 联系生活实际，谈谈自己对母亲的理解。

简介作者、作品及背景：

胡适，曾任北京大学教授，是新文化运动、新文学革命的积极倡导者。此文是作者40岁时对自己人生历程的一段回顾。文章回忆了自己童年、青少年时代在母亲的严格要求和深情关爱下成长的故事，歌颂了母亲的优秀品格和深挚的爱子之情，表达了自己对母亲的怀念和尊敬。

2. 感知内容

检查预习：

① 请学生合作听记，相互检查并记忆。

② 说一段话，用上"读一读，写一写"中的词语（自选）。

③ 师生合作诵读课文，轻声配上乐曲《懂你》。

教师与2—3位学生合作诵读，精彩段落、感情集中的段落可齐读，以此检查预习自学的效果。读中思考下面两个问题：

① 用简洁的话概括文章内容。

② 文章表达了作者怎样的感情？

3. 课堂交流

读后在邻桌之间可相互交流，达成共识也可，有分歧意见也可。教师在课堂交流互评中帮助学生整理归纳：

① 文章是作者中年时对自己人生历程的回顾，写了自己童年至少年时代在母亲的严格要求和深情关爱下成长的几件事。

② 文章表达了对母亲的深切怀念和敬爱之情。

研读赏析

1. 教师导学

通过整体感知，我们感受到作者写童年、写母亲，饱含着深情，而且文章极其自然、质朴，给我们留下了鲜明的印象。同学们也在感知中得到了母亲有着严格的要求，更有着深情的关爱的信息。作为一篇好的作品，除了大致理解内容和情感之外，还应当细细品味，像品一杯香茶一样，细细地品出它的清香。让我们重点研读一下文章究竟写了母亲严格要求和深情关怀的几件事？几件事中体现了母亲怎样的品格？作者为什么对母亲怀有那么深切的怀念和热爱呢？

2. 自主探究

学生可以根据文章内容和研讨与练习一，为研读文章设定研读问题，从而学会质疑。

小组讨论,交流发言。

经过发言、互评、筛选和积累,教师引导学生可将思考题集中列出,如:

① 文章写了母亲哪几件事?表现了母亲怎样的品格?

② 文章的主体部分是哪几段?既是写母亲,为什么还要写童年自己的性格特点?为什么还要写母亲与家人的相处?

③ 对作者的母亲为人、教子的方式,我们有什么看法?

教师对学生的自主探究质疑的题目可以多角度地帮学生理顺,允许有独特的见解和不同的看法。

3. 合作探究

小组讨论

讨论的形式不限,同学之间、师生之间均可。学生在讨论中可以向同学质疑,可以向教师提问。教师及时引导,对学生的提问予以恰当、适时的分析,引导并及时纠偏,通过讨论基本可以明确为:

① 文章写了母亲对“我”的管教,体现了母亲“教之严、爱之慈”的品格。写了母亲在“当家”的艰难处境中表现出了宽容隐忍、仁慈温和的性格品质,又写了母亲“受辱”非常生气,表现了母亲“很有刚气”的性格特点。总之,母亲对“我”的直接教育和对我做人方面的耳濡目染、潜移默化的影响对“我”终生不息。

② 文章的主体部分是第5—8自然段,主要是写母亲。从题目看,这是重点,但作者却用了前三个段落写了自己童年的性格特征和给自己留下深刻印象的几件事。九年的孩童生活“只学得了读书写字两件事”,表达了对童年往事的追念和惋惜之情,但读书和写字“究竟给了我一点做人的训练。在这一点上,我的恩师就是我的慈母”。这是写母亲三件小事之前的童年小事的铺垫,水到渠成地将浓彩重墨写母亲推向了文章中心。当然,写母亲中还提到了母亲与家人的相处,此一笔,不仅写出了母亲对“我”的“言教”,更写了母亲对“我”的“身教”。

③ 关于对母亲的为人、教子方式的看法、评价,可以见仁见智。母亲的品格为人是克己谦让、宽容善待、和睦仁慈、教子严厉,旧时代的“相夫教子”是“天职”和“美德”,孩子是母亲的精神生活的全部寄托,诸多原因,对孩子的教育格外深沉而严格。

对以上思考,教师可以帮助学生理顺思路,作一点补充,帮助学生端正对课文的全面理解。

教师可以向学生质疑:本文的细节描写,几件小事细致入微,在语言上能发现有什么特点吗？学生可以选择自己认为有特点的句子,读一读,评一评。

学生评读文章,教师可总结补充,进一步引导,结合研讨与练习二,进一步品味语言中加点词的分寸感。

总结:文章质朴、真切的叙述语言和自然流畅的结构与作者真挚、发自内心的情感相辅相成,相得益彰。如"每天天刚亮,我母亲就把我喊醒,叫我披衣坐起。我从不知道她醒来坐了多久了。""听说眼翳可以用舌头舔去,有一夜她把我叫醒,她真用舌头舔我的病眼"。作者用童年的视角回忆童年往事,真情倾诉,用心灵来写母亲。虽然语言质朴,但却自然而然地洋溢着作者对母亲的敬爱之情。

可以指导学生齐读文章最后一段,朗读中可以再次品味那真诚、直白、话往事、叙家常,听凭心泉自然流淌的朴实的文风。这一切都值得大家今后在做人和写作中学习、借鉴。

体验反思

引导学生思考并交流:

① 作者说"受到了母亲极大的影响",表现在哪些方面?

② 你在哪些方面深受自己母亲的影响呢? 回忆并与同学交流。

学生思考回忆并在课堂交流,教师适时评点。

总结:母亲是人生的第一位老师,作者用朴实的文字,表达了对母亲深切的怀念。阅读本文,我们了解了作者少年成长的历程,相信体会阅读,会对大家的人生有许多启迪,也希望大家能联系生活实际,去了解、理解自己的母亲。

布置作业

1. 反复诵读自己喜欢的段落并背诵。

2. 查询搜集有关母爱的故事、诗歌、名言、歌曲或小品。

3. 准备参加"悠悠寸草心,孝心献父母"的主题实践活动。

4. 每位同学写一封给家长的信。

板书设计

第二课时

教学内容

① 通过诗歌、故事、歌曲等，再次体会父母真情。

② 联系生活实际，谈谈自己对父母的理解。

教学设计

1. 课堂形式：语文专题实践活动。

2. 课时目标：

① 参与诗朗诵、故事、歌曲或小品的表演。

② 理解体谅父母，并以实际个例颂扬父母。

3. 实践主题："悠悠寸草心，孝心献父母"。

4. 参与人员：全体师生为本节课参与者。

5. 实践过程：

① 主持人(学生)宣布"悠悠寸草心，孝心献父母"语文实践活动开始。

② 语文老师讲话。可以给学生讲一个故事，如：

同学们，我们学习了胡适的《我的母亲》，从中感受到母亲对儿女的挚爱。母亲的伟大不仅在于教育和抚养了儿女，更在于母亲为了儿女可以献出自己的生命。老师为同学们讲一个真实而感人的故事。

2002年2月23日，位于奥地利西南部阿尔卑斯山的费拉茨谷地区发生了一起雪崩，一对正在滑雪的母女被大雪埋葬。当她们历尽艰辛爬出厚厚的雪堆时，却又面临着新的危机：由于她们都身穿银灰色的衣服，救援飞机很难发现她们的踪影，随着时间的推移，饥饿、寒冷和恐惧纷至沓来。母女俩开始了艰难的自救，然而无济于事，她们的努力换来的是更严重的困难，她们昏迷了。当女儿醒来的时候发现自己躺在医院里，她起先还以为是梦，但医生告诉她这是现实，她昏迷在雪地里，被雪崩救援人员发现紧急送到了红十字医院。医生还不无沉痛地告诉她，真正救她的其实是她的母亲！救援人员在她母亲的遗体旁发现了一块染满鲜血的锋利的岩石切片，而她母亲的左手动脉被切开了。救援人员正是因为看见了雪地上那道鲜红的长长的血迹才意识到下面有人⋯⋯

医生的话还没有说完，女儿就痛哭起来。她一直以为做清洁工的母亲是极其卑微的，甚至曾以母亲的卑微为羞耻，但是在这一瞬间，她发现母亲原来是如此伟大！在这次雪崩灾难中，在迟迟得不到救援的生死关头，母亲以一种感天泣地的行为，用自己流淌的鲜血为女儿指引了生命的方向！女儿终于心痛地明白,原来自己一直都拥有着一份人世间最珍贵的财富,那就是比血更浓的母爱!

同学们,故事中的这位母亲用生命保全了女儿,希望我们能从中悟到爱的真谛,用自己的爱回报我们的父母,回报我们的师长,回报我们的社会。

③ 主持人带领大家齐诵《游子吟》。

④ 诗歌朗诵《母亲的爱》。

学生可将自己准备好的诗歌(或搜集到的,或自己创作的)作为一种成果展示给同学,锻炼口头表达能力,从中感悟母爱亲情。

⑤ 小品或歌曲表演——《献给母亲》。

主持人带领同学一同走进自己创作的小品《母子之间》,或者演唱歌曲等。

⑥ 现场采访。

主持人邀请同学组成的小记者采访团,采访现场的同学。可以设计提问:

第一,父母记得你的生日吗? 为你庆祝吗? 你记得父母的生日吗?

第二,你知道父亲节是哪一天吗? 你知道母亲节是哪一天吗?

第三,平日你在家里帮父母做多少家务?

第四,你愿意将自己的秘密说给父母听吗?

第五,父母了解你的爱好、特长吗? 你又了解父母的爱好、兴趣吗?

以上内容可以在同学中达到一石激起千层浪的交流效果,特别是"愿意将自己的秘密说给父母听吗?"见解也许不同。

以上采访一定有五彩缤纷的回答,主持人可以点评总结,真正做到参与、合作、思辨、明确和提高。

⑦ 配乐朗诵《一封家书》。

⑧ 自由发言。

可以根据自己的准备,说名言,讲故事,说书信。以我口,说我心,以我笔,抒我情。

⑨ 全班通过"给全体家长的一封信"。

⑩ 齐唱歌曲《懂你》或《两地书,母子情》。

教师总结:通过同学们的朗诵、表演、讲述、采访和同学们给家长的信,老师被深深地感动着,感受到同学们通过学习在不断地净化着自己的灵魂,升华着自己的道德修养。

前苏联的中学开学典礼上,有大幅标语:"爱你的妈妈吧!"为什么? 这向我们明示了一个道理。一个人如果连自己的父母都不热爱,那么他会爱党、爱人民、爱祖国吗?

亲爱的同学们,有多少值得我们尊敬的伟大母亲啊,让我们用掌声向普天下所有伟大的母亲致以崇高的敬意。只要人人都献出一点爱,那么我们的世界一定会变成美好的人间!(背景歌曲《爱的奉献》)

⑪ 拓展学习。

第一,跟读一组歌颂父爱、母爱的文章,如《为妈妈洗脚》(选自《中学生课外阅读》)、《血色母爱》、《父爱昼夜无眠》(选自 http://www.sjz.net.cn)。

第二,以"让爱充满人间"为话题,写写练笔文,题目自拟,自选文体。

教研员点评

本教学案例突出了对学生语文素养的提高,特别对培养学生的创新精神,发展其健康个性,做了有益的探讨。如第一课时学生通过对母亲关爱和严格要求"我"的几件小事品悟出母爱亲情,并通过学生对"对自己的母亲理解吗?"这样问题的反思,加强了人文教育。比较突出的是第二课时,抛开了以往总结中心、分析写法的模式化教学,而是真正体现了学生的自学能力,突出了学生的主体地位,让学生主持,师生全体参与,用语文主题实践课的形式(实践主题:"悠悠寸草心,孝心献父母")完成了本课的德育目标,并将更进一步演进升华。无论是教师的参与讲述,还是学生的诗歌、朗诵、小品、歌曲,都真正把学生放到突出的地位,使学生的自主能力得到了发挥,个性得到了张扬,提高了学生的人文素养和语文素养。

(本教案选自肖川主编:《名师备课经验·语文卷》,北京:教育科学出版社,2006年3月第一版,第196—202页。)

任意角的三角函数的教学设计与说明

(钮兆岭)

教材分析

(一)教学内容

本节课的重点内容是任意角的三角函数的定义,通过引入自角坐标系,用自角三角形这一模型刻画 (x,y) 与 (r,a) 之间的关系;由类比、迁移、联想,探索任意角的三角函数的定义;在定义形成过程中,让学生感知、确认和理解 $\frac{y}{r}, \frac{x}{r}, \frac{y}{x}$ 这三个比值只与

角 α 的大小有关,而与点 $p(x,y)$ 在终边上的位置无关,比值的符号取决于角 α 终边上异于顶点的任意点的纵坐标、横坐标的符号;角的集合与实数集之间可以建立起一一对应的关系,因而三角函数可以看成以实数为自变量、比值为因变量的函数,最终形成任意角的三角函数的定义。

（二）地位和作用

任意角的三角函数是三角学内容的基础,是后继内容学习的思维起点,是整个三角学认知结构的生长点。它的学习既是学科系统内部知识发展的需要,又是坐标思想、数形结合思想、运动变化观念渗透的载体,更是对函数概念理解和认识的一次升华。学习过程中的认知冲突,不同思维的碰撞,易激发学生思维的积极性,有助于探索、创新能力的培养。由锐角三角函数的定义到任意角三角函数的定义是学生认识上的一次突破和飞跃,也是体悟特殊与一般辩证思维的良好素材。

学情分析

学生在初中学过的锐角三角函数是以锐角为自变量、相应边的比值为因变量的函数,这是学生学习任意角的三角函数知识的基础和依据,但学生必须经历由特殊到一般的认知过程,必须经历由自角三角形对应边的比值到直角坐标系中坐标与距离比值的转换。当学生在原有认知结构中具备同化新概念的适当观念,具备有意义学习的心向后,更容易激发学生学习的热情,催生创造性思维。当新概念产生后,如何用函数的观念认识理解新概念,把新概念纳入到一般函数的结构之中,既是认识过程中的一道坎,又是认知的一次升华。

教学目标

（一）知识与技能

掌握任意角的三角函数的定义,会判断任意角的三角函数的符号,在形成定义的过程中领悟坐标法的优越性,加深对函数概念的理解。

（二）过程与方法

引进坐标思想,建立 (x,y) 与 (r,a) 间的关系;通过联想锐角三角函数的定义,思考如何定义任意角的三角函数;理解锐角三角函数是任意角三角函数的特例;通过对比值符号的确定,培养学生掌握、利用规律解决问题的意识。

（三）情感态度、价值观

培养学生在运动变化的过程中认识知识的发生和发展,体会知识之间的内在联系,感悟知识的整体性。通过合作交流,培养主动探究新知识的能力。

重点、难点

（一）重点

1. 对任意角的三角函数定义的理解；

2. 正弦、余弦、正切函数值在各个象限内符号的确定。

（二）难点

用一般函数的概念理解任意角三角函数的定义。

教法、教具

（一）教法

本课采用"引导——探究式"教学方法，将问题以问题串的形式展现，让学生在疑惑中形成认知冲突，体会、感悟数学研究的一般思路和方法。

（二）教具

投影仪、多媒体课件。

教学过程

（一）概念的引入

问题1　在初中，我们已经学习过锐角三角函数的定义，请回忆在 Rt$\triangle OMP$（$\angle M = 90°$）中（如附图1）

$\sin \alpha =$ _____，$\cos \alpha =$ _____，$\tan \alpha =$ _____，它们是以什么量作为自变量，什么量作为因变量的？

问题2　引入弧度制以后，自变量 α 在什么范围内变化？$\sin \alpha,\cos \alpha,\tan \alpha$ 是两条线段的比值，这些比值在什么范围内变化？

设计意图：以锐角三角函数的定义为起点，以高中函数定

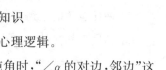

附图1

义的三要素为依托，将锐角三角函数融入学生已有的函数知识结构中，容易为学生建立起任意角的三角函数获取自然的心理逻辑。

问题3　锐角三角函数的定义域是锐角，当 $\angle \alpha$ 变为钝角时，"$\angle \alpha$ 的对边，邻边"这些说法还存在吗？此时 $\angle \alpha$ 的三角函数又该如何定义呢？

设计意图：利用 $\angle \alpha$ 的变化作为思维的切入点，打破学生已有的认知结构的平衡，感受学习新知识的必要性——角的范围扩大了，锐角三角函数的定义也应该与时俱进，这有利于将探究的主动权交给学生。

（二）概念的形成

问题4　我们曾研究过多种函数的性质，请回忆：在研究函数的性质时，通常是借

助什么工具来实现的?

设计意图:依托学生已有的经验,启发学生联想,触发学生的灵感,形成用坐标法解决问题的心向。

问题 5　如果让你把附图 1 中的直角∠OMP 放置于直角坐标系中(或利用附图 1 建立直角坐标系),怎样放置比较合适?

设计意图:数学实验是数学学习所必需的。或许不同的学生会有不同的方法,但对通过点 P 的坐标表示的讨论,可以让学生在选优的过程中达成共识(如附图 2)。

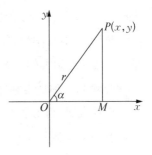

附图 2

问题 6　设 $P(x,y)$,则 $r = \sqrt{x^2 + y^2}$,$\sin \alpha$,$\cos \alpha$,$\tan \alpha$ 如何表示?能用语言表述吗?

设计意图:学生容易得到: $\sin \alpha = \dfrac{y}{r}$; $\cos \alpha = \dfrac{x}{r}$, $\tan \alpha = \dfrac{y}{x}$,通过转换锐角三角函数的表述方式,为锐角三角函数定义的推广提供类比的参照物。

问题 7　如果将∠α从锐角变为钝角(如附图 3),你能给钝角三角函数下一个定义吗? 如果将∠α由钝角变为任意角,你能给任意角的三角函数下一个定义吗?

设计意图:利用类比、迁移的认知规律,学生容易给出任意角的三角函数的定义。潜在的意图是:让学生认识到锐角三角函数是任意角三角函数的特例,任意角三角函数是锐角三角函数的自然延伸。

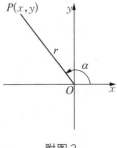

附图 3

（三）概念的理解

问题 8　任意角 α 的三角函数值与什么量有关? 与什么量无关?

问题 9　$\sin \alpha = \dfrac{y}{r}$; $\cos \alpha = \dfrac{x}{r}$, $\tan \alpha = \dfrac{y}{x}$ 能构成函数吗?为什么?

设计意图:让学生认识到三个比值 $\dfrac{y}{r}$, $\dfrac{x}{r}$, $\dfrac{x}{r}$ 都只与角 α 的大小有关,与 r 的大小(点 P 在角 α 终边上的位置)无关,而这三个比值又指明了由 α 确定 $\sin \alpha$, $\cos \alpha$, $\tan \alpha$ 的方法,满足函数的构成要件,同时进一步体会任意角三角函数与锐角三角函数的包含关系,体会任意角三角函数更具有一般性。

问题 10 当∠α的终边与坐标轴重合时，α的三角函数值还能求出来吗？为什么？

设计意图：让学生明白，∠α的终边不论落在什么位置，$\sin\alpha$，$\cos\alpha$总有意义，即α为任意实数.而当∠α的终边落在y轴上时，$\tan\alpha$就没有意义，即$\alpha\neq k\pi+\pi2(k\in\mathbf{Z})$。并让学生感悟坐标法定义三角函数的优越性。

问题 11 当α为锐角时，$\sin\alpha$，$\cos\alpha$，$\tan\alpha$的值为正，当α的终边落在第二、三、四象限时，$\sin\alpha$，$\cos\alpha$，$\tan\alpha$的值分别取什么符号？为什么？

设计意图：让学生再次通过回忆任意角的三角函数的定义，明确$\sin\alpha$，$\cos\alpha$，$\tan\alpha$的符号由α终边上的点$P(x,y)$中的x,y的符号决定$(r>0)$。

问题 12 你认为利用任意角的三角函数的定义可以解决哪些问题？

设计意图：利用学生对函数研究的已有经验"定义——图象——性质"，对后面的学习有一个大概的了解，让学生有"未见树木，先见森林"之感，从而增强学习的自信心。

（四）概念的应用

问题 13 已知角α的终边经过点$P(2,-3)$，求角α的正弦、余弦、正切值。

问题 14 确定下列三角函数值的符号：

（1）$\cos\dfrac{1}{12}\pi$；

（2）$\sin(-465°)$；

（3）$\tan\dfrac{11}{3}\pi$。

问题 15 设$\sin\theta<0$且$\tan\theta>0$，确定θ是第几象限的角。

设计意图：三道例题紧紧围绕任意角的三角函数的定义以及三角函数值的符号展开，让学生熟悉定义的应用和符号的确定。

（五）总结反思

问题 16 （1）本节课主要学习了哪些知识？它与旧知识有什么联系和区别？

（2）本节课涉及了哪些数学思想方法？

（3）你在学习中有哪些感受和体会？

设计意图：问题（1）是小结的重点，让学生回忆所学内容，体悟所学新知识是前面所学知识的延展，也是后继知识学习的起点。问题（2）的设计让学生体会数形结合、坐标法是数学问题的方法和策略，是数学的精髓。学生只有在学习过程中不断浸润，这些思想和方法才能提高其数学思维能力。问题（3）的设计具有开放性，体现个性化，不同的认知水平、不同的学习经历会得到不同的感受。不管处于何种水平，只要坚持反思总结，就会促进认知能力和认知水平的提高。

教学设计的思考

现代教学论研究指出：从本质上讲，感知不是学习产生的根本原因（尽管学习需要感知），产生学习的根本原因是"问题"，没有"问题"就难以诱发和激起求知欲，没有"问题"就感觉不到问题的存在，学生也就不会作深入思考，那么学习也就只能是浮于表面或流于形式。有鉴于此，笔者将本节课设计成问题串，通过递进式的问题诱发、引导，让学生产生认知需求，享受在领悟、感知中探求新方法和学习新知识的乐趣。本节课的设计由旧知识导入，抛出如何求钝角三角函数值的问题，引起学生认知上的冲突。旧知识用不上，新知识未产生，探寻新的方法已成为必然。如何从已有的锐角三角函数的定义中获得启示，从已学过的方法中寻得出路，有效的点拨引导是关键。将直角三角形放到坐标系中思考，找出(x,y)与(r,α)之间的关系是问题解决的突破口。以同化的认知规律，引导学生进行创新思维，让学生经历由特殊到一般，再由一般到特殊的认知过程，让学生在数学活动中认识坐标法定义任意角的三角函数的优越性。著名的教育家乌申斯基认为："比较是一切理解和思维的基础，我们正是通过比较来了解世界上的一切的。"任意角的三角函数的定义得出后，问题7的设计让学生在新旧概念的比较中揭示两种定义的联系和区别，突出新定义的优越性和合理性。通过问题8—11的讨论和思考，让学生进一步理解定义并达到深化的目的。教学设计是教师对教学内容的思考与谋划。在教学设计过程中如何关注学生的发展，如何在学生的认知水平的"最近发展区"内设计出有思维价值的问题，让不同层次的学生有思考、有感悟、有兴趣，这些都考量着设计者的教学理念、教学思想和教学智慧。教学设计的过程是一个探索的过程，是一个不断学习、不断实践的过程，同时也是一个常常留有遗憾的过程。唯有准确把握学情，不断学习，不断反思总结，才能设计出符合学生认知水平、调动学生参与积极性、激发学生学习热情、开发学生智力的经典课案。

（本教案选自《数学通讯》（教师阅读）2012年第9期）

小班化教学中一节英语写作课的任务单式的学习

——记新世纪英语 6A"Getting to know each other"的一节写作课

（任苹）

背景

　　小班化教学是在学生数量控制在 30 人以下的教学单位中,面向学生个体,围绕学生个体发展而开展的教学活动。由于一个教学班的学生数量较少,教师与学生有更多的时间与空间开展教学活动,这样教师就能运用那些能充分发挥"小班"本质特征的一些教学模式、策略、方法、技术、手段和评价,培养不同层次学生的学习兴趣、学习习惯、学习能力、创新精神和创新能力;充分调动学生学习的积极性,挖掘其内在的潜能,激发其主动探究的欲望;促进每一个学生全面而富有个性的发展。

　　我在日常教学中进行了些许尝试,希望能够根据初中低年级学生的年龄特点,通过完成一些学习任务,或在游戏、竞赛及真实的情景中完成学习任务,提高教学目标的达成度。我通常在英语写作教学中运用任务型写作教学策略,运用学习"任务单"进行任务式教学。"任务单"是教师设计提供给学生进行自主学习以达成学习目的的一种支架,是教师设计的具有明确的目的,以学生为主体,供不同能力的学生使用,进行阶梯式学习,需要教师的指导和帮助的一种学习方式。在班级中借助任务完成合作与竞争,使进行信息交流,让学生之间碰撞出更多的思维的火花,激发学生的写作动机成为一种可能。以下是我一节英语写作课的几个教学片断。

案例

Task 1　**任务一:**

1. **任务内容:**引导学生创作含元音音标的短句,进行简单的"写"的练习。

2. **任务缘由:**写作是学生英语学习时遇到的一大难点,音标教学又是六年级英语教学的重点,熟悉掌握音标对学生进行英语词汇学习有很大的帮助,是培养学生自主学习能力的必要条件之一。于是在这节写作课中,我结合六年级上半学期的教学重点——音标教学,指导学生进行单句的写作练习。这样既进行了单句的写作练习,又复习巩固了音标的学习内容,又在"写"的同时让学生体会英语的韵律美,而且也激发了学生的写作热情。日积月累,在教师的指导下,使学生掌握一些简单的造句的能力,为整个初中阶段的英语写作教学打好基础。

3. 任务目标：

（1）学生通过阅读，自己创作短句复习元音/e/,/i/；

（2）学生创作含有/ai/的音标短句，提高写简单句的能力。

4. 过程与情境：

（1）Let students read some chants written by students. 我根据六年级英语的教学重点以及学生的年龄特点，结合音标教学，每天选择一个元音对学生进行 chant 的写作训练，指导学生模仿，写一些有韵律的，简单的句子，并在课堂上让学生展示自己的习作，并让学生跟着节奏朗读一些学生原创的优秀的 chants，同学们纷纷积极参与。

（2）Ask students to write a chant with vowel.（当堂创作含元音的音标句。）

（3）Show the chants to the whole class and ask the whole class to read after the writer.（请同学展示自己所创作的音标短句，并请同学在创作者后跟读此句，让学生们得到成功的体验。）

5. 任务结果：

经过一段时间的训练后，在学生的习作中，不乏出现一些有意思的，又朗朗上口的短句。（以下是学生原创的一些 chants）：

Free, free, free, the bee is free. —林捷

Sweet, sweet, sweet, sweets are sweet. —王涣冰

Beach, beach, beach, let's go to the beach. —薛晓宇

Clever, clever, clever, he's very clever. —刘进

Friend, friend, friend, she's my friend. —陈玉莹

Bread, bread, bread, he eats the bread. —金俊杰

……

Task 2　**任务二**：

1. 任务内容：教师设置情景，引导学生根据校园 BBS 上的一个外国小朋友的寻找笔友的帖子进行互相问答，找出有关这名外国小朋友的重要信息。教师提出写一篇自我介绍作为回帖的写作任务。

2. 任务缘由：

对大部分学生来说，他们普遍缺乏"写"的兴趣，如何培养学生的写作热情，提高他们的作文水平，这是我经常思考的问题。我相信"兴趣是最好的老师"，于是我思考如何在课堂上设置学生感兴趣的话题和情境，让这个写作任务的主题尽可能真实，贴近

学生的生活,让学生喜闻乐见,最终让学生提起写作的兴趣,享受写作的过程。在这节写作课上,为了指导学生带着兴趣和热情写一篇自我介绍,我提前在学校贴吧里以一位澳大利亚学生的名义发了一篇寻找笔友的帖子,以回复他的帖子,向他进行自我介绍并与他交朋友作为写作任务来激发学生的写作兴趣。这样贴近生活的写作任务往往能得到学生的共鸣,学生之间也更能碰撞出思维的火花。

3. 任务目标:

(1) 学生通过提问来得到有关个人信息的答案。

(2) 学生阅读范文(BBS 上的帖子),提高找到文章内容的关键信息的能力。

(3) 学生回答问题,提高用完整的句子回答问题的能力。

4. 过程与情境:

(1) Ask questions about the foreign student who wants to find a pen-pal in Huang Xing School's BBS. 进入学校论坛,找到一封预设的有关一名外国中学生寻找网友的帖子,在读这封信之前,请学生就这位学生的个人信息向老师提问。我把班级分成若干小组进行提问的竞赛,同学们纷纷对他的长相、国籍、性格、年龄、所在的学校、年级等个人信息进行提问。

(2) Read the post and fill in the blanks. 在学生们对这位外国中学生满怀疑问时,我出示了他的寻找网友的帖子。接着我指导学生阅读文章后,填所缺词,完成对这位澳大利亚学生的介绍文章,熟悉文章内容。

(3) Chat with the student and ask for his personal information. 在学生们再次阅读完这篇寻友的帖子后,我根据文章提问,学生用完整的句子进行回答,如:T：What's the student's name? S：His name is Jack. T：What's his nationality? S：He's from Australia. / He's Australian. T：What's his hobby? S：…. 为接下去顺利地完成写作任务创设台阶。

(4) Today, you'll write a reply about yourself to the student's post. 布置本节写作课的任务——写一封回帖来介绍自己。

(5) 任务结果:在对范文的学习后,学生们了解了自我介绍的内容,并能用完整的句子来介绍一个人。面对学生之间的差异,我对重点句型反复操练的同时,鼓励学生对他们感兴趣的个人信息问题进行提问,进行语言表达上的扩展。相信,接下来他们"写"的任务便会水到渠成了。

Task 3　任务三:

1. 任务内容:Exchange the composition with your partner, find the mistakes and

complete the evaluation table. 与搭档交换习作,找出错误,并完成评价表。

2. 任务缘由:由于小班教学的特点,使得在写作教学进行的不同阶段给予不同的反馈和评论成为可能。而且如今的中学生大多热情、开放,愿意互相交换意见,乐于进行合作学习。因此,同伴评价在写作教学中是可行的。同伴评价即让学生代替教师,以评议的眼光审阅自己及他人的作品。而教师对不同年级,每一节写作课的写作内容的评价也有不同侧重和相应的指导。我对于六年级起始年级学生设计了本课的英语写作评价表,学生在我有意识的指导下,完成生生写作评价。

3. 任务目标:

学生根据评价表来评价同伴的作文,以便对这篇文章的重点有更清晰的把握,进而提高合作意识和责任感。

4. 任务过程与情境:

(1) Show the evaluation table to the students before writing. 教师在学生写作之前出示针对此篇习作的评价表。让学生落笔时心中有重点,尽量少犯错。

(2) Exchange the students' compositions with each other. 两两交换作文。

(3) Underline the mistakes and complete the table. (0 - 1 mistakes ☆☆☆☆☆, 2 - 3 mistakes ☆☆☆☆, 4 - 6 mistakes ☆☆☆, 7 - above 7 或以上 mistakes ☆☆)学生根据评价表阅读同伴作文,圈划错误,并进行星级评价。

5. 任务结果:以下是学生的一篇作文及同伴对他的评价。

I am very glad to be your net-pal.

My name is Wen Xiaotian.

I am a student from Shanghai Huang Xing school.

I am a little fat and short.

I like drawing very much.

My e-mail address is xiaotian@sina. com.

Looking forward to receiving your e-mail.

作文评价表

	Verb（动词）	Spelling（拼写）	Capital and small letters（大小写）	Punctuation（标点符号）	……（其他）	Marks（得分）
Mistakes	/	/	1	/	/	☆☆☆☆☆

教学感悟

由于小班化教学能够拓宽学生的活动空间;丰富课堂教学组织形式;强化积极的人际互动;关注学生的个别差异;改变教师的教学行为,提高老师的教学品质,并降低教学劳力,这样便于培养不同层次学生的学习。我在这节英语写作教学课中运用任务型教学法,以学生为主体,以任务单为依据,根据学习目标并结合教学内容,创造性地设计贴近学生实际的教学活动,吸引和组织他们积极参与,以培养和提高英语写作能力,培养学生的创造能力。同时,小班化教学注重信息的沟通与交流,真正体现教学过程的交际性,有利于达到语言教学的最高目标,能最大限度地发挥学生学习的主动性和自觉性,符合"以教师为主导,学生为主体"的教学理念。在这节课中,我主要设计了三个与"写"有关的写作任务。我把教师的"教"转换到学生"学"的角度来设计写作任务,使学生写作活动具有明确的目标,并构成一个有梯度的连续系列。

我主要遵循以下几点要求来进行写作任务的设计:(1)写作任务设计与近期的教学重点相结合,指导学生在扎实的训练中体现创新。(2)写作任务设计与教材相结合,指导学生带着兴趣去掌握教材重难点。(3)写作任务设计具有一定的实用性与真实性。(4)任务的设计应由易到难,呈阶梯形。(5)写作任务设计后要及时反馈。学生们通过这一系列"听说读写"的训练,最终完成了"写"的任务,同时也提升了学生的责任感。

教学反思

小班化教学使得学生的自主探索有更充分的条件,也使师生之间、生生之间的交流与互动更加充分。较以往传统的教学而言,学生们有了更多的机会进行对话、沟通与合作。但是在这节写作课中,还存在着一些不尽如人意的地方,比如任务与任务之间的过渡不够自然连贯;任务的要求布置得不够明确等等。这些都对学生对写作任务的达成度,造成了一定的影响;学生在交流合作活动中各自的达成度也各不相同,如何检验和提高学生在小班活动中的即时效果,也是我今后将要思考的问题。我相信经过我在小班化教学中的不断地实践,对教学环节进行不断的完善,终究能取得更好的教学效果。

点评

英语是一种语言,它具有所有语言的生成性、社会性和交际性的特点。小班化教学时空的充分性、主体参与的充足性与学生学习潜能性的机遇,都依托于教师的充分把握。任老师在小班教改中,将英语的特性与小班化优势结合起来,尝试一堂较为成功的"任务单式"的学习,值得肯定。

"任务单"是驱使学生自主学习的手段,教师通过正确的构思,细化学习过程,再进行情境式交互学习,有效提高了学生英语写作能力。这种基于新观念的新教法,值得推广。建议"任务单"设置中的导学、序列、层次等,要作进一步探究。

(上海市黄兴学校)

高中一年级地理《洋流》教学设计

(胡海侠)

一、教材分析

洋流的成因及全球洋流的分布规律历来是高中地理教学的重点与难点。洋流的成因是多种地理要素共同作用的结果:风海流的形成与大气运动篇章中气压带、风带和季风密切相关;密度流的形成与物理学科的相关知识联系密切;洋流的流向与地球运动篇章中地转偏向力密切相关;全球洋流的分布还与海陆分布密切相关。所以洋流这部分内容与前面教学内容的链接非常紧密,具有很强的承上启下的作用。

二、学情分析

由于高一年级地理结业考,学生对地理学科的学习非常重视。刚刚经历中考的历练,高一的学生已经具备独立分析问题和解决问题的能力。16岁左右的高一学生,他们开始关注真实的世界,喜欢学习与他们生活密切相关的知识内容。同时,他们喜欢在小组合作学习和自主学习中充分发挥自己的能力和特长,体现自己的价值。

三、重点和难点

1. 理解洋流的形成原因

2. 绘制并判读洋流分布图

四、教学方法

实验观察、多媒体课件演示、绘图指导、小组合作学习

五、教学过程:

★ 借用地理小故事,巧妙引入课题,激发学生的学习兴趣。

故事1:第二次世界大战期间,德军潜艇经常从地中海出入直布罗陀海峡,在大西洋袭击盟军。盟军吃了几次亏,便派战舰守住海峡,用声呐监听,计划一听到潜艇的马

达声便用深水炸弹将其炸毁。监听多日,毫无声响,德军潜艇竟神不知鬼不觉地溜出海峡,出现在大西洋中。

故事2:1492 年 8 月 3 日,意大利航海家哥伦布在西班牙王后伊莎贝拉的支持下,率领由 3 艘船组成的船队,从巴罗斯港出发,向西横渡茫茫的大西洋,寻找通往印度的航线以掠夺东方的财富。经过 37 天的漫长航行,到达了今天的巴哈马群岛,发现了一块新大陆——美洲。1493 年哥伦布第二次去美洲时,却没有按原路向西航行。而是顺着西班牙和北非西海岸南下,接近赤道时才向西横渡大西洋。这次只花了 20 天时间就顺利到达美洲,绕了一个大圈,时间却比第一次少用了 17 天。

设计意图:这两个小故事中包含了洋流的一些基本知识,本身的故事情节也很奇妙。在新课的开始介绍给学生,不是要求学生立即回答,而是重在吸引学生的注意力,激发学生探究学习洋流知识的兴趣。

★ 观察实验、探究洋流成因

实验1:模拟海域的一个玻璃容器,中间有密闭的隔板,将容器分为两个空间:一半装有蓝色染料的盐水;一半是普通透明的自来水。将隔板迅速向上抽离。学生观察表层和底层两侧水体的运动情况。

实验2:一个容器中装满水,水面一侧漂浮着彩色的玻璃纸屑。教师用吹风机在水槽一侧演示,学生观察彩色玻璃纸屑在吹风机影响下的运动情况。

学生活动一:观察实验,填写《实验观察记录表》,各小组交流、评价

实验观察记录表	
实验一:密闭隔板实验	
密度差异	蓝色盐水密度(大于/小于)自来水密度
隔板抽离瞬间,2 种不同密度水的运动情况	上部:_____ 流向_____
	下部:_____ 流向_____
结论	表层海水由密度较_____的海区流向密度较_____的海区,形成密度流。
实验二:彩色塑料屑在吹风机吹动下的运动试验	
水平方向水体的运动情况	表层: 彩色塑料屑_____(顺着/逆着)风向运动。
	底部: 彩色塑料屑_____(顺着/逆着)风向运动。

垂直方向水体的运动情况	吹风机口正下方水槽内壁： 彩色塑料屑呈＿＿＿＿＿＿＿（上升/下降）运动
	吹风机口对面水槽内壁： 彩色塑料屑呈＿＿＿＿＿＿＿（上升/下降）运动。
结论	在盛行风吹拂下，表层海水形成与风向＿＿＿＿＿＿＿（相同/相反）方向的定向大规模流动，形成风海流。
	相邻海区的海水流向海水＿＿＿＿＿＿＿＿＿（较多/较少）区，形成补偿流。

设计理念：观看实验的整个过程，学生动脑和动眼，不仅增加了课堂的趣味性，而且实验具有很强的直观性。学生以小组为单位，以教师提供的《实验观察记录表》为学习支架，关注实验中的重要细节，然后通过组间交流《实验观察记录表》，最终理解密度流、风海流和补偿流形成的原理。

学生活动二：多媒体显示直布罗陀海峡附近的海水盐度分布图，学生解析德潜艇故事。

学生根据教师提供的直布罗陀海峡附近的海水盐度分布图，解释前面的小故事中德国潜水艇的奥妙：直布罗陀海峡两侧海水盐度差异很大，造成表层海水由大西洋流入地中海，底层海水由地中海流入大西洋。德军利用这一点，过直布罗陀海峡时，关闭所有的机器，借助洋流自由出入直布罗陀海峡。

头脑风暴：在直布罗陀海峡除了具有明显的密度流现象，还有其他成因的洋流存在吗？

设计意图：在教材中只提到直布罗陀海峡的密度流，容易给学生留下一种错误的记忆，在直布罗陀海峡只有一种成因的洋流存在。但是教师提出上面的问题，就会激发学生思考，难道教材中叙述得不全面吗？激发学生深层次的地理思维，最终发现在冬季，该海域由于受中纬西风的影响，还有风海流的存在。仔细观察密度流的实验，还会发现在垂直方向有补偿流的存在。通过这次小小的头脑风暴，使学生树立一种观念，教材只是列举一些重要的地理现象。不要单纯地背诵记忆教材的内容，而是要掌握形成该地理现象的原理，然后对具体问题进行综合分析，这样才会有更加全面的答案。

★　探究洋流分布

教师承转：通过实验，我们了解到风海流的形成与风有密切的关系，回忆我们学过的行星风的知识,我们来进一步分析在行星风的吹拂下,全球海域风海流的分布规律,并在此基础上分析补偿流的分布。

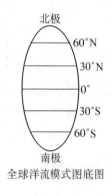
全球洋流模式图底图

学生活动三:

学生观看多媒体显示的"行星风系的动画演示",以小组为单位,参照教师提供的《绘图评价量规》,在全球洋流模式图底图上绘制全球洋流模式图。各小组展示、交流、评价。

设计意图:让学生动脑动手,调动更多的感官参与新知识体系的构建。在学生绘制世界洋流分布图的学习环节,教师提供《世界洋流模式图评价量规》。评价量规的使用不仅是对学生最终绘制的世界洋流分布图学习成果的评价,还可以在学生绘图的过程中提供过程性的指导,使学生在自主建构世界洋流模式图的过程中根据评价量规进行调整,提高绘图的科学性。

学生活动四:完善全球洋流模式图

学生阅读教材关于寒暖流的描述,理解寒暖流的定义。在已绘制的全球洋流模式图中用蓝色和红色彩笔描画补偿流的寒流和暖流。(教师可简单补充风海流中寒暖流的判定)

教师承转:结合已有的行星风系知识和刚刚学习的洋流成因知识,我们形成了一个全球洋流的分布图。接下来同学们观看南亚季风的 Flash 动画和世界海陆分布图,对照刚刚完成的全球洋流分布图,看看还有哪些需要修改完善的地方。

设计意图:通过此学生活动,将季风和海陆分布对洋流的影响考虑进去,让学生们自己发现北印度洋海域独特的季风洋流和南半球中高纬度海域由于海洋几乎连成一片,形成全球规模的西风漂流,故南半球只有中低纬大洋环流,缺失中高纬大洋环流。

六、板书设计:

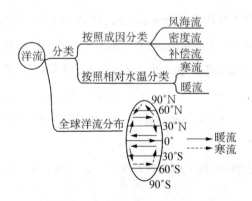

七、教学反思：

本节洋流的教学，教师通过多媒体创设多样的教学情境，学生通过小组合作的学习方式，保证了学生一直处于积极的学习状态，提高了课堂教学的实效性。但是如何保证所有的学生都能够积极参与小组学习，而不只是小组中成绩好、能力强的学生承担全部的学习任务，这需要教师在学生小组学习的过程中仔细观察全体学生的学习状态，使得游离的学生能够获得足够的关注，进行及时的提醒。其次在分组的时候要考虑到适当的分工，使得每一位组员都有自己的任务，只有每一个人积极地参与，才能够完成课堂学习任务，才可以保证学生学习的有效性。

评析："洋流"是高一地理中的重要内容，基本内容是洋流的成因和分布规律。传统的教法是以教师讲解与图示说明为主，讲解中穿插一些历史故事或因洋流而引发的自然现象，以增添学生学习的兴趣。胡老师改变了传统教法，立足学生"过程与方法"的目标设计，用故事激趣，提出问题，探究洋流成因，然后再去观察洋流分布并归纳分布规律。这种教法体现了新课堂师生互动和导学探究的追求，其教学效果自然要比传统教法要好得多。

（上海同济大学第一附属中学）

高一心理，课题：最美的苹果树——体味父母之爱

（朱晓蕾）

一、教材分析

教师自行设计本堂课。

二、学情分析

在选择这个课题之初，教师首先通过网络搜索和个别访谈进行了学情分析。网上调查显示：约有63％的中学生不知道父母的生日，76％的学生从未给父母祝贺过生日，而与此形成鲜明对比的是：父母年年都给自己过生日的比例却高达93％。另有72％左右的中学生不了解父母的兴趣爱好、生活习惯，在家里经常从事家务劳动的中学生不到58％，住校生中约有17％的同学经常将换洗衣物拎回家由父母代劳……在个别访谈中，教师发现身边不少中学生都在感叹"情感失落"——"在学校课间十分钟最短暂、回到家里厕所最温暖"；"爸妈问话不耐烦、只愿独居小房间"；"网上聊天好惬

意、身旁难得一知己"诸如此类的校园民谣,如今正在学生中间流行着。而经过一项对家长们的粗略调查发现:竟有约七成的中学生家长感觉与孩子存在"距离"与"隔膜",有的甚至无从沟通;有近六成感到子女与家庭成员间的亲情淡化了。无论这些调查的准确度究竟有多高,结果却都提醒着我们:当今青少年情感的荒漠化倾向应该引起社会关注,青少年情感教育的缺失值得忧虑。

同济一附中位居上海市实验性示范性高中之列,高一学生年龄为15—16岁,正处于青春发育期。学生家境大多属于小康水平,富裕家庭和困难家庭均为少数,但无论家庭经济状况如何,绝大多数家长都注重培养孩子的特长,很早就投资送孩子参加各类培训班,所以大多数学生都具备文体特长。家长的素质普遍较高,多数采取较为合理的家庭教育方式,这样的家庭培养出来的孩子具备较为正确的价值观,人生态度端正,对大是大非具有辨别能力,很容易受到师长的喜爱和社会的认同。但在如此光彩的学生形象背后,另一些问题也不容忽视。在成绩好、素质高、特长强的同时,学生普遍自我意识强烈,个人信念坚定,不容易受他人影响,由此也为情感教育带来某些困惑。大多数学生生活在家庭之中,对于父母给予的爱是有所感受的,但这种感受性是很低的,感受到的情感是被动而朦胧的,即使深刻感受到了,也吝于表达,或是羞于表达,或是不会表达,或是认为不表达也无妨。

在这样的学情基础之上,教师特地设计了"最美的苹果树——体味父母之爱"这样一节课,力图通过系列活动让学生认识到人世间既有伟大震撼的父母之爱,也有蕴藏于无形之处的舐犊之情,静下心来细细地体味父母给予的那些蕴含在日常生活中的爱,并开始思考怎样回馈父母之爱。

三、教学目标和重点、难点

[教学目标]

1. 知识技能:知道人世间既有伟大震撼的父母之爱,也有蕴藏于无形之处的舐犊之情;

2. 过程方法:思考父母给予的蕴含在日常生活中的爱,发现父母之爱的表达方式,思考回馈父母之爱的方式;

3. 情感态度价值观:体味感受父母之爱,认同回馈父母之爱。

[教学重点]

通过歌曲、故事,学生比较容易对发生在他人家庭中的"父母之爱"产生直观具体的认识,重点在于如何引导学生结合自身实际,体味那些蕴藏在日常生活点滴之中的父母之爱。

[**教学难点**]

现在的孩子们对于"爱"的理解方式也许有别于他们的父母,学生可能体会不到父母某些深层次的不露痕迹的爱,如何帮助他们感受到父母的用心?孩子们对于父母的索取大多多于回馈,如何引导学生真正开始思索用自己实际行动去回馈父母?

四、教学方法

以教师引导、学生小组讨论并交流的形式开展教学,利用多媒体设施与教具:

1. 绿色"苹果树"——事先画在黑板上;

2. 红色"苹果"——苹果形状的纸张 6 张;

3. 黄色"水滴"——水滴形状的纸张 N 张(N 等于全班学生人数)。

五、教学过程

(一)导入:图片故事《苹果树和小男孩》

导入材料使用一套生动可爱的图片,讲述一个故事《苹果树和小男孩》,介绍一棵始终为了小男孩无私奉献出自己全部的苹果树,最后一张图片点出主题:有这样一棵苹果树,它就是我们的爸爸和妈妈。

(二)体味:父母给予了我们什么?

1. 认识:歌曲《天亮了》背后的故事——父母给予孩子的伟大的爱

1999 年 10 月 3 日,这一天原本是蓝天白云,阳光灿烂。上午,游客聚集在马岭河峡谷谷底唯一的缆车乘坐点,一辆满载着 35 名乘客的缆车到达山顶平台停了下来。工作人员走过来打开了缆车的小门,准备让车厢里的人走出来。就在这一瞬间,缆车突然失控了,不可思议地慢慢往下滑去,一切紧急制动措施都无济于事,缆车还是无可救药地向下滑去,在缓慢滑行了 30 米后,缆车便箭一般向山下坠去,一声巨响后重重地撞在 110 米下的水泥地面上,断裂的缆绳在山间四处飞舞……就在这场悲剧发生时,有一对年轻的夫妇创造了一个生命的奇迹,他们用双手托起了自己两岁半的儿子。结果,儿子得救了,这一对父母却失去了生命……韩红动情地说:我就觉得在缆车下滑即将坠地的那一瞬间,孩子的爸爸潘天奇和妈妈贺燕雯,两个人把孩子举起来了,我心里觉得这是一个用伟大两个字都无法去恰当体现的一个壮举。这个壮举也许是出于父亲、母亲的一种本能,也许是出于他们对孩子的一种爱,也许很多……"在生和死的瞬间,父母想到的并不是自己,他们用双手把生的希望留给了儿子,这就是父母之爱。

2. 共鸣:一个女孩的博客——同龄人对于父母之爱的理解

不知从何时起,年轻的心总渴望独立。多少次,试着逃出父母双翼的庇护,在暴风雨中锻炼自己的翅膀。也许，老天爷发现了我这一贪念，让我进了这所寄宿制高中，终于可以摆脱妈妈的唠叨了。起初，陌生的一切都令我新奇而兴奋。然而，当一切都熟悉后，一种难以忍受的孤独和空虚却占据了我的心。繁重的学习让我感到压抑和沉闷，羸弱的身体使我整日昏沉，我想回一次家，但昔日的壮志豪情使我忍了下来。秋天似乎来得很快，寒意袭人。我呆呆地坐在座位上看杂志，突然看到了一篇关于母爱的文章，我不禁地想起了妈妈……以前，晚上学习到很晚，这时妈妈就会端来我最喜欢的绿豆汤，然后替我整理好床，劝我早点去睡觉；以前，我在外面受了气，回家后就在妈妈面前大发脾气，但妈妈从不计较，反而还安慰我，使我心情好起来；以前……那些昔日让我觉得厌烦的唠叨话现在回想起来竟然都是那么的温暖。周末，坐在回家的车上，心情特别开朗。我这才明白，无论我飞得多远，永远都像一只风筝，离不开妈妈的视线。母亲，是系在我心头的线。拉得越久越远，心就越痛。

3. 小组活动："我家的苹果树"——更多的爱蕴含在日常生活中，让我们细细体味

将全班学生分成六组，自行推举一名组长，领取红色"苹果"纸片一张。每名学生都回顾自己的成长之路，回忆日常生活里的点点滴滴，想起自己父母为自己所做的事情，每人至少提供一条，组长执笔写在"苹果"上。组内讨论结束后，由各小组组长上台交流，并将"苹果"粘贴在"苹果树"上。

教师在"苹果"中选取了三个事例，请当事人与全班分享，分别为：

第一名女生说，高中住宿之前，爸爸每天第一个起床，为自己准备早餐，并接送上下学；

第二名男生说，初中时，自己生病住院，妈妈细心照顾；

第三名男生说，自己从小和爷爷奶奶同住，小学时奶奶为了救自己而骨折。

这个分享环节力图达到三个效果：使事例具体、使感受清晰、使情感适宜。

（三）思索：回馈父母之爱

1. 共享：《写在敬老院墙上的短文》——父母希望孩子做些什么？

孩子！当你还很小的时候，我花了很多时间，教你慢慢用汤匙、用筷子吃东西。教你穿衣服、系鞋带、扣扣子、教你梳头发、擤鼻涕、擦屁股……这些和你在一起的点点滴滴，是多么地令我怀念不已！所以，当我想不起来，接不上话时，请给我一点时间，等我一下，让我再想一想……尽管极有可能最后连我要说什么，我也一并忘记。孩子，你是否记得，我们练习了好几百回才学会的第一首儿歌？你是否记得，你每天都逼我绞尽脑汁地回答你是从哪里冒出来的？所以，当我重复又重复地说着老掉牙的故事，如果

我情不自禁地哼出我孩提时代的儿歌,请体谅我,让我继续沉醉在这些回忆中吧！切望你,也能陪着我闲话家常吧！孩子,现在,我常忘了扣扣子、绑鞋带。吃饭时,会弄脏衣服,梳头发时手还会不停地抖,不要催促我,不要发脾气,请对我多一点耐心和温柔,只要有你在眼前,我的心头就会有很多的温暖。我的孩子！如今,我站也站不稳,走也走不动。请你紧紧地握着我的手,陪着我,慢慢地。就像当年,我带着你,一步一步,蹒跚学步。

2. 全体行动:"我能为苹果树做些什么?"——我们能为父母做很多事情,开始行动吧！

每名学生领取黄色"雨滴"纸片一张,写一条自己目前可以为家庭所做的事情,依次上台黏贴在"苹果树"上方。

教师再次邀请之前三个"苹果"当事人,分享了他们的"雨滴",分别为:

第一名女生说,某个周末,我也要早起,为爸爸准备一份早餐;

第二名男生说,我要学着妈妈的细心,在妈妈下班时给她倒杯水;

第三名男生说,奶奶年事已高,我要多抽点时间陪伴她,多陪她说说话。

这个分享环节也力图达到三个效果:使表达到位、使回馈恰当、使互动和谐。

六、板书设计

七、教后反思

高一学生通过本堂课能在一定程度上体味到那些蕴藏在无形之处无声之时的父母之爱,特别在歌曲《天亮了》环节,由于内容比较震撼比较感人,所以气氛有点凝重,教室里非常安静,学生都凝神静气地观看多媒体材料,对材料中所显示出的父母之爱有极大程度的认同。

在体味了父母之爱的基础上,学生开始结合自身实际,考虑作为高中学生能为父母做些什么,如何向父母表达自己的亲情。也能就父母们的某些爱的表达方式达成共识,但可能某些情感体会和语言表达还只停留在较浅的层次。在被问及"如何反馈父母之爱",学生的回答流于表面:"对他们好"、"孝顺他们"、"好好读书"……如何"对他们好"? 如何"孝顺"? 如何"好好读书"? 教师若再深问,学生即无从作答。现在学生的语言表达能力退化,抑或词汇贫乏,抑或意图隐藏,常用"还可以"、"一般般"来作答,真情实感隐而不露。作为高中心理教学,如何让高中学生的表达更加有深度更具情感是个要继续探索的问题。

课后学生普遍表示,其实自己能为父母做的事情有很多,也许有些事情看起来是微不足道的,但却可以温暖父母的心,让父母感觉到孩子是懂事而感恩的。亲子交流也需要双方的行动表达,孩子的一些小小的举动将给父母带来莫大的宽慰与满足,情感与行为的反馈将有助于家庭建立良好的亲子关系。

亲情这一课题可运用于各个年龄段的心理教学,对于高中学生而言如何挖掘更深一步的内涵? 如何深化学生对父母之爱的体味? 如何将对父母的亲子之情扩展到对整个家庭的热爱? 这些都将是以后的系列课程将要探讨的问题。

(上海同济大学第一附属中学)

高中二年级女生蹲踞式跳远课设计

(李冬凤)

一、指导思想

本课力求以体育与健身课程提出的"身体练习与思维活动紧密结合"要求为宗旨,以高中女生较难完成的蹲踞式跳远动作技能的学练为载体,通过优化教学方法,改善学练方式,构建适合高中女生身心发展的"传授与探究相结合"、"指定与选择相结合"的多样化、个性化体育课堂教学方式,营造轻松、愉悦、开放的学习环境,激发学生的练习兴趣,提高体育课堂的有效性。

二、相关分析(教材出处,上海教材的哪一部分,年级,有何特点,目标是什么,你的处理等)

1. 教材分析:跳远是上海市中小学体育与健身课程标准十到十二年级拓展型课

程部分,是高中二年级和三年级的必修教学内容,其目标是通过练习能有效地发展速度、力量、灵敏等身体素质,发展跳跃能力,提高身体的协调性和灵活性,培养勇敢、顽强、果断等意志品质,激发学生的学练兴趣。跳远由助跑、起跳、腾空和落地四个部分组成,每一部分的技术对跳远成绩的影响都极为重要,它是一个完整的统一体,彼此之间有着密切的联系。快速助跑与起跳相结合是跳远技术的关键,本课是单元教学中的第5、6课次,重点虽是腾空蹲踞,但学练过程始终不能离开这一关键。而如何充分起跳腾起,避免过早屈腿收腹又是女生跳远教学中必须解决的问题。

2. 学情分析:多种因素导致高二女生对跳远的相关知识、技能了解甚少。据了解,95%以上的同学从未练习过跳远,大多数女生对跳远不感兴趣,其原因之一就是怕脏。同时,身体素质相对较弱、胆怯心理和三怕(苦、累、脏)现象也是阻碍学生学好跳远的不利因素。然而,通过几次课的课堂练习,多数同学表现出了很好的学习状态,进步很快,也能初步完成跳远的助跑起跳动作,但学生的掌握程度参差不齐,个体差异明显。因此,设置多样化的学练手段,多采用激励措施,是提高学生积极性的重要策略。

根据以上情况,本次课的教学重点是起跳和空中动作的衔接,因前几次课的重点是快速助跑和起跳的结合,学生已基本能领会,起跳后空中的平衡和腾空高度决定学生跳远的成绩。因此,教学难点定为起跳腾起后双腿屈膝上抬,以延缓落地时间,为取得更好的跳远成绩做铺垫。

三、教学目标:

1. 能在快速跑动中起跳腾起,体验腾空收腹屈腿团身与双脚前伸落地的动作方法。

2. 发展速度、腿部力量等体能,提高跳跃能力。

3. 知道观察的内容和方法,能与同伴交流,敢于展示。

4. 在实践中逐步形成果断、顽强、向上的品格,获得自尊和自信。

四、主要教学环节设计

(教什么、怎么教?为什么?其结构如何写,最好加点示意图)

1. 环境导入,激发兴趣

跳远练习相对枯燥乏味,在课的开始部分,整队等教学常规动作结束后,教师利用橡皮筋和音乐进行"拉网捕鱼"的游戏来对学生进行热身和吸引学生的注意力,调动学生在身体和心理上逐渐进入运动佳境,接下来以圆圈为中心进行跳远的专门练习,首先是单脚起跳跳过一定高度的橡筋,可根据学生的情况决定橡皮筋的高度,复习原地蹬摆练习、上步起跳练习、3步助跑起跳练习,在练习过程中,教师口令指挥、评价,一半学生进行起跳练习,另一半学生观察并用击掌"嗒—嗒嗒"来配合练习学生起跳前三步的助跑节奏,轮流练习,巩固助跑与起跳的节奏,为后面进行助跑起跳腾空练习打下基础。其练习如图1,教师在圆心指挥。

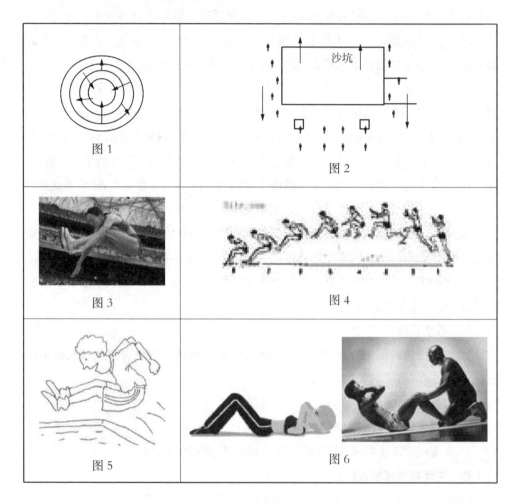

图1

沙坑

图2

图3

图4

图5

图6

2. 多种学练手段,促进技能形成,提高身体素质

跳远由于受场地和班级人数的限制,很难同时集中多人进行练习。在保证学生安全练习的前提下,在短距离1—7步助跑跳远练习中,我利用了横向沙坑来解决沙坑少而分散的问题(见图2),这样既便于教师的及时指导、同学的相互交流,也有效地提高了课堂练习的密度,四组同学能同时在一块比较集中的场地内进行学练、观察交流,并

利用助跑在跳板上起跳来增加腾空高度(图3),使学生在起跳腾起后能有时间双腿屈膝上抬来完成本次课的教学难点,练习内容逐步推进,由1步助跑跳远、3步助跑跳远、5步助跑跳远到7步助跑跳远,并在沙坑前设橡皮筋、高空吊球等辅助器械,使学生逐步适应快速助跑起跳后体验腾空收腹屈腿团身与双脚前伸落地的动作方法技术,逐步掌握跳远技术,在每次练习后都有体会,能一步步看到自己和同学的技术动作,体验参与练习的乐趣。教师以问题和任务为引领,引导学生积极参与练习,以自身的练习、思考、观察、交流,来促进跳远技术动作的快速形成,提高课堂学习效率。同时,学生也可以通过不同练习的体验和观察同伴练习,学会观察、交流,提高学生独立思考和解决问题等体育学习的能力。

在4组同学同时在横向沙坑练习短程跳远技术后,教师根据学生的差异设置了分层学练,同学们可以根据自己的实际情况有选择地进行练习,教师又准备了对面的沙坑供同学们进行较长距离的跳远完整技术动作的练习,不同层次的学生可以随意选择练习内容,从而激发了学生的练习兴趣,确保体育课堂教学的有效性。

课课练是体育学科提高学生身体素质的重要环节,本次课结合跳远所需的收腹举腿的能力,教师选择了2人1组自由组合进行仰卧起坐(见图5)的学练内容以提高腹肌的机能。

3. 身心放松,小结提升

在课的结束部分,配以轻松优美的音乐《让我们荡起双桨》做划船放松练习,由学生自愿领练,全体学生哼着歌曲,划着双臂慢慢回归平静,学生的身心得以放松。

教后记:这是一节区公开课,本次课的流程很合理,教学设计由易到难,符合学生的现状,身体素质和教学内容结合得很完美。学生在课堂上参与度高,尤其是主教材中不同距离的跳远练习,学生一个跟一个,很紧凑,在选择性练习中,学生主动参与练习,多种教学方法激发了学生的练习兴趣,这也是教师注重平时在跳远课堂教学中的积累成果。同时也应看到不足,这次公开课准备还不是很充分,应多磨课,刚开始学生也因初次上区级公开课有点拘谨,后面在教师的引导下渐渐放开,敢于展示自我。体育课上,学生还是要多注重运动技能的学习和参与身体练习。

我们知道,任何动作技能的形成都是从泛化、分化到巩固提高的一个过程,根据学情,本课创设了蹬摆结合的原地起跳、上步起跳、三步起跳、利用跳板1—7步的完整跳远动作等由易到难的手段进行反复地练习,并通过教师正确、有力的动作示范,及时提示、点拨学生,加上学生自身的练习体会、观察交流来建立正确的动作技能。利用跳板、橡皮筋、彩球等作业条件,帮助学生完成技术动作,同时根据学生的个体差异和需求,让学生自主选择和创设短距离跳远练习方法来促进跳远技能的逐步形成,使不同层次的学生都能得到提高,体会成功的乐趣,促进技能的形成。课中各个阶段都给学生以明确的任务,使其能了解自身的技术状况并观察、分析同伴的技术动作,能有效地进行合作、探究学练。

(上海同济大学第一附属中学)

2. 说课案例

运动和静止

学科:物理

章节:第九章　第一节

年级:初二年级

执教:上海体育学院附中　李枫

课的类型:计算机辅助教学

授课情况:荣获"全国初中计算机辅助教学评选观摩会"一等奖

教材分析

1. 教材的作用与地位

"运动和静止"这节内容是《物体的运动》这一章知识学习的基础。运动现象是常见的,学生每时每刻都处于运动的环境中,但学生对运动的物理概念和运动的相对性是不清楚的,甚至有很多认识上的误区。通过本节内容的学习,应让学生知道机械运动是宇宙中的普遍现象,绝对静止的物体是没有的。平时我们所说的运动和静止是相对于参照物而言的。

2. 教学目标

(1)认知目标

知道什么是机械运动,知道机械运动是宇宙中最普遍的现象。

知道什么是参照物,弄清选择参照物的重要性,能够根据物体的运动状态判定所选的参照物。

知道运动和静止的相对性,渗透用辩证唯物主义观点理解运动和静止的意义。

(2) 情感目标

运用计算机辅助教学手段,让学生形象、直观地了解物理现象和事实,使学生在整个学习过程中始终保持浓烈的学习兴趣。

(3) 能力目标

通过研究、讨论、猜想、设计、实践等多种途径获得科学的结论,渗透科学研究的一般方法,以提高学生分析问题,解决问题的能力,并培养学生的创新意识。

3. 教学的重点和难点

解决平时我们所说的运动和静止是相对于参照物而言的问题。

教学方法

在教学设计上遵循两个原则:

(1) 教学观念的更新,反映现代教学的要求。在教学设计中突出①教学设计的科学性;②课堂教学气氛的民主和活跃;③师生关系的和谐;④学生能力的培养;⑤现代教学手段与课堂教学内容的融洽。在教学中对学生学习做到四个导:诱导—引导—辅导—指导。在能力培养中注意:观察能力,形象思维能力,逻辑思维能力,分析、解决问题和实践能力,进而培养学生的创新意识和创新能力。

(2) 教学技术的改革,体现现代教学的手段,根据学生的认知特点,在教学上采用多种计算机辅助教学手段。通过多个情景创设,激发学生学习的兴趣。多媒体辅助教学是一门科学,更是一门艺术。在设计上要注意教学性、科学性、智能性、艺术性、实用性。本堂课的多媒体设计采用了多种方式,有利用软件直接制作的,有拍摄录像转制的,更有学生实地操作现场拍摄。在制作上力求与教学目标整合,创设情景,设置问题情景,激发学生的思维;设计上力求巧、妙,独辟蹊径,有独创性。

教学程序

1. 新课引入

(1) 请同学们观察自然界中的一些现象:猎豹的奔跑,运动员滑雪,轮船航行,飞机翱翔,火车行驶,地球自转,太阳系,银河系乃至整个宇宙的运动。从屏幕上看到物体的运动是非常普遍的现象。

(意图:这段课件的作用在于体现了时空的更换,把微观事物扩大,把宏观事物缩小;把长时间的事物在短时间中展现,扩大知识容量,揭示规律性的事物。课件提供丰富的感性材料,再现现实世界,给学生多种感官刺激。)

(2)通过请同学们看一段卡通片,引入新课。

一辆小轿车在水平路上从西向东行驶。这时站在路边的两位小朋友说:"轿车真快。"(他们认为小轿车和小轿车里的人都在动)而坐在轿车里的一个人问:"我动了吗?"司机回答他:"你没动。"(司机认为小轿车里的人没动)在这样的场景中就蕴含着运动和静止的知识。

(意图:这段课件的作用在于卡通人物贴近学生的生活,符合学生认知特点的学习序列,声像等多方面的感性材料刺激学生的感官,为引入新课创设情景,提供良好的学习环境。)

2.教授新课

(1)机械运动

一辆装载一匹马的汽车在水平路面上由西向东行驶。这样一个画面要求学生回答出以树为参照物,汽车是运动的;以车上的马为参照物,汽车是静止的,由此引出判断物体是否运动首先应选择一个参照物,然后判断是否有位置的变化。

(意图:这段课件主要为了达到能准确定位在辅助教学上,定位在配合教学内容,为达到教学目标服务的目的。设计上简单明了,却与教学内容有机结合,自然简约。)

(2)参照物

讨论列车与乘客的场景,要学生理解选择参照物的注意点。

首先要求学生看了列车的场景后,回答出以车厢为参照物,乘客是静止的;以另一列车为参照物,乘客是运动的。从学生回答中,知道参照物是可以任意选择的,但所选的参照物不同得出的结论可以是不同的。这就是参照物选择的注意点。

然后再次提供这个场景,进一步提问学生相对于地面,列车里的乘客是运动的,还是静止的?学生回答是可能静止,可能运动(要求学生这样回答是因为在画面中找不到地面这个参照物。)。

那么到底是运动的,还是静止的?我再次提供画面,学生继续看屏幕后就会找到以车站或路边的景物为参照物,列车里的乘客是运动的答案。由此得出在研究地面上的物体的运动时,为了方便常选固定在地面上的物体为参照物。

(意图:利用多媒体课件创设有挑战性的问题情境,有吸引力的知识运用情境。同时,给学生一个能走进客观现实世界的教学时空,鼓励学生多角度思维和用多种方法解决问题。)

（3）运动和静止的相对性

力争想使学生通过讨论建立这么一个观点：自然界的万物每时每刻都是运动的，绝对静止的物体是不存在的。平时我们说物体的运动和静止都是相对于某一个参照物而言的。

有关运动和静止的知识在科技、生产、日常生活中应用很广泛。下面的课件设计从重视以教为中心的教学序列的组织转变到促进以学为主线的师生多边互动。

先提了第一个问题：(投影)如何使飞机不降落，在空中飞行时就能加到油料？通过学生的讨论归纳有一架加油机，它们的飞行方向、快慢相同，在一定的距离内通过油管完成加油。请学生观看计算机模拟加油过程。

学生有了设计空中加油的基础，又请学生再设计一个动画。在动画片《孙悟空大闹天宫》中，孙悟空腾云驾雾的场景是如何拍摄的呢？如果给同学们以下道具：给你画有天空大地的布景，孙悟空模型的摄像机。

这里采用了多媒体现场拍摄和现场转播的手段，让学生自己体验参与动画制作的过程。(学生通过想象并亲自实践拍出动画效果。学生的设计有孙悟空不动，布景动；布景不动，孙悟空动；孙悟空与布景反方向动。)

（意图：这段课件设计的作用在于使控制型的课堂结构走向开放，人本意识得到加强。学生的主体精神得到进一步展现和发扬，使课堂气氛活跃，体现了合理的自由。让学生得到成功的快乐和愉悦。)

通过这一静一动的设计同学们加深了有关运动和静止知识的理解。为了巩固知识，下面我又请学生根据所描写的场景来判断物体的运动和静止。

（这段课件的作用在于创设了有利于引发想象、激发创新的生动情景，提供训练，及时反馈，评价调控。)

3. 教师小结

通过本节课的学习，我们知道自然界的万物都是运动的，绝对静止的物体是不存在的。物体的位置的变化叫做机械运动。在机械运动中物体的运动和静止是相对于某个参照物而言的。运动和静止是相对的。

4. 知识巩固，拓展思维

设置一道思考题是为了提升这堂课的思维容量，使这堂课更加完美。实现了学习的两步迁移：知识的迁移和课内向课外的迁移。

教学板书

运动和静止

一、机械运动

1. 物体的位置变化叫做机械运动,简称运动。

2. 参照物:为了判断物体是否运动,而被取作标准的另一个物体。

3. 运动和静止的差别。

二、运动静止的相对性

自然界的万物每时每刻都是运动的,绝对静止的物体是不存在的。平时我们说物体的运动和静止都是相对于某一个参照物而言的。

轴对称图形

刘显国编著的《说课艺术》一书中,收集了全国说课获奖案例——小学数学"轴对称图形",是由昆明市五华区教育科研中心古晓华撰写的,说课内容很精彩,特级教师普明贵的评析也很周到:

轴对称图形的教学是在学生学习了多种平面图形的基础上进行的。目的是使学生对所学平面图形中轴对称情况作全面的了解,进一步认识所学平面图形的本质特征,结合自然界和日常生活中许多事物具有轴对称的这一特点,渗透轴对称思想,从而更好地发展学生的空间观念。

我们知道21世纪是人才与科学技术竞争激烈的时代,当前教育领域正发生着一场意义重大影响深远的改革,这场改革具体表现在教育思想、教学内容、教学方法、教学手段等方面。基础教育要适应时代的发展,要培养21世纪人才,首先要进行教学思想和教学手段的更新。为此,设计这节课的指导思想是"重视信息反馈、教给学习方法"。

教学目标:

(1)初步认识轴对称图形,知道轴对称图形的特点,能找出各种轴对称图形的对称轴;

(2)教给学生们通过观察、实验、自觉发现规律的学习方法,培养自主的学习能力;

（3）激发学生对轴对称图形的审美情趣，培养学生的空间想象能力。

教学过程：运用现代教学媒体，创设情境，为学生提供丰富、生动、直观的观察材料，激发学生学习的积极性和主动性。教学过程分为三个环节：

（1）观察找特点

课一开始，提出了本节课的学习要求，"认真观察，动脑思考，发现问题，勇于探索。"接着计算机创设情境"涓涓溪流随山而转，满山的枫叶映在清灵的水中，那一片片火红的枫叶随风飘零，在绿茵草地的映衬下显得妖艳似火。"柔美的音乐，舒缓而流畅，声、光、色一体展现在学生面前的诗情画意的大自然，当这片枫叶逐渐放大，定格时，让学生观察"这片枫叶，除了颜色美，它的形状有什么特点？"把学生思维的注意力从观察事物的形象引向观察事物的本质特征。在这一过程中，不要求学生急于回答，而是让同学们静静地思考，用同样的方法去观察蜻蜓、天平。当学生充分接受信息后，组织讨论，同学们不难发现三幅图形的特点那就是"沿中线对折，两侧图形的形状相同，大小相等"。接着让学生列举出周围具有这种特点的物体图形。这一反馈措施，既使学生获得了完整的信息，又实现了信息反馈的全面性和系统性。

（2）操作实验、形成概念

在第一阶段学习成功的基础上，继续利用计算机演示把一张长方形纸沿中线对折，画上""①这样的图案，用剪刀剪开，展开后会是一个什么样的图形，通过想象激发学生动手操作的欲望，让学生模仿，自己动手制作一幅雪松图，然后给枫叶、蜻蜓、天平、雪松这样的物体图形取名叫轴对称图形。那什么是轴对称图形？让学生们自己阅读材料，得出结论："沿直线对折，两侧图形完成重合，这样的图形叫做轴对称图形。"那要判断一个图形是不是轴对称图形，关键是什么？这时候继续用计算机演示出不同位置放置的雪松图，让学生通过观察、讨论，自己发现判断一个图形是否是轴对称图形，不是看它位置的变化，而是要看沿一条直线对折后，两侧图形能否完全重合。由于抓住了信息反馈的真实性和发展性，学生独立正确地判断是不是轴对称图形就水到渠成，最后用计算机辅助进行判断练习。

本节课的教学难点是找出对称轴，在大量形象生动的演示、观察后，让学生动手操作，自学课本，相互讨论，同学们能弄清"折痕所在的这条直线是这个图形的

---

① 引号内图案原书缺。

对称轴"。那么是不是所学过的平面图形都是轴对称图形,是不是所有轴对称图形都只有一条对称轴?从而诱发学生探索的欲望,进入第三阶段的学习。

(3) 大胆尝试、寻找规律

概念形成后,让学生大胆尝试,用八个平面几何图形自己做对折实验,去发现规律。在实验过程中要求学生画出这八个图形的对称轴,并完成自学练习卡。通过这一活动,同学们创造性地发现平行四边形或非等腰梯形,无论怎么折,两侧图形都不能完全重合,它们没有对称轴,所以它们不是轴对称图形,与此同时也深刻地认识到轴对称图形的对称轴不仅只有一条,有的两条,有的三条,有的四条,还有的有无数条。难点突破,活跃思维,发展个性,使信息反馈的创造性和深刻性达到新的境界。

通过以上环节的教学,结合计算机,声、光、色一体的动画演示,打破了时间和空间的限制,把不同场景、不同时间的生活画糅和在一起提供给学生,使学生学得轻松有趣,并领悟到数学知识的美的感觉就在我们的生活和学习中,生活中的你、我、他要做一个会观察、会思考、会学习、会创造的有心人。

(昆明市五华区教育科研中心　古晓华)

[评价] 在中国教育学会小学教学研究会第十五届年会说课大赛上,最后登台的是昆明市五华区教育科研中心副主任古晓华老师。她以一节《轴对称图形》的说课折服了与会一千多位观摩教师。来自祖国各地的小学数学教学专家和评委们交口称赞:"说得太好了! 简直把说课艺术升华到了一个新的高度。"那么,古老师《轴对称图形》说课艺术的成功之处在什么地方呢?笔者认为,是先进教育思想与现代教育技术有机融合,二者相得益彰。

古老师《轴对称图形》的说课设计,把教学目标定格在"发现——创新"上。为了实现教学目标,第一,古老师充分、恰当地运用了现代教育技术——计算机辅助教学。第二、古老师把教学过程细化为三个环节,而贯穿三个环节的先进教育思想是——重视信息反馈,教给学习方法。

1. 重视信息反馈

教学过程就是教师不断把学习内容和学习方法的信息,通过各种教学手段或媒体,传递给学生,学生通过各种感官接受了这些信息,又通过大脑,进行感知觉的分析,形成记忆,从而初步获得"知识"。获得的"知识"是否是真知,再通过"知识"信息输出的讨论、回答、操作、练习等途径,从师生中吸取反馈信息进行调节,获取真知,发展思维,由此可见,信息反馈在教学过程中的重要性。《轴对称图形》说课的设计,从"教学目标"始,就把信息反馈摆到了显著位置。"找出"、"发现"、"操作"等目标要求,充分反映出反馈教学的指导思想。

(1) 重视信息反馈的全面性、系统性。在教学过程中教师改变了一问一答的传统教学模式,注意留给学生接受信息的时间和空间。首先教师运用电脑演示枫叶图形、蜻蜓图形、天平图形,通过对折比较的动作演示,不要求学生急于回答。让学生重复地接受信息之后,全班讨论,发现三幅图形的共同特征:折痕两侧图形形状相同,大小相等。接着,让学生列举有该特征的物体图形。这一反馈措施,既使学生获得了完整的信息,又实现了信息反馈的全面和系统性。

(2) 重视信息反馈的真实性、发展性。在教学过程的第2环节中,教师用电脑演示,让学生模仿自己动手制作一棵雪松的图形。学生制作出就说明接收了正确的信息,这样的信息真实可靠,值得提倡。然后,引导学生观察自己的作品;沿折痕画条直线对折,两侧图形完全重合,这就是轴对称图形,与图形摆放位置无关。由于抓住信息反馈的真实性和发展性,学生独立正确地判断是否轴对称图形就水到渠成。

(3) 重视信息反馈的创造性、深刻性。教学过程的第三个环节,教师用电脑演示学生熟悉的八个平面几何图形,让学生自己去做对折实验,引导学生通过找对称轴判断是否轴对称图形。通过这一活动,学生创造性地发现了平行四边形、非等腰三角形和非等腰梯形无论怎么折,两侧图形都不能完全重合,它们没有对称轴,所以不是轴对称图形。与此同时深刻认识到,轴对称图形的对称轴不仅只有一条,准确地找出了常见轴对称图形对称轴的条数。最后,学生自己设计、动手操作制作轴对称图形,使信息反馈的创造性和深刻性达到新的境界。

2. 教给学习方法

学习是学生现在和将来完成学习和工作任务的手段和途径。教给学生学习方法是教育落实"三个面向",培育"四有"新人的要求。教学是教师的教与学生的学交相辉映的双边教育活动,教给学生科学的学习方法是当前教学改革的一个发展趋势。重视教给学生学习方法,就能激起学生的学习兴趣,产生求知欲,积极思索,使之成为学习的主体。

学科不同,学习方法也不尽相同。数学科应教给学生什么学习方法,《轴对称图形》的说课作了很好的示范。

（1）教给学生观察的方法。轴对称图形教学中的观察是很好的学习方法。首先,观察目的要明确。教师通过电脑显示枫叶、蜻蜓、天平的平面图形。指明学生观察两侧图形的形状和大小,同时抽象出学生学过的近似几何图形。教师创设安静的学习气氛,不问不答,让学生静静地观察思考,观察结束才组织学生讨论。这一安排不仅给学生独立思考的机会,而且教给学生观察的思维方法。

在电脑演示剪雪松图的终了,教师让学生闭上眼,想象展开后的形象,这正是培养空间想象力的极好的学习方法。

（2）教给学生阅读教材的方法。通过观察,学生初步形成了轴对称图形的观念。怎样强化这一观念呢？找出各图形特征后,教师以给图形命名为由,指导学生阅读教材。学生观察之余,认真读书,既强化了形成的观念,又使认识深化。"愤悱"之时通过读书,知道这就叫轴对称图形,完成了抽象的思维过程,豁然开朗,充分体味学习的乐趣。关键之时读教材这是重要的学习方法。

（3）教给动手操作探索知识和规律的方法。《轴对称图形》的说课设计,安排了三次给学生动手操作的机会。第一次是依照动画在对折的纸上画了自己的图画,剪一幅雪松图;第二次是学生用事先剪好的8种几何图形,对折找对称轴;第三次是学生用纸对折设计一幅轴对称图形。学生动手操作的过程就是轴对称图形的抽象概念在头脑中形成的过程,也就是获取知识、认识规律的学习过程。

总之,从说课可以看出,学生是在观察、阅读、动手操作等这些学习方法的交替活动中,通过自己的思考,达到学习目标的。

主要参考书目

1. 袁振国主编：《当代教育学》，北京：教育科学出版社，1998 年 6 月第一版。
2. 张楚廷著：《教学论概要》，长沙：湖南教育出版社，1999 年 10 月第一版。
3. 吴文侃主编：《比较教学论》，北京：人民教育出版社，1996 年 5 月第一版。
4. 赖志奎、方善森主编：《现代教育理论与实践》，杭州：杭州大学出版社，1996 年 10 月第一版。
5. 施良方、崔允漷主编：《教学理论：课堂教学的原理、策略与研究》，上海：华东师范大学出版社，1999 年 11 月第一版。
6. 徐世贵著：《素质教育与优化课堂设计》，大连：大连出版社，1998 年 5 月第一版。
7. 赵世平编著：《中小学教导工作概论》，香港：香港教科文出版有限公司，1999 年 12 月。
8. 王斌华著：《发展性教师评价制度》，上海：华东师范大学出版社，1998 年 10 月。
9. 教育部基础教育司组织编写：《走进新课程》，北京：北京师范大学出版社，2002 年 4 月第一版。
10. 张丰著：《校本研修的活动策划与制度建设》，上海：华东师范大学出版社，2007 年 5 月第一版。
11. 傅建明：《教师专业发展——途径与方法》，上海：华东师范大学出版社，2007 年 5 月第一版。
12. 方国忠编著：《如何说课》，上海：华东师范大学出版社，2008 年 3 月第一版。
13. 方贤忠主编：《现代教学与思维培育》，《上海市杨浦区师干训教材》，2003 年。
14. 方贤忠编著：《备课·说课·听课·评课研究》，《上海市杨浦区师干训教材》，2004 年。
15. 吴亚萍、王芳编著：《备课的变革》，北京：教育科学出版社，2007 年 7 月第一版。
16. 郑金洲编著：《说课的变革》，北京：教育科学出版社，2007 年 7 月第一版。
17. 余文森等编著：《有效备课·上课·听课·评课》，福州：福建教育出版社，2012 年 8 月第 4 版。
18. 陈大伟著：《怎样观课议课》，成都：四川教育出版社，2006 年 4 月第一版。
19. 肖川主编：《名师备课经验·语文卷、数学卷》，北京：教育科学出版社，2006 年 3 月第一版。
20. 吴永军主编：《备课新思维》，北京：教育科学出版社，2004 年 6 月第一版。
21. 顾志跃主编：《如何评课》，上海：华东师范大学出版社，2009 年 5 月第一版。
22. 周军著：《教学策略》，北京：教育科学出版社，2007 年 12 月第 2 版。
23. 徐英俊著：《教学设计》，北京：教育科学出版社，2001 年 9 月第一版。

后　　记

　　我的"备课、说课、观课、评课"研究始于 2000 年,2001 年将它编成教师培训教材,作为上海市杨浦区"十五"教师岗位培训的系列课程。几经修改和充实后,于 2006 年华东师范大学网络学院将其中的"说课、评课"列入师资培训课程和在职教师专升本选修课程。2011 年上海市教委启动"十二五"中小学、幼儿园教师培训工作,我的"如何说课、评课"又被选入上海市"十二五"教师网络课程中的市级共享课程。今年 4 月与 5 月,分两批在华东师大网络学院的平台上,我又承担了近千人的在线培训任务。

　　这样,我在重构本书编写框架,突出教师专业发展的主题思想时,又从众多教师的网络互动中获得"营养"。我了解到教师们专业成长中的思维过程和困惑所在,嫁接了与教师们沟通的话语系统。这些都有力地促进了本书的目标和宗旨的实现。

　　在出版之际,我要感谢同济大学第一附中、黄兴学校、明园村幼儿园等学校相关学科老师为我提供的案例;感谢被我选入书中作为实例验证的作者。尤其要感谢华东师范大学出版社编校人员的辛勤工作,由于他们的努力,使得本书增色不少。

　　本书的编撰意在帮助教师构筑基于"四课"研究的理论基石,提升实施新课程和重构新课堂的实践技能,促进教师专业发展。愿我的期盼能在教师自我教学实践中"开花结果"。

方贤忠

2013 年 6 月